누구를
어떻게
살릴 것인가

누구를 어떻게 살릴 것인가

우리 삶에
의료윤리가
필요한 순간들

김준혁 지음

문학동네

머리말

새벽이 너무 길게만 느껴지던 어느 밤이었나보다. 종이 울리는 소리, 새가 지저귀는 소리를 듣고 있었다. 철원의 겨울밤은 길고 추웠다. 어둠 속에서 마음이 기억을 치받고 있었다. 8평 남짓한 아파트의 작은 방에 누워, 내가 무엇을 잘못했나 계속 곱씹었다. 크게 잘못 살았던 것은 아니라고 믿었다. 알량한 손재주에 대한 자신감으로 최선을 다해 아이들을 돌보았으며, 국내의 여러 시설, 캄보디아와 몽골로 진료 봉사를 다녔고, 수련 과정을 잘 마무리한 뒤 군의관으로 복무하고 있다. 얼마 뒤에는 지역에서 개원의로서 주민의 건강에 일조하며 가족과 공동체에 충실한 삶을 살게 될 것이다. 이상하지도, 어긋나지도 않은 삶이니 이렇게 나 자신과 싸울 이유가 없다고 생각했다.

이유 모를 갈등을 계속하다 다른 곳에서 답을 찾을 수 있을까 싶어 철학책을 뒤적거렸던 것이 시초였던 듯하다. 몇 번씩 읽어도 이해되지 않는 말들과 싸우다 항복하기를 여러 번, 제대로 배워야겠다는 생각을 했다. 그렇게 안개 속을 뒤지는 마음으로 의료인문학 대학원 박사과정을 시작했다. 하지만 배움의 과정에서는 한 풍자화에서 본 광경을 반복했던 것 같다. 한 남자가 가로등 밑에서 무언가를 열심히 찾고 있다. 경찰이 다가와서 묻는다. "무얼 잃어버리셨나요?" 남자가 대답한다. "차 열쇠를 잃어버렸습니다." 경찰이 재차 묻는다. "여기에서 잃어버리신 모양이군요." 남자의 대답이 생뚱맞다. "아니요. 저쪽 차 근처에서 잃어버린 것 같습니다." 경찰은 이제 의아해한다. "그런데 왜 여기서 찾고 계시지요?" 남자는 멀뚱멀뚱 경찰을 쳐다보며 말한다. "저쪽은 어두워서 통 보이질 않으니, 여기에서 찾을 수밖에 없는걸요." 무얼 찾는지도 모르는 채 허겁지겁 말들을 집어먹다가 소화 불량에 걸려 결국 다 게워내길 수차례 반복했다. 가족에게는 호기롭게 지금 하는 공부가 무척 의미 있다고, 앞으로 매우 중요해질 거라고 말했다. 그러나 나 자신도 잘 이해되지 않는 말을 되뇐 것뿐이었다. 차라리 빨리 의원을 차리는 것이 상책이지 않을까 하는 생각이 머리 위에 앉아 있었다.

하지만 손에서 놓을 수가 없었다. 내가 왜 이러고 있는지, 무엇이 그렇게 내 마음을 괴롭히는지라도 알고 나서 그만두고 싶었다. 그동안 바깥세상에선 소중한 생명들이 가족과 작별 인사도 제대로 하지 못한 채 세상을 떠나야 했고, 누군가는 공권력에, 또다른 누군가는 알지 못할 음모들에 허우적댔다. 카프카의 『소송』의 한 장면처럼, 정죄하고 처벌하며 심판하는 자는 있었지만, 그 명분은 무엇인지, 왜 그래야 하는지, 어떤 원칙이 그 근저에 있는지는 도무지 알 수 없었다. 그러던 와중에 기회 아닌 기회를 얻어 잠시 미국으로 떠났다. 의료인문학도 모자라 의료윤리를 배우겠다는 핑계로. 한데 그 길에 사소하지 않은 문제 하나가 버티고 서 있었다.

원체 나는 의료윤리라는 분야에 관심이 거의 없었다. 아니, 관심이 없어졌다고 말하는 편이 더 적절할지도 모르겠다. 의료윤리라는 분야가 주로 '어떻게 진료하는 것이 윤리적인가?'라는 질문에 대답을 찾으려는 고민이라고 생각하던 시절, 아무리 머리를 굴려보아도 해결책은 의료인 각자가 바르게 살겠다고 결심하는 것 외에는 적절한 답이 떠오르지 않았기 때문이다. 요컨대 실수 없이 최선을 다해 진료하면 되는 것 아닌가 하고 생각했다. 좋은 진료가 무엇인지는 모두 알고 있을 것이다. 문제는 그렇게 할 것인가 아닌가이다. 좋은 진료가 무엇인지 모르는 학생들에게는 간단하게 가르칠 필요가 있을지도 모르나, 개인이 배움을 따라 선택을 할지는 가르치는 사람의 몫은 아닐 것이다. 그렇다면 의료윤리를 공부해야 할 이유는 무엇인가?

이 모든 생각이 의료윤리에 대한 내 오해에서 비롯되었다는 사실을 깨닫는 데는 그리 오랜 시간이 걸리지 않았다. 의료윤리는 다른 모든 주장을 누르는 하나의 가치를 찾아 싸우는 분야가 아니었다. 물론 그렇게 생각할 수밖에 없었다고 변명할 수도 있다. 학교에서, 책에서 배웠던 의료윤리를 피상적으로 이해한 결과였으니까. 하지만 의료에서 발생하는 수많은 문제는 의학의 과학적 접근이 내린 결론으로만 끝나지 않으며, 좋은 의료란 무엇인지에 관한 정답은 없다.

어떤 예가 좋을까. 영화 〈부산행〉2016의 좀비 바이러스가 전국을 덮쳐 인구의 절반이 좀비가 된 가운데, 연구자들은 부산에서 천신만고 끝에 백신을 개발했다. 백신은 제조과정이 복잡해서 한 달에 100만 개밖에 생산하지 못한다. 그렇다면 아직 감염되지 않은 것으로 추산되는 2500만 명의 시민 가운데, 누구에게 먼저 백신을 주사할 것인가? 추첨은 공정하긴 하지만 다른 중요한 사안들을 따지지 않는다. 수비 병력과 백신을 제조하는 학자, 노동자에게 먼저 주사해야 앞으로 계속 백신을 생산할 수 있지 않을까? 아니면 사회적 효용에 기반을 두고 백신을 주사해야 할까? 군인, 학자, 백신 제조 노동자, 공무원 등 현상황에 공헌도가 높은 순서대로 백신을 주사하는 것이다. 하지만 이는 새 생명에 대한 차별일뿐더러, 효용의 측면에서도 미래를 포기하는 꼴은 아닐까? 장애인과 노약자에 대한 심각한 차별이 발생할 텐데 이는 어찌할 것인가?

언제나 뜨거운 감자인 임신중절은 어떨까. 흔한 이분법, 생명 우선과 선택 우선 중 어느 것이 옳으냐를 따지다보면 결국 논의는 진퇴유곡에 빠진다. 사람이 옳다고 생각하는 바는 종교, 문화, 성별, 직업, 나이 등에 따라, 그리고 각자가 살아온 궤적에 따라 다를 수밖에 없고, 아무리 논의를 거듭해도 옳고 그름을 바라보는 개인의 관점 자체가 변하지 않는 탓이다. 하지만 현실의 냉혹함은 우리에게 결정을 요구한다. 영화 〈4개월, 3주… 그리고 2일〉2007에서 주인공이 처한 상황을 보자. 임신중절을 엄벌하는 전체주의 사회에서 주인공은 친구의 불법 낙태를 돕기 위해 위험과 모멸을 감수한다. 태아의 생명을 무엇보다도 소중히 여겨 임신중절을 그토록 엄격히 금지하고 감시했다 해도, 과연 태아의 생명을 지킨다는 법이 산모의 생명보다 우선되어야 할까?

말기 암 환자들의 희망, 면역항암제의 경우 또한 마찬가지이다. 다른 항암 치료가 모두 듣지 않을 때, 말기 암 환자들은 면역항암제를 써보고자 한다. 연구 결과가 확립된 특정 암이 아니어도 면역항암제가 효과를 보이는 경우가 있기 때문이다. 환자들은 어차피 죽을 거라면 약이라도 한번 써보고 싶다고 생각한다. 환자를 살리는 것이 무엇보다도 우선되어야 한다고 생각하는 일선의 의료진 입장에서는 약을 써보지 않을 이유가 없다. 그러나 문제는 정부가 면역항암제에 반응을 잘 보이는 일부 암에 건강보험을 적용하면서 발생했다. 이런 경우, 국민건강보험공단이 규정하지 않은 방식으로 항암제를 사용하면 건강보험법을 위반하는 일이 되므로 병원은 약을 처방할 수 없다. 이러다보니 약을 처방받지 못하는 환자들은 가까운 일본으로 건너가서 치료를 받으려 한다.

전 국민 의료보장을 시행하고 있지만, 항목에 대한 통제가 훨씬 엄격한 영국의 경우를 보자. 새로운 암 치료법 때문에 비용 문제가 발생하자, 신기술 사정 및 승인을 담당하는 NICENational Institute for

Health and Care Excellence는 환자가 24개월 이내에 사망할 것으로 예측되고 해당 사례가 소수일 경우, 승인 절차를 거쳐 보험에서 면역항암제 등 신약의 사용을 허가하는 방식을 도입했다. 여기에 기존의 약제가 증명해야 하는 효용성에 관한 잣대를 들이대지 않는 이유는, 이미 사망이 확실할 것으로 보이는 환자에게 검증되지 않은 약을 쓰는 것을 환자에게 해를 끼치는 일이라고 말할 수 없기 때문이다. 그동안 영국은 새로운 의료기술을 승인하면서 엄격한 비용-효과 분석 결과의 잣대를 들이대왔다. 현재와 미래의 모든 환자에게 혜택이 돌아가게 하려면 의료 비용 상승을 통제해야 한다는 생각이 그 아래 깔려 있다. 이런 기존의 통제 논리에 기반을 두어 비판의 목소리를 높이는 측은, 값비싼 면역항암제를 보험 재정이 감당할 수 없으며, 비급여로 병원이 마음대로 처방하면 전체 의료비가 상승할 거라고 주장한다. 다시 한국으로 돌아오자. 우리는 현재 영국과 반대의 상황에 있다. 그렇다면 환자는 전체 의료비 상승을 막기 위해 실낱같은 생존의 희망을 포기해야 하는가?

이 모든 판단을 위해 생명과학과 의학의 엄밀한 연구가 요청되는 것은 당연하다. 예컨대 백신의 효용성과 실용성은 연구를 통해 확인해야 한다. 연구비의 활용과 연구 과정에서 피험자 권리 보호라는 연구 윤리의 문제가 있긴 하나, 면역항암제의 개발 또한 마찬가지로 의학의 문제다. 새 치료법이 실용적인지 따져보기 위해 비용-효과 분석 등 엄밀한 사회적 경제적 분석 방법을 적용해볼 필요도 있다. 하지만 이 모든 자료를 놓고 내리게 될 최종 결정은 무엇이 선한가에 관한 각자의 이해에 따라 다를 수밖에 없다. 갈등은 필연적이다. 실증으로 봉합할 수 없는 이 간극이 의료윤리의 중심에 놓여 있다.

니체 말마따나 이런 갈등은 "인간적인, 너무나 인간적인" 것이다. 하지만 니체의 생각처럼 그 뒤에 놓여 있는 것이 개인의 타산만은 아니다. 그 뒤에는 각자의 삶이 쌓여 있다. 이를 무시하고 명쾌한 말 한마디로 세상을 겨냥하려 했던 시도, 자신이 틀렸다는 것을 증명하지 못하는 한 자신은 옳다는 맹신은 인류 역사에 참혹한 파괴와 죽음을 가져왔다. 자신의 견해가 역사의 방향이며 진보라고 말하는 누군가 앞에서 벤야민의 말을 생각한다. "우리가 귀를 기울여 듣는 목소리들 속에 이제는 침묵해버린 목소리들의 메아리가 울리고 있다." 2014년 이후 침묵해버린 목소리를 숙고와 분리할 수 없게 되어버린 우리는 어떤 메아리를 일으켜야 하는가. 어떻게 하면, 침몰의 영원회귀를 막을 수 있는가.

견해의 차이가 만든 갈등을 물 베듯 베어낼 수는 없다. 각자의 견해를 형성한 경험, 문화, 역사의 두꺼운 지층을 말 한마디로, 논증 하나로는 바꿀 수 없을지 모른다. 그러나 대양을 마주한 단애를 만든 것이 끝없는 파도이듯, 서로 대립하는 견해에 틈을 만들 수 있는 것 또한 경험, 문화, 역사일 것이다. 타인의 상황을 경험할 수 있다면, 그 복잡한 여건을 이해한다면 그 단층에 작은 틈새가 생길 것이다. 그것이 문학이 지금까지 해온 역할 아니었는가. 그리고 영화가 그 뒤를 따르고 있지 않은가. 경험할 수 없는 타인의 상황, 조건, 생각을 반추할 가상의 집을 마음속에 짓는 일. 그렇다면 문학과 영화에서 상호 이해의 실마리를 찾을 수 있을지도 모른다. 그 속에 의료를 둘러싼 첨예한 갈등의 양면을 뒤집어볼 수 있는 자양분이 있지는 않을까.

이런 고민을 안고 '한겨레 사이언스온'에서 시작했던 연재는 지면의 개편과 함께 '한겨레 미래과학'으로 이어졌다. 1년가량 써온 글에 칼럼으로 발표하지 않은 글을 더해 책으로 묶었다.

1부 '의료윤리를 통해 듣는 나지막한 삶의 목소리'는 어색하고 멀게만 느껴지는 의료윤리 이론을 영화, 소설을 통해 풀어내고, 더불어 기존의 논의가 이론에서 그치지 않고 어떻게 삶으로 확장될 수 있는지 살펴본 글을 모은 것이다. 8편의 글은 각각 고통, 여성, 죽음, 낙태, 치매, 유전자 조작, 보호의 의무와 비밀 엄수의 의무, 정신질환과 주체의 문제 등 현대사회에서 급박하게 제기되고 있는 의료윤리적 문제를 다루었다. 글을 읽은 아버지는 너무 길다고 한숨 쉬셨다. 이론에 이야기를 더하면서 필연적으로 발생한 문제일 것이다. 하지만 삶과 죽음에 관한 고민은 절대 단순명료하지 않기에, 긴 호흡으로 고민하는 것이 당연하다고 변명해본다.

2부 '현대 의학이라는 고원'은 최근 용광로처럼 들끓고 있는 우리의 의료 시스템과 병원의 현실에 대해 다른 방식으로 조망해본 글이 묶여 있다. 기술과 환자의 말, 격리와 권리, 신체의 상품화, 온정주의와 소비자주의, 의료인의 감정 등 큰 틀에서 의료윤리와 의료인문학의 틀을 이루는 주요한 문제들을 의료 문화비평cultural criticism on medicine적 측면에서 접근한 결과물이다. 굳이 원류를 찾자면 발터 벤야민, 롤랑 바르트, 미셸 푸코, 수전 손택이 먼저 했던 고민, 그리고 그들이 남긴 글일 것이다. 이는 소위 전문직의 영역으로 접근을 불허하는 듯 보였던 의학, 의료가 점차 삶에 가까이 들어오며 다른 관점과 견해를 요청하고 있는 이 시점에서 적절한 접근법이라고 생각했다.

3부 '병원과 환자 사이 징검다리를 건너'의 주제의식은 2부와 같지만, 그 중심엔 은유가 있다. 문학을 주제로 한 글이 아닌데도 은유가 등장하는 이유는 의학, 의료와 관련한 담론이 통념과는 달리 은유의 형태를 빌리고 있거나, 그 자체로 은유인 경우가 상당하기 때문이다. 구체적인 내용은 본문으로 갈음하고, 우선 질문을 던지기 위해 질병이 환자에게 찍는 낙인stigma을 생각해보자.

문둥병이라고도 불렀던 한센병Hansen's disease은 나균Mycobacterium leprae이나 나종균Mycobacterium lepromatosis 감염으로 통각을 상실하는 만성 감염병이다. 한센병 환자는 신체의 위험 신호에 제때 반응하지 못하며 화상이나 부상으로 신체 말단을 상실한다. 성경에서 볼 수 있는 것처럼 한센병 환자는 그 외관 때문에 저주받은 존재로 여겨졌고 공동체에서 격리 또는 축출되었다. 물론 이것은 감염성 질병으로부터 공동체를 보호하기 위한 고대의 방식이었다. 하지만 질병이 환자에게 부과한 부정적 인식은 감염성 질병과 직접적 연관이 있다기보다는 그 외형이 연상시키는 악덕이나 비인간성 등의 탓이켰다.

문제 해결을 위해 환자에게 찍힌 낙인의 효과를 밝히고 탐구하는 것도 중요하다. 이에 더하여, 그 기원을 궁구하여 어떻게 하면 다르게 바라볼 수 있는지 고민할 필요도 있을 것이다. 여기에 질병, 건강, 의학의 은유를 따져볼 필요성이 있다. 우리가 생각하는 질병과 건강과 의학의 은유는 어떻게 이뤄져 있으며 이것은 의료 시스템과 어떤 연관성을 지니고 있는지 성찰하는 것이 문제 해결을 위한 단초를 제공할 수 있기를 소망한다.

이 책을 쓰고 완성하는 데 지대한 도움을 주신 네 분께 감사드리고 싶다. 먼저 부산대학교 치의학전문대학원 의료인문학교실 강신익 교수님은 내게 이 길을 보여주고 지도해준 스승이다. 그분이 먼저 이 분야에 관심을 두지 않았다면 지금 나는 전혀 다른 고민과 생각을 하고 있었을 것이다. 반려자이자 평생의 대화 상대인 연세대학교 치과대학 예방치과학교실 정회인 교수는 거침없는 지적들로 항상 이리저리 튀어나가는 내 생각을 붙잡아 주제에 집중할 수 있도록 해주었다. 그의 관심과 격려, 희생이 없었다면 지금의 성과는 없었을 것이다. 이번 유학길에서 만난 미국 펜실베이니아대학교 의료윤리 및 건강정책 교실의 랜스 월러트Lance Wahlert 교수는 의학사와 영화이론을 공부했고 현재는 성 소수자 윤리 운동을 이끌고 있다. 그와 수업에서 영화, 문학 작품에 관해 토론하지 않았다면, 그가 평생의 작업으로 삼고 있는 성 소수자와 의학 사이의 긴장에 대한 그의 열정적인 강의를 듣지 못했다면 내 생각의 폭은 무척 좁았을 것이다. 마지막으로 문학동네의 강윤정 편집자는 한국에선 매우 생소한 내용을 다루던 연재 초기에 출간을 제안해주었다. 단행본 출간은 생각하지도 못하던 때였다. 그는 글을 바라보는 내 자세를 가다듬게 했고, 그의 지적들은 아리지만 소중했다.

한겨레신문사의 오철우 선임기자는 연재 자리를 마련해주고 매번 글을 세심히 고쳐주었다. 그 덕분에 이 글들이 잘 읽힐 수 있었다. 아직 어리숙하여 어린 아기를 건사하지 못할 거라는 걱정에 딸을 장인장모께 1년여 맡기고 미국으로 떠났더랬다. 두 분의 헌신은 무엇으로도 갚을 수 없을 것이다. 반년 동안 미국에서 어수룩한 아빠 밑에서 크느라 고생한 딸 태윤, 미안하고 고맙다. 언제나 버팀목이 되어주시는 아버지, 어머니께 감사드린다. 타지에서의 외로움을 덜어주고 많은 시간을 나눠준 임용철, 박윤정, 한아름에게도 이 자리를 통해 감사를 전한다. 다른 감사의 대상들을 다 적지 못하는 것은 쓰는 사람의 부덕함 때문이다.

이 글이 더 많은 이야기를 만들어낼 수 있는 나지막한 토담 역할을 하길 바란다. 말과 글을 재단하는 강철의 이론이 되지 않고, 더 많은 아이의 건강한 탄생을 기원하는 산파의 손길을 닮길 소망하며.

2018년 11월

김준혁

차례

1부

의료윤리를 통해 듣는 나지막한 삶의 목소리

영화와 소설이 말해주는 의료윤리적 진실

아픔은 나눌 수 있는 걸까?

오랜 격언에 "기쁨은 나누면 배가 되고 슬픔은 나누면 반이 된다"라는 말이 있다. 이는 맹자의 사단四端 중 측은지심이나 현대 심리학의 공감empathy 개념을 잘 풀어낸 표현일 것이다. 요새 유행하는 "기쁨은 나누면 질투가 되고 슬픔은 나누면 약점이 된다"라는 자조 섞인 표현을 떠올리면 옛 표현이 지녔던 긍지가 괜스레 아쉽다. 그 속에는 내 기쁨이나 슬픔을 나눌 수 있으리라는 자신감과 상대방이 그것을 받아주리라는 신뢰가 녹아 있다.

매일의 병원 현장을 생각하면 관심이 가는 부분은 기쁨보다는 아무래도 슬픔, 그리고 아픔이다. 병원이라는 곳이 원체 아파서 찾아오는 곳이라 그럴지도 모르겠다. 아픔을 나누고 그것을 극복하려는 일은 지극히 자연스럽다.

다만 궁금해지는 때가 있다. 과연 내 아픔을 나눌 수 있을까? 아픔에 이르게 된 경위를 설명할 수는 있다. 이를 위해 우리에게 필요한 것은 서사이리라. 이런저런 이야기 구조 속에 거주하는 등장인물들을 통해 나의 이야기를 타인에게 전달하는 것. 하지만 이것이 성립하려면 상대방이 나와 같은 상황에 부닥쳤을 때 같은 감정적 반응을 보일 것이라는 전제가 필요하다.

뇌과학은 마카크원숭이의 뇌에서 발견한 '거울 뉴런'을 내세워 공감의 가능성을 주장한다. 심지어 인간 문명의 시작을 거울 뉴런에서 찾기도 한다. 하지만 인간에게 거울 뉴런이 있는지에 관한 탐구는 이제 막 시작되었을 뿐이다. 그것이 어떻게 작동하는지 또한 밝혀지지 않았다.[1] 보수적으로 접근하자면 공감의 확실한 통로는 이야기와 같은 음성 언어, 그리고 표정과 같은 신체 언어라고 말해야 한다. 문제는 신체 언어는 아픔을 전달하기에는 너무 무디며, 음성 언어는 아픔을 표현할 수 있을지도 불확실하다는 것이다.

질환이 우리의 언어를 침묵시키는 것에 관하여

『자기만의 방』『등대로』『3기니』 등 이제 고전의 반열에 들어선 저서를 여럿 남긴 소설가 버지니아 울프가 쓴 『아프다는 것On being ill』이라는 수필이 있다. 그는 독자들에게 어쩌면 당연하면서도 이상한 질문을 하나 던진다. 아픔은 우리를 늘 사로잡고 있으며, 인생사는

수필집 『아프다는 것』에서 버지니아 울프는 언어가 아픔을 표현하지 못한다고 적고 있다. 시는 가능성을 가지고 있을지도 모르는데, 그것은 시가 언어를 정련하기 때문이 아니라 가끔 언어를 넘어 표현 불가능한 영역을 담아내곤 하기 때문이다. 그는 질환에 걸리는 일은 위대한 작품들을 직접 마주하는 것, 모든 해석과 고찰이 사라진 와중에 셰익스피어의 작품이 머리를 울려대는 일과 같다고 말한다. 사진은 사진가 조지 베리스퍼드가 1902년 촬영한 울프의 초상으로, 그가 전문적으로 저술 활동을 시작했던 초창기의 모습이다.

그것을 떠나서 이야기할 수 없다. 그런데 왜 아픔과 질병을 주제로 한 문학작품은 별로 눈에 띄지 않는가? 왜 질병 이야기는 사랑, 전쟁, 질투 이야기를 대체하지 못하는가?

울프는 말한다. 언어는 질병 경험을 표현할 수 없다고. 우리의 이야기는 아픔을 담아내지 못한다고. 아픔은 우리를 수다스럽게 만들지만, 그것은 그저 아이들의 재잘거림일 뿐이다. 그는 심지어 공감은 환상일 뿐이라고도 말한다. 멀리 갈 필요도 없다. 우리는 고통을 느낄 때 앓는 소리를 낸다. 이 앓는 소리는 언어인가? 언어라면 그 표현에는 어떤 의미가 담겨 있는가? 나의 앓는 소리와 너의 앓는 소리는 같은 의미인가? 또, 자녀가 아플 때 부모는 자녀의 고통을 똑같이, 아니 비슷하게라도 느낄 수 있는가? 거꾸로 부모가 아플 때 장성한 자녀는 어떤가? 대개 우리의 신체는 바로 앞의 신체의 격랑에 반응하지 못한다.

이 아픔의 소통 불가능성 때문에 좌절했던 기억이 있다. 의료윤리와 의료인문학이라는 분야의 근저에는 타인의 고통에 대한 주체의 반응이 놓여 있다. 대표적으로 의료윤리라는 분야를 세상에 낳은 존엄사 논쟁을 생각해보자.

존엄사를 찬성하는 측의 가장 강력한 논거 중 하나가 고통이다. 누군가 끝없는 고통을 겪고 있다면, 그 고통을 없앨 수 있도록 도와주는 것이 윤리적이다. 말기 환자의 고통은 생을 마감하지 않고는 다른 방식으로 끝낼 수 없다. 따라서 말기 환자가 생을 마감할 수 있도록 도와주는 것이 윤리적이다.

위의 단순한 논증은 그 자체로는 반박할 수 없는 힘을 지닌다. 그러나 타인의 고통을 이해할 수 없다면 더이상 그 고통이 없도록 도와주겠다고 말하는 것은 자기의 마음을 편하게 하려는 수단, 또는 잘해봐야 위선 아닌가? 또 의료인문학이 내세웠던 가치, 즉 현대 의학의 비인간화에 저항하여 의학을 인간화하겠다라는 선언은 고통에 대한 이해 없이는 불가능하다. 그렇다면 서로를 위한 의학을 만들겠다는 이런 노력은 그저 헛될 뿐이지 않은가?

한참 절망에 빠져 있을 때 미국 소설가이자 시인인 레이먼드 카버의 글을 읽었다. 미국 미니멀리즘 문학의 정점이라는 평가를 받는 카버는 1988년 폐암으로 사망할 때까지 많은 단편소설과 시를 남겼으며, 그를 기점으로 미국 문학은 상류층에서 하층민, 노동자의 삶으로 그 초점을 옮겼다. 그가 쓴 짧은 시 「의사의 말」과 단편 소설 「대성당」은 아픔이 어떻게 우리의 말을 앗아가는지, 그런데도 우리가 어떻게 서로를 이해할 수 있는지를 보여준다.

의사의 말

그는 좋지 않다고 말했다
그는 나빠 보인다고 사실 정말 나쁘다고 말했다
그는 그만 세기 전까지
한쪽 폐에서만 32개를 찾았다고 말했다
나는 감사합니다 자세히 알고 싶진 않았어요라고
거기에 얼마나 있는지가 중요하겠어요라고 말했다
그는 종교가 있느냐고
숲속에서 무릎을 꿇느냐고
폭포를 지날 때
안개가 얼굴과 팔을 엄습하면 도움을 청하느냐고
멈춰 서 이런 순간들이 왜 생기냐고 물어보느냐고 말했다
나는 아직이요 하지만 오늘 시작해보려고요라고 말했다
그는 정말 죄송합니다라고 말하고 다시
다른 좋은 소식을 전할 수 있었으면 좋겠습니다라고 말했다
나는 아멘이라고 말했고 그가 뭐라고 말했다
나는 이해하지 못했고 어떻게 해야 할지 몰랐다

그가 다시 반복하게 만들고 싶지 않아서
완전히 알아들었다고 생각하게 만들고 싶어서
그냥 그를 바라보았다
잠시 그도 나를 보았다 그때
나는 뛰어올라 그와 악수하고 싶었다 나에게
세상 다른 누구도 준 적이 없는 것을 준 그에게
나는 굳어진 습관을 따라 감사를 표했을지도 모른다

시의 화자는 막 폐암 말기 진단을 받았다. 아마 이후 폐암으로 사망하게 되는 카버 자신의 경험일지도 모른다. 의사는 그에게 죽음을 알리고 이 대화를 어떻게 마무리해야 할지 고민에 빠진 것처럼 보인다. 종교에 관해, 다른 좋은 소식에 관해 언급하는 부분이 그의 당혹감을 간접적으로 전달해준다. 당혹스러운 것은 화자도 마찬가지다. 생존 가능성이 없는 것은 마찬가지기에 정확한 상태를 알려주려는 시도는 고통을 더할 뿐이다. 화자는 전형적인 행동 양식 뒤로 숨지만, 그런다고 그가 마주한 현실이 달라지진 않는다.

이 괴리감이 시의 절정을 이룬다. 의사는 질병과 치료에 관해 더 이야기하지만 그 이야기는 화자에게 다가오지 않는다. 그에게 계속 이어지는 설명은 그저 '무엇'일 뿐, 어떠한 의미도 지니지 않는다. "세상 다른 누구도 준 적이 없는 것", 즉 사망 선고를 내린 의사에게 이미 상대방의 말을 이해하지 못하게 된 화자는 습관처럼 감사를 표하려고까지 한다. 이 와중, 의연한 척하려는 화자와 나쁜 소식을 전하며 당혹감에 빠진 의사가 서로를 바라보는 장면은, 서로 응시하고 있지만 실상 다른 곳을 쳐다보는 단절의 순간을 들이밀어 질병 앞 소통의 부재를 극화한다. 그 앞에서 소위 '소통의 기술'이 소용이 있을지.

작고하신 할아버지가 갑자기 몸을 움직이지 못하신다고 해서 응급실에 모시고 갔던 적이 있다. 이미 고령이셨기에 웬만한 문제는 당연하다고 생각했다. 응급의가 영상 판독 결과를 가지고 스테이션으로 불렀다. 전립선암으로 수술을 받으셨던 적이 있지만, 상당한 시일이 지났기에 설마 하던 터였다. 하지만 암세포는 계속 몸집을 불리고 있었나보다. 응급의는 전이된 암세포가 척수 신경을 침범했다고 했다. 잘 챙기지 못했다는 자책이 마음을 가득 채웠다. 아무런 소리도 들리지 않았다. 그때 위로의 말을 들었다면 마음이 좀더 편안해졌을까. 이해한다는 말, 안타깝다는 말이 소용이 있었을까.

그럼에도 우리는 이어지기 위해 몸부림친다

고통 앞에서 일상은 사라진다. 질환과 벌이는 한판 씨름이든 동상이몽이든 오월동주든 삶은 다른 차원으로 건너간다. 어느새 깔리는 어스름처럼, 질환은 건너면 다시 돌아오지 못할 외나무다리 같다. 경험하는 자와 그것을 지켜보는 자의 말문을 막아서는 파멸의 전조. 그것은 불안의 학술적 의미, 즉 심리학적 막연한 불쾌함, 실존철학적 허무의 위기를 별다른 설명 없이도 깨닫게 하는 곳곳에 널린 경험이지만 절대 익숙해지지 않는다.

카버의 소설 「대성당」의 화자가 마주한 것은 그 불안이리라. 아내의 오랜 펜팔인필담을 주고받는 사이가 아니라 녹음테이프가 가교 역할을 한다. 테이프팔tape-pal이랄까 맹인이 하룻밤 묵으러 집에 찾아온다고 한다. 아내가 이성을 만난다는 것에 대한 기본적인 거부감보다 강렬한 감정이다. 아내의 오랜 지기인 그가 어쩌면 자기보다 아내를 더 잘 알지도 모른다는 점이 너무나 불편한데다, 맹인을 접한 경험이 없는 화자는 도무지 손님을 어떻게 맞이해야 할지 몰라 당황한다.

맹인이 집을 방문하고, 식사 자리에서 화자는 기어이 맹인에게 기차 여행중 앉은 방향에 따라 풍광이 다르다는 이야기를 꺼내려다

김연수 소설가가 아름다우면서도 간결한 표현으로 다시 번역하여 출간한 카버의 단편집 『대성당』(문학동네, 2014). 여기에 소개한, 그가 삶의 말미에 쓴 표제작 「대성당」도 아름답지만 단편 「별것 아닌 것 같지만, 도움이 되는」 또한 삶에 불현듯 찾아온 이겨내지 못할 고통 앞에 타인이 내민 작은 위로를 간결한 필치로 담아내고 있다. 진정성이 우리 삶을 가득 채운 고통 앞으로 한 걸음 나아가는 힘이 되리라. 투박한 손이 내민 검은 빵처럼.

실패한다. 아내와 맹인의 대화에 도무지 참여하지 못하던 화자는 "그가 슬슬 지치기 시작했다는 생각이 들어" 텔레비전을 켠다. 사실 그 상황에서 지친 것은 화자 자신이었으리라. 아내는 화를 낼 것처럼 보이다가, 피곤했는지 이내 잠들어버리고 텔레비전 앞에는 두 사람만 남는다.

텔레비전에는 스페인의 야외 행렬이 비치고 있다. 화자는 화면에 나오는 모습을 맹인에게 설명하려고 애를 먹는다. 화면은 어느덧 대성당의 전체적인 모습과 그 주변 풍광으로 넘어간다. 화자는 뜬금없이 묻는다. "대성당이 어떤 것인지에 대한 감이 있습니까?" 맹인은 큰 노동력이 들어가고 건축에 오랜 시간이 걸린다는 것은 알지만 사실 잘 모르겠다고 답한다. 대성당을 말로 옮기려던 화자는 결국 실패를 자인한다. 그때 맹인이 제안을 하나 한다. "그런데 말이야, 내 부탁 좀 들어주겠나?" 펜과 두꺼운 종이를 가져다달라고 부탁한 그는, 화자에게 대성당을 그려보라고 하고는 그 손 위에 자신의 손을 겹친다. 바보짓이라고, 그림 실력이 없다고 생각하면서도 화자는 그림을 그려나간다. 그에게 맹인이 말한다. "이제 눈을 감아보게나." 계속 그림을 함께 그려나가는 화자는 "그의 손가락들이 나의 손가락들을 타고 있음"을 느낀다.

타인의 경험을 경험할 수 없는 우리가 타인을 이해한다고 말하는 것은 어리석은 일일지도 모른다. 질환이 가져오는 단절 앞에서 상대방의 아픔을 안다고 말하는 것은 어불성설이다. 간혹 비슷한 고통을 겪었던 사람이 자신의 기억에 비춰 상대방을 생각하는 경우는 있을 수 있다. '질환 이야기에 경의 표하기'라는 서사 의학의 기치, 질환과 치료에 앞서 구체적인 가치로 표현되지 못한 환자의 가치를 발견해 존중하겠다는 서사 윤리의 선언은 이 침묵 속에서 무용할지 모른다.

이 모든 좌절 앞에서 카버는 이해 가능성의 한 장면을 인상적으로 보여준다. 손과 손이 마주할 때, 눈을 감아 나 자신의 확실성을 포기할 때 타인의 경험을 느끼는 순간이 찾아올지도 모른다는 작은 희망 말이다. 그렇기에 아픔 앞에서 의료윤리의 필요를 말한다는 것은, 의료인문학의 소용을 생각한다는 것은 우리의 삶이 간혹 이어질 수도 있다는 소망을 따르는 일이다. 혹여 찾아올지 모르는 현현epiphany의 순간을 기다리며 그 앞을 쓸고 닦는 일이다.

언젠가 한 교수님이 했던 질문이 생각난다. "의과대학 학생들에게 인문학을 가르치면 좋은 의사가 됩니까?" 아직 멋모르고 달려들던 때라, 그러길 소망한다고, 아니 그렇다고 답했다. 하지만 지금은 다르다. 인문학을 가르친다고 좋은 의사가 되는 것은 아니다. 철학을 가르치면, 역사를 알면, 나아가 윤리를 배우면 학생들이 좋은 의사가 되리라 결단을 내리진 않을 테다.[2] 단지 이 모든 노력은 언젠가 그들을 찾아올지 모르는 현현을 준비시키는 일, 삶을 불현듯 엄습하는 불안을 손잡고 건널 수 있는 다리를 만들 수 있도록 길을 닦아주는 일이다.

앞서 응급실에서 할아버지의 암 전이 소식을 듣던 이야기를 했다. 지금 돌아보니, 응급의는 그 바쁜 와중에 아무 말 없이 내가 내

19세기 말 노르웨이의 화가 에드바르 뭉크는 공황 발작으로 온 세상이 비명을 지르는 것 같은 경험을 하게 되고 이것을 그림으로 옮긴다. 이 작품 〈절규〉(1893)가 많은 사람의 주목을 받은 이유는 그림에 드러나는 그의 아픔과 긴장을 통해 나의 아픔도 이해받을 수 있음을 느끼기 때문 아닐까.

마음을 수습하길 기다려주었던 것 같다. 이제야 그때가 내겐 어떤 깨달음의 순간이지 않았을까 생각해본다. 때로 열 마디 말보다 잠깐의 침묵이 누군가에게 편안함으로 다가올 수도 있다는 것을, 사소한 몸짓이 상대방에게는 무엇보다도 큰 이해와 위로로 다가올 수 있다는 것을 깨달은 순간.

『82년생 김지영』이 의학에 던지는 쓴소리

2016년 초 '강남역 묻지 마 살인 사건'으로 분출된 한국 사회의 여성 억압과 혐오에 관한 이야기는 '메갈리아'의 '한남'에 대한 모멸적인 비방과 희화화, 이에 관한 남성 일반의 반발로 확산되어갔다. 조남주의 소설 『82년생 김지영』민음사, 2016이 이 시점에 출간된 것은 어찌 보면 구원과도 같은 일이었으리라. 물론 한국 사회에 내재하던 여성에 대한 차별을 드러내는 방식은 여러 가지가 있으며, 이 소설을 정답이라고 하기에는 아쉬운 점이 보이는 것도 사실이다. 하지만 여기에서 짚고 넘어가고 싶은 점이 있다. 왜 하필 『82년생 김지영』이었을까? 이 책이 한국 여성의 삶과 억압을 진솔하게 드러낸 최초의 소설인 것도 아니었는데 말이다.

화자를 영리하게 선택한 것이 이만큼의 반향을 불러일으킨 원동력의 하나였던 것 같다. 책을 덮고 나서야 독자는 이야기를 진술하고 있었던 사람이 김지영의 진료를 맡은 남성 정신과 의사였다는 것을 알게 된다. 읽어나가면서 군데군데 달려 있던 각주와 보고서를 닮은 문체 때문에 여러 번 갸우뚱했던 것이 사실이다. 이미 서두부터 "김지영씨는"이라고 밝히면서 들어가기에 소설이 김지영 본인의 목소리는 아닐 것이라는 점은 알 수 있었지만, 화자가 누구인지는 소설이 진행되는 내내 모호하다. 흔히 말하는 전지적 작가 시점이나 관찰자 시점이라고 보기도 어려운데, 김지영의 내면에 관한 묘사는 충실하지만 다른 사람의 생각이나 관점은 잘 드러나지 않기 때문이다. 독자는 마지막에 이르러 보고를 끝낸 정신과 의사의 독백을 읽고 나서야 모든 상황을 이해할 수 있다.

글쎄, 김지영 본인의 구술인 편이 낫지 않았을까? 그러면 소설은 훨씬 더 내면 묘사에 충실했을 것이고, 더 많은 여성 독자의 공감을 살 수 있을 거라는 생각이 든다. 책을 읽어나가는 남성 독자의 어려움은 늘어났겠지만 말이다. 그러나 이것이 남성 정신과 의사의 진술이 되면서 소설은 좀더 다채로운 빛을 띠게 된다. 먼저, 남성 정신과 의사가 여성 환자를, 의학이 질환을 규정하는 방식을 드러내주기 때문이고, 더불어 환자가 의사에게, 사회가 의학에 품고 있는 희망의 조각을 살짝 들춰 보여주기 때문이다.

소설의 화자, 정신과 의사

먼저 김지영이 환자로 규정되는 모습을 살펴보자. 김지영의 '증상'은 사실 의학적으로 접근하기 어렵다. 여러 기사와 보고서를 인용하면서 현실성을 강조하려는 소설은 김지영이 내보이는 증상과 충돌하면서 혼란스러워지기도 한다. 마치 자신의 엄마가 된 것처럼 김지영이 남편이나 시부모에게 잔소리를 늘어놓는 것은 억압되어 있던 욕구가 타인의 가면을 쓰는 것을 통해 분출된 것이라고 볼 수도 있다. 하지만 도입부에서 김지영의 증상의 개별성을 드러내기 위한 장치로 활용되는 '차승연'의 일화는, 김지영이 겪고 있는 것이 초현실적 빙의 현상이라고 생각하게 만든다. 인격의 변화는 차치하더라도, 김지영이 남편 정대현과 차승연 사이의 비밀을 이야기하는 장면은 우리가 무속의 신내림이나 종교 체험의 신비한 현현 장면에서 익숙하게 보던 일이기 때문이다.

그러나 마지막에 정신과 의사의 보고에서 알 수 있듯이, 김지영의 증상은 해리 장애해리성 정체성 장애. 흔히 다중인격이라 불리는 정신질환으로 어떤 계기로 인해 기억 등의 일부가 해리되어 마치 다른 사람처럼 행동하는 것을 가리킨다 또는 육아 우울증으로 규정된다. 김지영의 고백을 들으며 자신이 성급하게 진단 내렸다고 시인하긴 하지만 의사가 진단을 바꿀 것 같지는 않다. 무엇보다도 상담, 항우울제와 수면제가 도움을 주고 있으니 말이다. 김지영에 대한 진단명을 '빙의'라고 할 수도 없는 일이기도 하고.

흥미로운 진술은 그다음에 이어진다. 정신과 의사는 "내가 평범한 사십대 남자였다면 끝내 알지 못했을 것"이라면서, "나보다 공부도 잘하고, 욕심도 많던 안과 전문의 아내가" 일을 그만두는 과정을 지켜보면서 대한민국에서 아이가 있는 여자로 산다는 게 어떤 것인지 알았다고 말한다. 이어 자녀가 ADHD주의력결핍 과잉행동 장애 진단을 받은 뒤 의사 생활을 접고 소위 '경단녀'가 되어 육아에 매달리게 된 아내의 모습에 관한 의사의 진술이 이어지면서, 우리는 그가 여성의 삶을 이해하게 되었다고 생각하게 된다. 하지만 소설 맨 마지막, 병원에서 일하던 상담사가 출산 때문에 일을 그만두게 되자 후임은 미혼으로 알아봐야겠다는 그의 말은 지금까지 그가 늘어놓은 서술을 의심하게 만든다. 사실 그는 김지영의 삶을 듣긴 했지만, 이해하지는 못했다고 말해야 하지 않을까.

'이해했다고 생각하는 의사의 결론'은 소설 화자 고유의 것만이 아니다. 20세기 초 정신질환에 대한 접근과 철학 사상에 지대한 영향을 끼쳤던 지그문트 프로이트 또한 같은 보고를 하고 있기 때문이다. 독일 철학자 헤겔은 "역사는 반복된다"고 말하며 원인이 같다면 동일한 결과가 반복될 거라고 한 적이 있다. 그의 말마따나, 21세기 한국에 김지영이 있다면 19세기 말 유럽에는 수많은 '히스테리' 여성들이, 안나 오o와 도라가 있었다. 그들을 치료하던 프로이트 또한 환자를 이해했다고, 심지어는 환자 자신보다 상담의인 프로이트 자신이 환자를 더 잘 알았다고 생각했지만, 시간이 지난 후 환자들은 상담사이자 치료자였던 의사가 자신을 오해했다고 밝혔다.

잠깐 살펴보는 정신병 치료의 역사

18세기 이전, 소위 '광인'들은 치료를 위해 감금되었다. 당시 광기의 원인으로 지목된 것은 나태, 탐욕, 정욕 등 도덕적 죄였다. 따라서 광인에는 사회 부적격자로 분류되는 모든 계층이 포함되어 있었으며, 이들에게 주어지는 치료란 현재의 기준으로 볼 때는 고문이었다. 나태해진 정신을 깨운다며 뜨거운 물과 찬물을 환자의 머리 위에 번갈아가며 쏟는 것이 대표적인 치료법이었다. 돌아다니는 뇌를 제 위치로 돌려놓는다며 환자를 커다란 통에 앉혀놓고 통을 계속 회전시킨다거나, 체액의 균형을 맞추기 위해 혈액을 뽑거나 설사 유도제를 투여하는 것이 당대 정신병의 '과학적' 치료였다.

정신병원은 동물원처럼 관광 명소였고, 사람들은 정신병원을 방문해 환자들의 괴기한 모습을 관찰했다. 이런 정신병원에 감금된 환자 중에는 히스테리 증상을 보이는 여성들도 있었다. 현재 히스테리는 질병이라기보다 조절되지 않는 감정 과잉과 신체 증상의 동반을 폭넓게 가리키는 용어로 이해되고 있다.[1] 그러나 히스테리는 고대부터 질환으로 기록되어왔으며, 그 역사는 히포크라테스 이전 고대 이집트까지 거슬러올라간다. 히스테리hysterie의 기원이 그리스어 히스테라hystera, 즉 '자궁'인 것처럼 당시에는 자궁이 제자리에 있지 않고 옮겨다니기 때문에 히스테리가 발생한다고 생각했으며, 따라서 이것은 전적으로 여성의 질환이자, 성적인 문제와 관련이 있는 것으로 여겨져왔다.

미국 독립선언문 초안에 서명한 식민지 대표 중 한 사람이자 의사였던 벤저민 러시는 정신병 환자 치료를 위해 회전의자를 발명했다. 정신과적 질환의 원인이 규명되지 않았던 당시에 의사들은 다양한 방법을 도입했다. 이 치료는 당시 '과학적'이라고 여겨졌다. 회전이 환자의 중추신경계에 도움을 준다고 생각했기 때문이다.[2]

이들을 해방한 것이 줄기차게 정신질환자의 처우 개선을 주장하던 필리프 피넬이었다. 1795년 여성 정신병원으로 운영되고 있던 파리의 살페트리에르 병원에 부임한 그는 여성 히스테리 환자들을 묶고 있던 결박을 풀었다. 하지만 이들에 대한 과학적, 의학적 치료가 시작된 것은 19세기 말, 피넬을 계승하고자 했던 신경의학자 장 마르탱 샤르코가 최면 기법을 활용한 연구를 시작하면서부터, 그리고 그의 밑에서 잠시 수학한 프로이트가 꿈의 분석과 대화 치료에 기반을 두고 자신의 정신분석 이론을 발달시키면서부터였다.

프로이트는 성욕을 인간의 근원적인 욕구로 설정한 뒤, 해결되지 않은 욕구가 억압되어 잊힐 때 모든 정신질환이 발생한다고 주장했다. 이런 주장은 과학적으로 입증할 수 없기 때문에, 심리학과

지그문트 프로이트. 정신병 환자를 병원에서 상담실로 옮기고, 무의식을 발견해 이후 정신과학과 심리학의 방향성을 제시한 그이지만, 그 또한 『82년생 김지영』의 정신과 의사와 같은 잘못을 저지르고 있었다.

정신의학은 프로이트의 정신분석을 유사 과학으로 평가하기도 한다. 국내에서는 프로이트의 정신분석 기법이 주된 치료법으로 자리잡기보다는 주로 문화비평 이론의 한 가지로 소화되고 있는 형편이다. 그러나 이후의 심리와 정신에 관한 이론의 토대를 마련한 것이 프로이트의 무의식 개념이었다는 점, 이후의 정신분석이 프로이트, 카를 융, 알프레드 아들러 등의 이론가들에 의해 계승 발전되면서 환자 치료에 쓰이고 있다는 점을 간과해서는 안 된다. 정신질환 약물이 다루는 '하드웨어'와는 달리, 정신분석은 정신이라는 '소프트웨어'에 치료적 접근법을 마련한 최초의 시도였다.

프로이트의 오해

프로이트는 히스테리의 원인이 정신에 있다고 생각했고, 빈에서 선배이자 조언자 요제프 브로이어를 만나 『히스테리 연구』김미리혜 옮김, 열린책들, 2004를 출간했다. 이 책에서 프로이트는 히스테리가 억압된 기억 때문에 발생한다는 이론을 정립하며, 그 근거로 대화 치료를 제시했다. 대화 치료란 억눌려 있던 기억을 말로 털어놓으면 환자의 증상이 해소된다는 관찰을 바탕으로 한다. 이전의 정신병 치료가 환자의 악한 기질을 없애기 위해 환자를 고문하는 방식이었다면, 드디어 정신병의 과학적 치료가 시작될 기틀이 마련된 것이었다.

이런 대화 치료의 정립에서 가장 중요한 역할을 한 것이 안나 오의 사례였다. 빈의 부유한 유대인 가정에서 셋째딸로 태어난 안나는 "눈에 띄게 지능이 높고, 놀라울 정도로 사물을 빨리 파악했으며, 직관력이 뛰어"났으나 보통교육 과정을 마친 뒤 집으로 돌아와 집안일을 도우며 지냈다. 반복적이기만 하던 집안일을 지루해했던 그녀는 스스로 "개인 극장"이라고 부르던 공상에 깊이 빠져들곤 했다. 1880년 흉막 주위 농양에 걸린 아버지를 병간호하던 안나는 쇠약, 빈혈, 식욕 감퇴, 심한 신경성 기침 증상을 보여 브로이어에게 치료를 받게 되었다.

브로이어는 계속 안나를 방문하면서 그가 나타내는 증상들, 모국어는 잊고 영어로만 말하며 비몽사몽과 환각에 빠지는 증상들을 기록해나갔다. 또한 브로이어는 최면술을 동원하여 안나가 상상으로 쌓아두었던 내용을 모두 들었다. 공상을 완전히 다 쏟아놓고 나면 안나는 진정되곤 했다. 안나는 이런 브로이어의 접근 방식을 대화 치료, 또는 "굴뚝 청소"라고 불렀다. 원인이라고 추측된 체험을 이야기하면서 그의 증세는 점차 호전되었고, "이런 방식으로 그의 마비된 수축과 지각 마비, 여러 시각 장애, 청각 장애, 신경통, 기침, 손떨림 등 그리고 마지막으로 언어 장애가 이야기를 함으로써 해소되었다".[3]

그러나 브로이어는 증상이 완전히 호전되는 것을 관찰하지 않고 치료를 중단했다. 나중에 프로이트는 한 편지에서 안나가 브로이어를 사랑하게 되었으며, 심지어 상상임신까지 하면서 치료가 중단되었다고 적었다.[4] 그러나 사실 브로이어는 한 번도 이런 이야기를 한 적이 없다. 물론 브로이어와 안나 사이에 정신적 유대를 넘어선 관계가 형성된 것으로 볼 수 있는 부분이 보고서 여러 곳에서 나타난다. 그러나 상상임신 사건이 벌어졌다는 증거가 어디에도 없다는 점에 주목할 필요가 있다. 뉴욕타임스의 기자이자 작가인 루시 프리먼은 안나의 '상상임신'을 프로이트가 자신의 성 이론을 증명하기 위해 꾸며낸 이야기라고 본다.[5] 그의 주장에 따르면 프로이트는 안나의 증상을 성적 히스테리로 규정하고, 이를 위해 브로이어의 치료 사례도 일부 수정한 것으로 보인다.

이렇게 프로이트가 사전에 규정한 자신의 이론에 환자를 맞추려고 하는 모습은 그가 1900년에 치료를 담당한 도라의 사례에서 분명하게 드러난다.[6] 도라는 "이지적이고 호감을 주는 용모"를 가진 18세의 소녀로, 안나와 마찬가지로 심한 기침 발작과 호흡 곤란, 실어증을 보였다. 프로이트는 부모의 도움을 얻어 도라에게서 성적 외상의 증거들을 찾아나가기 시작했다. 프로이트는 아버지에 대한 깊은 애착, 이웃 가정의 부부와 맺은 관계, 14세 때 경험한 강제 키스 등이 도라를 복잡한 성적 갈등으로 몰아갔다고 주장했다.

이런 해석에 대해 도라는 "맹렬하게 반대했다". 하지만 프로이트는 도라의 "아니요"를 "예"라고 거꾸로 이해했다. 심지어 프로이트는 도라가 강제 키스를 당했을 때 성적으로 흥분하지 않았는지 캐묻기까지 했다. 왜냐하면 그의 규정에서 여성은 남성과의 접촉에서 성적으로 흥분해야 하는 존재였기 때문이다.

11주에 걸친 도라와의 상담은 실패로 돌아갔다. 프로이트는 도라를 치료하지 못한 것은 그를 치료할 당시 전이분석 작업이 진행되는 과정에서 환자가 과거의 인물을 의사로 대체하는 현상의 중요성을 이해하지 못했기 때문이라고 말했다. 그러나 휴스턴대학교 역사학과의 한나 데커 교수는 도라의 사례를 프로이트가 10대 소녀의 감정을 전혀 이해하지 않고 모든 증상을 성과 관계된 것으로 환원하여 도라를 고통으로 몰아넣은 기록으로 읽어낸다.[7] 프로이트는 성적 욕구의 억압이라는 틀에 맞춰 도라를 억지로 다시 해석했을 뿐이다.

개별화를 내세운 미래 의학

『82년생 김지영』에서 나타나는 정신과 의사의 모습에 프로이트의 안나 오와 도라 사례의 해석이 겹쳐 보이는 것은 그것이 의료의 한계를 보여주는 예이기 때문일지도 모르겠다. 치료를 위해 사실은 이해하지 못한 환자의 상황을 이해한 것으로, 다 알지 못한 생물학적, 사회적, 정신적 상황을 안 것으로 규정하고 넘어가는 한계. 또는 자신의 틀에 맞춰 환자의 상태를 파악했다고 생각하지만 그 틀이 대상에게 맞지 않는 한계 말이다. 이를 표준화된 치료에 기반을 둔 접근이라고 부를 수도 있을 것이다. 그것은 환자의 개별성을 최대한 배제하고 해당 인구집단의 공통점에만 초점을 맞춰 문제를 파악하고 해결해나가는 현재의 방식을 가리킨다.

하지만 김지영의 담당의가 보여주는 것처럼, 또 프로이트가 보여준 것처럼 표준화된 방식은 문제를 제대로 파악하는 방식이 아닐 수 있다. 인간은 인간이기에 비슷하면서도 각자 다 다르기 때문이다. 최근 2만 개의 유전자를 구성하는 30억 개의 DNA 염기쌍 중 하나만 잘못되어도 발생할 수 있는 유전 질환을 파악하고 이를 교정하기 위한 단일염기 편집base editing 기법이 연일 화제가 되고 있다. 이미 오바마 미 전 대통령은 2015년 빅 데이터에 기반을 둔 정밀 의료precision medicine, 유전자, 생체 정보, 질병 정보 등을 총망라하여 의료적으로 접근하려는 시도 연구 계획을 발표했다. 이 계획은 물론 현재 진행형이다. 이런 의료의 움직임은, 과거 표준화된 접근의 한계를 인정하고 인간의 개별성을 다루려는 대표적인 예이다.

이에 하나 덧붙이기로 하자. 『82년생 김지영』을 의료의 한계에 관한 지적으로 읽어보는 것. 여기에서 새로운 의료에 대한 희망을 엿본다. 그것은 김지영의 담당의가 보여준 것처럼 환자의 병력, 사회력, 가족력 모두에 귀기울이며, 그를 바탕으로 환자의 개별적인 이야기를 파악하여 사회에 들려주는 역할을 의료인이 수행할 수 있을 거라는 기대이다. 물론 이 작품은 소설이지만, 이를 통해 의료인이 자신이 만난 환자의 삶을 환자와 함께 드러냄으로써 그 고통과 아픔을 밝힐 수 있는 작업을 할 수 있을 거라는 꿈 또한 품게 된다. 의료인이 정신의학과를 넘어 다양한 질환과 함께 살아가는 남성, 여성 환자, 또는 그 틀 밖의 모두를 주인공으로 삼은 새로운 '82년생 김지영'을 만나게 되기를 기대하는 이유다. 이런 '서사 의학'은 질환에 관한 인식과 이해를 바꿔 우리의 의료를 한 걸음 더 도약시킬 미래 의학 중 하나로 당당히 설 수 있을 것이다.

덧붙이는 말

각 대학 도서관의 대출 현황을 살펴본 한 기사에서 『82년생 김지영』이 다른 책들을 누르고 2018년 상반기 대출 순위 1위에 랭크되었다는 소식을 들었다.[8] 환영할 만한 일이다. 단, 이것이 남녀 사이 전선의 확대가 아니라 남녀가 상대방이 처한 입장을 서로 이해해보려는 첫걸음이 되길 간절히 소망한다.

죽음을 말하는 방법

익숙한 골목길, 한 청년이 버스에서 내린다. 하늘에선 비가 내리고 있는데, 그는 빈손으로 가벼운 춤사위를 선보인다. 아마 비가 오는 것을 즐거운 일로 느끼는 모양이다. 비닐우산을 받쳐들고 뒤따라 내린 엄마는 청년의 모습을 한심하다는 듯 바라보다가, 청년에게 우산을 씌워주면서 이제 가자고 채근한다. 모자는 그 모습을 가만히 지켜보는 카메라 쪽으로 걸어오고, 엄마의 고단한 표정과 청년의 해맑은 얼굴이 대조를 이루며 화면 옆으로 흘러간다. 평생 지적장애인 아들을 돌보며 살아온 애순고두심 분과 이제 서른이 된 아들 인규김성균 분의 이야기는 집에 돌아온 애순이 창문 틈을 테이프로 봉하면서 불안한 그림자를 드리운다. 그렇게, 2017년 늦가을에 개봉한 영화 〈채비〉는 창문을 두드리는 빗줄기처럼 조용히 관객의 마음을 두드린다.

평생 아들과 함께할 수 있으리라 생각했던 애순은 어느 날 자신이 뇌종양 말기임을 알게 된다. 대수롭지 않게 넘겼던 손발 저림과 두통은 관객의 예상을 빗나가지 않고 죽음의 소식을 애순에게 전한다. 영화는 자신이 없어도 아들이 자립할 수 있도록 인규를 준비시켜나가는 애순의 정성과 사랑을 고스란히 담아내고 있지만, 큰 굴곡이 없는 이야기는 눈물샘을 자극하는 장면이 한두 번 등장하다가 조금은 평범하게 끝을 맺는다. 이 정도만 들어도 결말을 모두 다 예상하리라 믿기에 더 언급하지는 않겠다. 이란 감독 압바스 키아로스타미의 영화 제목 '그리고 삶은 계속된다'를 떠올리게 하는 결말을 향해 엄마와 아들은 서로 분투하며 달려간다. 카메라는 모자의 감정을 소복이 담아낸다. 이 영화, 참 착하다.

차분한 영화를 집중해서 보게 된 이유는, '자신이 죽는다는 것을 가족에게 어떻게 전달할 것인가?'라는 주제를 영화가 풀어가는 방식을 만나게 되면서였다. 애순이 마주한 이 갈등은 "아이에게 부모의 죽음을 어떻게 설명할까?"로 다시 이어진다. 이 지점에서 영화는 네 가지 시도를 보여준다. 첫째, 친구들과 멀리 여행 간다고 말하기. 둘째, 동물의 죽음을 통해 아이가 스스로 죽음을 깨닫게 하기. 셋째, 장례식장에 데리고 가서 사람들이 죽음을 경험하는 모습을 보여주기. 넷째, 권위자에게 도움 받기.

애순의 첫 시도, 친구들과 멀리 여행을 간다고 말하는 것은 인규에게 자립의 동기는 될지언정, 죽음에 관한 적절한 설명은 되지 못한다. 여행은 그저 잠깐의 부재일 뿐, 영원한 이별인 죽음과는 너무도 거리가 머니 말이다. 인규는 엄마가 여행 가 있는 동안 자신이 밥을 잘 먹으면 엄마가 좋아할 것이라는 걸 알기에 달걀부침 만드는 법을 배우지만, 곧 엄마가 돌아오리라고 철석같이 믿는다. 그런 인규의 모습을 본 애순의 걱정이 더 커지는 것은 당연한 일인지도 모르겠다. 다시 돌아올 수 없는 여행이라는 것을 설명할 수 없다면, 애순은 아들과 헤어지면서 가장 큰 거짓말을 하는 셈이 될 테니 말이다.

다음, 애순은 병아리 장수에게 가장 약한 병아리를 골라달라고 하여, 병아리의 죽음을 보고 인규가 스스로 죽음에 대해 깨닫기를 바란다. "제일로 금세 죽을 것 같은 놈으로다가 몇 마리"라고 말하는 애순의 표정은 어딘가 후련해 보인다. 그가 바란 대로 병아리 세 마리 중 두 마리가 얼마 지나지 않아 죽는다. 하지만 인규가 그저 "병아리가 움직이지 않아"라고 말할 뿐, 병아리의 죽음에 대해 알지도, 죽음의 의미에 관해 깨닫지도 못하자 애순은 이 방법 또한 실패로 돌아갔음을 깨닫는다.

이어서 애순은 장례식장에서 사람들이 죽음을 대하는 모습을 보여주기로 한다. 인규에게 검은색 정장을 갖춰 입힌 그는 "곧 다시 입을 테니 입는 방법을 잘 알아둬라"라고 당부하면서 근처 장례식장에 아들을 데리고 간다. 사람들이 장례식장에서 어떻게 행동하는지를 보여주고 어떻게 해야 하는지 아들에게 알려준 애순. 그는 이어 자신 또한 곧 죽을 거라고 인규에게 말하지만 인규는 전혀 받아들이지 못하고 공포에 질려 밖으로 뛰쳐나간다. 죽음에 대한 근본적인 공포에 더하여 지나가는 여러 사람의 모습에 당황하여 공황에 빠진 인규는 자신을 찾아 시장길을 내달리는 엄마의 뒷모습을 보면서 울며 '엄마'를 외쳐 부른다. 카메라는 그 마음을 오롯이 담아내려는 듯, 눈물범벅이 된 인규의 얼굴을 클로즈업으로 잡는다. 공포와 경악 속에서 자신을 붙잡아줄 수 있는 유일한 밧줄, 언제까지라도 지켜주리라던 부모의 약속을 믿는 얼굴. 그 앞에서 엄마는 자신이 이제 더는 같이할 수 없다는 것을 어떻게 말할 수 있을까.

연명의료결정법과 '죽음 소식 전하기'

2017년 10월 23일, 연명의료결정법 시범사업이 시작되었다. 더는 치료 방법이 없고 환자의 고통을 덜 수도 없는 말기 환자 앞에서, 환자의 고통을 지속시킬 것인가, 아니면 이제 삶을 마감할 수 있도록 도와줄 것인가 하는 논의는 오랜 진통 끝에 존엄사, 안락사 등의 용어를 낳았다. 먼저 존엄사란, 이제는 의학적 치료가 불가능한 말기라고 전문의가 판단한 환자가 더이상의 연명치료를 받지 않겠다고 결정하는 것을 의미한다. 현대 의학 기술의 발전은, 이전에는 자연적으로 사망했을 환자의 신체 활동을 연장하는 방법들을 개발해냈다. 인공호흡기, 인공 영양공급, 심폐 체외 순환 등 여러 장치가 약해진 신체 장기의 기능을 대신하여 환자의 생명을 유지할 수 있게 된 상황에서, 우리는 역설적으로 고민에 빠졌다. 인간 삶의 가치는 생명의 길이로 결정되는가, 아니면 그가 누리는 삶의 질과 주변의 인정으로 결정되는가.

만약 삶의 길이보다 질이 더 중요하다면, 또는 삶을 지속하는 것이 너무도 큰 고통일 뿐이라면 환자에게 어떻게든 더 살아야 한다고 말할 수 있을까. 1975년 미국에서 식물인간이 된 딸 캐런 앤 퀸란의 인공호흡기를 떼는 것을 허용해달라고 부모가 소송을 제기한 일이 있다. 대법원이 부모의 손을 들어준 이후, 현재 미국에서는 환자가 아직 의식이 있어 자신이 의향을 명확하게 밝히는 경우, 또는 의식이 있을 때 미리 기록해둔 사전연명의료의향서가 있거나 건강 관련 결정을 내릴 수 있는 대리권자가 명확히 설정되어 있어 그가 동의한 경우, 인공호흡기나 인공 영양공급 튜브 등을 제거하는 존엄사가 허용된다.

존엄사가 환자의 생명을 유지하던 인공 장치를 제거하는 수동적인 개념이라면, 안락사는 환자가 삶을 멈출 수 있는 직접적인 수단을 제시하는 능동적인 개념이다. 안락사에는 세 가지, 의사 조력 자살, 자발적 안락사, 비자발적 안락사가 있다. 먼저 의사 조력 자살이란 환자의 요청으로 의사가 환자에게 생명을 마감할 수 있는 약을 처방해주는 것을 말한다. 미국에서는 1998년 오리건주를 시작으로, 현재 6개 주에서 의사 조력 자살을 허용하고 있다. 한편 자발적 안락사는 환자의 요청으로 의사가 직접 환자의 생명을 마감하는 약을 투약하는 것으로 네덜란드, 벨기에 등에서 허용하고 있으며, 비자발적 안락사는 환자의 동의가 없는 경우에도 의사가 약을 투약하는 것으로 네덜란드에서 특수한 경우에 제한적으로 허용하고 있다.

이 모든 논의에 선행하는 중요한 문제가 있다. 영화에서 애순이 맞닥뜨린 것처럼, 우리는 자기 죽음을 어떻게 전달할 수 있을까 하는 문제 말이다. 의료윤리에서도 이 '죽음 말하기'의 문제는 안락사 논의와 함께 계속 면면히 이어져왔으며, 점차 존엄사의 일반적 허용과 의사 조력 자살의 논의가 확장되어가면서 의료인이 환자에게, 환자가 가족에게 이 '나쁜 소식'을 어떻게 전할 것인가라는 문제가 중요하게 대두되었다.

예컨대 해당 이슈와 관련하여 고전이 된, 1982년 『건강 및 사회행동학회지Journal of Health and Social Behavior』에 클라크와 라베프가 발표한 「죽음 말하기: 나쁜 소식 전달 해결하기」라는 논문은 나쁜 소식을 전달할 때 어떻게 접근할 것인지를 세심히 살핀다. 거리 두기, 전달, 전달된 소식의 '나쁜' 부분 완화하기라는 이전 연구의 틀을 확장한 그들은 첫째, 준비하기, 둘째, 전달의 전략 설정하기, 셋째, 신호에 반응하기, 넷째, (감정, 상황) 품어주기의 단계를 제시한 바 있다. 이후 여러 교육자의 노력으로 의과대학, 전공의 교육, 평생 교육에서도 나쁜 소식 전달하기를 가르치기 위한 여러 방법이 제시되었으며, 이를 교육과정에서 시행하는 학교도 많다. 하지만 최근의 한 포괄적 문헌 고찰에 의하면, 이런 교육이 의과대학생과 전문의에게 도움이 되는지는 확실하지 않다고 한다.[1] 이 문제는 여전히 많은 의료인을 난처하게 만들고 있는 것이다. 그러니 당사자인 환자는 오죽할까.

연명의료결정법 시범사업에 큰 어려움을 만들고 있는 것 또한 이 소식 전하기의 문제다. 한 국내 일간지의 기사에서 연명의료에 대한 의료진의 반응을 살펴볼 수 있다.[2] 한 교수는 "심폐소생술 등 연명의료는 사람을 살리는 행위인데, 의사가 이를 '중단해도 될까요?' 하고 물으라는 것이 우리나라 정서에서 매우 어렵다"라고 말했다. 다른 교수는 "환자에게 연명의료 계획서를 받으려고 해도, 가족들이 말리는 경우가 있다. 의사가 먼저 이야기하는 것도 어렵지만, 우리나라 문화 자체가 죽음을 입에 올리는 것 자체를 터부시하다보니 환자들도 이를 받아들이기 쉽지 않다"라고 말했다. 물론 앞서 살핀 것처럼, 죽음 소식을 알리고 이에 관해 이야기하는 것이 한국에서만 어려운 것은 아니다. 하지만 우리는 오랫동안 어떻게든 목숨을 살리는 일에만 집착해왔던 것도 사실이다. "죽은 정승이 산 개만 못하다"라는 오랜 속담은 우리 민족이 죽음에 관해 가지고 있는 하나의 태도를 보여준다. 삶의 질보다는 양이 더 중요하다는 것.

그러다보니 다들 죽음에 관해 말하기를 꺼린다. 아무리 고통스럽고 비참하더라도 생을 이어가야 한다는 견해 앞에서 환자가 스스로 자기 죽음에 관해 말하고 결정하기가 참 어렵다. 우리는 죽음을 받아들이지 못하는 인규와 같이, 가족의 고통, 지인의 슬픔, 환자의 아픔에 대해 듣기를 포기한다. 남는 것은 연명의료결정법이 환자, 가족, 의료진의 충분한 논의 없이 어느 한쪽의 결정에 좌우되지 않겠느냐는 회의적인 시각뿐이다. 죽음에 대해 함께 이야기하는 성숙함이 없다면, 연명의료결정이 과연 제대로 기능할 수 있을까.

아들을 다독인 애순은 아들이 자신에게 잘해준다는 이유로 목사를 따른다는 것을 떠올린다. 교회에 인규를 데려간 애순은 '목사 양반'에게 자신의 죽음을 잘 좀 설명해달라고, "구라를 좀 쳐달라"고 부탁한다. 목사의 설명에 수긍했는지, 인규는 마음이 편해진 표정으로 엄마와 집으로 돌아온다. 무슨 이야기를 들었는지 묻는 애순에게 인규는 천국에 가면 다시 만날 수 없고 거기에는 전화도 비행기도 없지만, 하늘나라에서 엄마가 자신을 계속 보고 있을 거라는 말을 들었다고 전한다. 애순이 부탁한 '구라'는 무엇이었을까. 자신이 하늘나라에 간다는 것이었을까, 아니면 비록 다시는 만날 수 없지만 계속 아들을 지켜보리라는 것이었을까.

만약 내 삶이 얼마 남지 않았다는 것을 알았다면, 또는 말기 질환의 고통뿐 더는 내 가족에게 도움을 줄 수 없다는 것을 알게 된다면 나는 이제 막 말을 배우고 있는 딸에게 뭐라고 해야 할까. 이 정답 없는 물음을 지금 떠올려보는 이유는, 미리 고민해보지 않으면 같이 이야기를 나눌 수도 없다는 걸 알기 때문이다. 그리고 연명의료결정법이 자리를 잡을 수 있을지 기로에 놓인 이 시점에서, 죽음에 관한 이야기를 시작하지 않으면 그것은 그저 다시 고통과 절망에 눈을 감고 회피하는 일일 뿐임이 피부에 와닿기 때문이다. 자기밖에 모르던 아들을 두고 떠나는 애순의 모습에 우리네 삶이 겹쳐지는 것은, 우리가 너무도 중요한 죽음이라는 문제를 그동안 어떻게 이야기할지 모른 채 내버려둬왔기 때문일지도 모른다.

환자, 가족, 의료인, 사회, 종교 모두가 함께 죽음에 관한 이야기를 나누어야 할 때가 왔다.

"문제는 삶이야, 바보야"

당신은 무명에서 시작했지만 이제 전국에서 출연 요청이 쇄도하는 코미디언이다. 매니저인 남편은 당신이 관객 7명 앞에서 공연할 때도 혼자서 열정적으로 손뼉을 쳐주었던, 당신과 모든 것을 함께하고자 하는 헌신적인 사람이다. 비록 떨어져 있을 때가 많지만, 사랑스러운 첫아들도 잘 크고 있다. 왜 첫째냐고? 오랫동안 기다리던 둘째가 드디어 자신의 존재를 자궁 속에서 알리기 시작했기 때문이다. 당분간 공연을 쉬겠냐고 사람들이 묻지만, 당신은 불러오기 시작한 배가 잘 드러나는 원피스를 입고 사람들 앞에서 외친다. "뭔가 달라졌나요? (임신했네요!) 맞아요. 구두를 새로 샀어요!" 사람들은 당신의 배를 주목하며 임신한 여성 코미디언을 특별한 눈으로 바라본다. 하지만 임신이 자연스럽고 당연한 축복인 당신에겐, 새로 산 구두가 더 특별하다.

그런 당신에게 산전 검사는 청천벽력 같은 소식을 전한다. 태어날 둘째아들이 다운증후군이라는 것이다. 확률이 100퍼센트는 아니더라도 98퍼센트가 넘는다. 이 상황을 이해해보려 당신은 다운증후군 환자 모임에 가본다. 너무도 기다려온 아이라서 포기하고 싶지 않다. 무엇보다도 둘째를 키우고 싶다는 남편의 의지가 강하다. 엄마와 친구들, 아들과 보모에게 소식을 전하지만 반응은 싸늘하다. 사람들 앞에서 당당하게 보인 의지를 꺾고 싶지 않다. 다행히 멀리 살던 엄마가 같이 살면서 도와주기로 했다. 하지만 정밀 검사에서 당신의 호흡이 턱, 하고 막힌다. 태어날 아이에게 고도의 심장기형이 있어서, 태어나도 큰 수술을 반복해야 하고 계속 어려운 삶을 살아야 한다는 소식. 당신은 눈앞이 깜깜해진다.

2017년 여름 개봉한 영화 〈24주〉는 독일 신예 감독 앤 조라 베라치드의 작품으로, 낙태 문제를 전면적으로 다룬 수작이다. 이 영화는 이전에 낙태를 다룬 영화와는 관점이 매우 다르다. 낙태 반대 운동의 선봉에 서서 과장된 어법으로 낙태 시술을 담아낸 다큐멘터리 〈소리 없는 비명〉1984, 낙태가 여성에게 드리운 음영을 20년 간격의 세 옴니버스로 풀어낸 영화 〈더 월〉1996은 낙태 찬반 문제를 전면에 내세운 영화들이다. 한편 불가리아 차우셰스쿠 정권 아래서 친구가 불법 낙태 시술을 받는 과정을 돕는 여성의 시선을 통해 독재 정권 사회가 여성에게 가하는 차별을 상징적으로 그린 〈4개월, 3주… 그리고 2일〉은 낙태에 대한 문제의식으로도, 더 보편적인 여성 인권의 문제로도 살펴볼 수 있는 영화다. 〈24주〉는 낙태를 전면에 내세우고 있다는 점에서 후자보다는 전자에 가깝지만, 낙태에 관한 찬반 문제가 영화의 중심이 아니라는 점에서 전자와 궤를 달리한다.

영화를 풀어내기 위해, 먼저 낙태에 관한 논쟁을 살필 필요가 있다. 낙태에 관한 청와대 청원과 그에 대한 조국 민정수석의 답변, 그리고 그 후폭풍을 생각하면 꼭 영화 때문에 낙태에 관한 논쟁을 살필 필요가 있다고 하기는 어려울지도 모르겠다. 간략하게 낙태 논의에서 문제가 되는 것이 무엇인지, 그리고 현재 한국에서 논의되는 상황은 어떤지 살펴보는 게 좋겠다. 그래야 지금 우리가 영화가 던지고 있는 질문의 필요성을 검증할 수 있을 테니 말이다.

아주 간단히 살펴본 낙태의 역사

낙태의 역사는 길다. 효과적인 방법은 아니었지만 물리적 상해를 가하거나 낙태 유도 효과가 있는 약제를 복용하는 등의 방식을 쓰곤 했다. 출산한 영아를 유기하거나 직접 살해하는 일 또한 자행되었다. 그러나 이는 원시사회에서 가족의 생존율을 높이기 위해 행해졌던 것으로 여겨진다.[1] 문명사회는 영아 살해를 금지했다. 다분히 계층의 보존을 위한 것으로 보이는 종교적, 법적 낙태 금지의 기록이 있긴 하지만 대체적으로 낙태는 죄가 아니었다.[2] 의료윤리 하면 떠올리는 히포크라테스 선서에 낙태 수술을 하지 않겠다는 문구가 있지 않느냐고 하지만, 원전 히포크라테스 선서에는 임신중절 기구인 페서리pessary를 사용하지 않겠다는 문구가 들어 있을 뿐이다. 물론 우리가 흔히 히포크라테스 선서라 알고 있는 제네바 선언 초판에는 인간 생명을 수태 순간부터 존중하겠다는 낙태 금지에 관한 언급이 있었으나, 현재는 생명을 그 시작부터 존중한다는 좀더 온건한 표현으로 개정되었다.

국가마다 차이가 있으므로, 미국에서 낙태에 대한 규정이 어떻게 변화했는지만 간략히 살펴보자.[3] 1648년 영국 정치가 에드워드 코크 경이 산모가 태동을 느낀 이후에 낙태하는 것은 큰 부정행위라고 주장하면서 영국 관습법은 정당한 사유가 없는 경우 태동 이후의 낙태를 범법화했다. 19세기 영국은 태동 전의 낙태도 범죄화했지만, 미국은 여전히 이전의 입장을 고수했다. 변화가 나타난 것은 1821년 코네티컷 주의회가 형법을 개정하면서부터였다. 낙태 등을 이유로 독극물을 투여한 자를 처벌할 수 있도록 한 것이다. 온갖 낙태 유도제가 횡행하며 독극물까지 판매되는 상황에서 판매자를 처벌할 필요가 생겼기 때문이다. 물론 이때 처벌 대상이 판매자였다는 점을 주목할 필요가 있다.

1840년대 이후 낙태 문제가 미국 사회 전면에 부각되기 시작했다. 상업화의 가속은 낙태 광고와 낙태 전문의를 탄생시켰다. 매체가 발달하고 초기 형태의 제약 회사가 등장하며 낙태가 일상의 일부가 되기 시작한 것도 이즈음이었다. 또한 시장이 확대되고 사회가 변화하면서 낙태율은 급속도로 높아졌다.

1850년대에 들어서면서 이에 반기를 든 의사들이 나타나기 시작했다. 낙태 수술의 사망률이 30퍼센트에 달한다는 것이 그 이유였다.[4] 미국 의사학회는 조직적인 반낙태 운동을 벌이기 시작했으며, 의사들에게 낙태를 반대하는 내용의 책을 쓰라고 촉구했다. 낙태 문제의 과학적 의료화와 도덕화는 반낙태 진영에 힘을 불어넣었다. 여성은 낙태에 관한 옳은 결정을 내릴 수 없다는 것과 낙태 수술은 비과학적이며 부도덕하다는 것이 당시 반낙태 진영의 논거였기 때문이다. 이런 배경하에 1873년, 미 의회는 컴스톡 법Comstock Act을 통과시켰다. 법은 낙태 광고를 금지했고, 여기에 다른 법들이 추가되기 시작했다. 1910년이 되자 거의 모든 주의 법에 낙태 금지 조항이 추가되었다. 법은 허가받은 의료인이 정당한 사유가 있을 경우에만 낙태를 허용했다. 이후 낙태는 범죄가 되었고, 경제적으로 풍족한 백인 여성에게만 허락된 수술이 되어 수면 아래로 사라졌다.

1960년대 초 풍진이 유행하면서 엄청난 수의 기형아가 태어난 것이 분위기 변화의 촉매가 되었다. 거의 1만 5000명에 달하는 아기들이 심한 기형을 안고 태어나자, 의사들은 낙태법을 재고하기 시작했다. 또한 여성의 사회적 지위가 상승하면서 개인의 자유와 권리를 주장하는 여성들이 사회 전면에 등장했다. 여성 인권 운동의 시작은 낙태 금지 철폐 또한 대상으로 삼았다. 이들은 기존의 낙태를 권리로 다시 설정했으며, 이를 범죄로 여기는 시각에 도전했다. 특히 1969년 설립된 임신중절권 지지 단체 NARALNational Abortion and Reproductive Rights Action League은 낙태 접근권 향상을 위한

다각적인 노력을 기울였다.

미국 낙태 논란의 종점이자 시점이 된 판결

1969년 미국에서 21세 여성 노르마 매코비는 이미 두 아이를 출산했지만, 경제적 문제로 입양을 보낸 상태였다. 셋째를 임신한 그는 낙태를 원했지만 비용을 마련할 수 없었다. 찾아간 의사들은 난색을 표했고, 결국 멀어졌던 아버지에게 돌아가 도움을 청해 의원 문을 두드렸다. 이번 의사는 낙태 변호사의 조력을 구할 것을 요구했다. 그와 연결된 변호사 헨리 매클러스키는 낙태 승인을 받을 수 없으리라 여겨 요청을 거절하고 대신 입양을 도와주겠다고 권했다.

한편 헨리의 친구이자 젊은 변호사였던 린다 커피와 세라 웨딩턴은 사회 개혁을 목표로 헌법 소원을 준비중이었지만, 어떤 법을 문제삼을지, 또 해당 법 때문에 피해를 본 사람이 있는지 찾지 못해 고민하고 있었다. 헨리가 노르마를 둘에게 소개해주자, 두 변호사는 텍사스주를 상대로 소송을 제기했다. 그들은 주의 낙태 법령을 문제삼아 해당 법이 여성의 임신과 관련한 안전, 충실한 의료 서비스를 받을 권리와 임신 여부를 선택할 수 있는 기본권을 침해한다고 주장했다. 제인 로라는 익명을 사용한 매코비는 원고가 되었고, 텍사스주를 대표한 댈러스 카운티 지방 검사 헨리 웨이드는 피고가 되었기에 해당 소송은 훗날 '로 대 웨이드'라는 이름으로 기억되었다. 대법원은 태아의 생명권과 여성의 자기 결정권 중 후자의 손을 들어주었다. 그리고 이 결정은 지금까지 지속되고 있는 낙태를 둘러싼 윤리적 논쟁의 시작이기도 했다.

인간이 자신의 생명에 대한 권리를 가진다는 생명권은 명문으로 규정돼 있지 않으나 자연권으로 당연하게 인정됐다. 여기에서 출발하는 태아의 생명권은 매우 단순한 논리를 지닌다. 태아는 인간이므로 태아 또한 생명권을 인정받는다는 것이다. 여기서 문제삼을 수 있는 것은 태아를 언제부터 인간으로 인정할 것이냐는 점이다. 수태, 즉 착상 이후 7주까지의 배아 또한 인간으로 봐야 한다는 종교적 관점과, 10주까지 임신 초기의 태아는 감각기능이 발달하지 않았으므로 성숙한 인간과 같은 권리를 누리지 않는다는 과학적 관점, 12주까지의 태아는 독자적 생존 가능성이 없으므로 생명권 논의가 부적절하다는 의학적 관점이 충돌하지만 12주 이후의 태아는 일반적으로 생명권을 인정받으며 다수 국가에서 정당한 사유 없는 12주 이후의 낙태는 금지되어 있다.

태아의 생명권을 착상 시부터 인정한다면, 정당한 낙태의 범위는 극히 좁아진다. 미국 철학자 주디스 자비스 톰슨은 1971년 발표한 논문 「낙태에 대한 옹호A defense of abortion」에서 태아 생명권을 전적으로 인정하는 경우에는 낙태가 인정되기 어려우나, 두 가지 경우에는 낙태가 윤리적으로 타당할 수 있다고 보았다.[5] 첫째, 임신 때문에 산모의 생명이 위험에 처한 경우, 둘째, 강간 등 불법적 행위로 인한 강제적 임신의 경우가 그것이었다. 즉, 태아의 생명권이 산모의 생명권과 대립하는 경우, 또는 임신 자체가 불법적인 행위인 경우를 제시한 것이다. 흔히 낙태 관련 논의에서 엿보이는 여성의 자기 결정권이 태아의 생명권에 우선한다는 표현은 적절치 않다. 여성의 자기 결정권이 더 중요할 수 있지만, 그것이 태아의 생명권을 초월한다고 보는 것은 아니다. 로 대 웨이드 판결의 경우는 단지 배아 또는 12주 이전의 태아가 생명권을 지니는지 국가가 판단하지 않겠다고 선언한 것일 뿐이다.

정리하면, 낙태를 둘러싼 논쟁은 두 가지로 벌어져왔다. 첫째, 여성 권리 향상 운동은 여성이 안전한 낙태 수술을 받을 수 있는 권리가 있다고 주장했다. 이때 낙태 수술 가능성을 판단하기 위해서는 태아의 생명권에 관한 규정이 필수적이었다. 둘째, 미국 대법원은 12주 이전의 태아에 대한 생명권 인정을 보류했다. 따라서 이 시기의 낙태 결정은 사적 권리에 속하는 것으로, 국가가 이에 사법 권력을 적용하지 않겠다는 뜻을 밝힌 것이다.

한국의 낙태 관련 논의는 어디로 가고 있는가?

비교적 뒤늦게 관련 논쟁을 시작한 한국은 형법을 제정한 1953년부터 현행 낙태죄를 유지하고 있었다.[6] 1973년 모자보건법이 낙태 허용 사유를 우생학적 사유, 윤리적 사유, 범죄적 사유, 보건의학적 사유로 명문화했다. 이후 개정을 위한 노력이 몇 차례 있었지만 모두 실현되지 않았고, 한동안 학술적 차원에 머물렀던 낙태 관련 논의는 1990년대부터 빠르게 확대되어갔다. 단적으로 2012년 헌법재판소의 낙태죄 합헌 결정을 들 수 있는데, 당시 4대 4로 팽팽하게 의견이 대립했으나 동수였기에 해당 조항 폐지로 나아가지는 못했다.

당시 합헌 의견은 착상 이후 태아의 생명권을 인정하고, 낙태 처벌이 사라지면 낙태와 생명 경시가 만연할 것을 우려했다. 물론 이미 2008년 헌법재판소는 생명 단계에 따라 다른 법적 효과를 부여할 수 있다고 밝힌 바 있다. 또한 낙태죄와 살인죄가 같지 않다는 사실도 태아의 생명권과 인간의 생명권이 법적으로 동등하게 취급되지 않음을 보여준다. 따라서 태아의 생명권 인정이 그대로 낙태의 절대적 범죄화로 귀결된다고 보기는 어렵다. 무엇보다 시험관 시술에서 배아의 형성과 폐기가 이뤄진다는 점에서, 배아의 생명권을 근거로 낙태에 죄를 묻는 것은 이제 정당화되기 어렵다.

결국 문제는 낙태가 허용될 경우 더 많은 낙태 수술이 이뤄지고 생명 경시 풍조가 자리잡을 것인가라는 질문에 어떻게 답할 것인가이다. 이는 어떤 윤리 원칙이나 사고실험이 아니라, 실제 사례를 바탕으로 한 확인이 필요한 문제다. 예컨대, 로 대 웨이드 판결 이후 미국의 낙태 수술 건수의 변화를 보자.

낙태 합법화 이후 고공 행진하던 낙태율은 1990년대 이후 계속 감소했다.[7] 여기에는 여러 가지 이유가 있을 수 있으나 사전·사후 피임약의 활성화, 피임 기구의 보급과 교육, 낙태 수술 진료소 abortion clinic의 감소 등이 중요한 이유로 꼽힌다. 예컨대 2014년

낙태 합법화 이후 미국 낙태율의 변화. 1984년 고점(36.4퍼센트)에 도달한 낙태율은 이후 꾸준히 감소하여, 2014년에는 로 대 웨이드 판결이 있던 1973년(19.6퍼센트)보다 낮은 수치(18.6퍼센트)를 나타냈다. 구트마허 연구소Guttmacher Institute는 다른 방식으로 낙태 관련 통계를 제시하는데, 이 연구소 또한 1973년 낙태율(16.3퍼센트)보다 2014년 낙태율이 낮은(14.6퍼센트) 것으로 보고했다. 통계 자료는 CDC, 시각화는 필자.

90퍼센트의 지역에서 낙태 수술 진료소 부족 현상이 나타났으며, 약 39퍼센트의 여성이 해당 지역에 거주하고 있다.

그렇다면 최소한 미국에서 낙태 합법화가 더 많은 낙태 수술로 귀결되지는 않았다는 결론에 도달할 수 있다. 물론 30년 이상 낙태율은 낙태 합법화 이전과 비교해 높았으며, 따라서 낙태 합법화가 낙태율을 줄인다는 주장은 불가능하다. 단, 현재의 추세로 볼 때, 낙태 합법화가 낙태를 조장한다고 보기는 어려울 것 같다. 하지만 이런 자료들로 이 논쟁을 결론지을 수 있을까? 만약 고개가 끄덕여지지 않는다면, 그 이유 중 하나는 저 수치가 보여주는 사회적 선택과 개인적 선택 사이의 건널 수 없는 틈 때문일지도 모른다. 그렇다면 우리는 삶의 지난한 상황 속에서 어떤 결정을 내려야 할지 생각해 보지 않을 수 없다.

낙태라는 현실 앞에서 '고민하는 힘'

이제 다시 영화로 돌아갈 준비가 되었다. 낙태 관련 논의는 견해차가 크고 다양한 함의를 지니고 있으므로 가볍게 접근할 수 없다. 관련 논의가 알려주는 게 하나 있다면, 이론과 원칙은 문제를 둘러싼 입장을 명확히 하여 논의의 타당성과 건전성을 확인하는 방법이 되지만, 구체적인 결정을 내리기 위한 답을 주지는 않을 수도 있다는 것이다. 달리 표현해보자면, 낙태 찬반에 대해 말하기 위해서는 구체적인 삶의 맥락이 전제되어야 한다는 것이다.

〈24주〉의 주인공 아스트리드는 아이를 낳고 싶어한다. 남편 마르쿠스 또한 마찬가지다. 영화에서 직접 보여주진 않지만, 그들은 충분히 상의한 뒤에 아이를 갖기로 했다. 한국과는 달리 독일에서는 다운증후군으로 진단된 경우 임신 2기4~6개월에도 임신 중절이 가능하다. 즉, 그들이 낙태를 선택하지 않는 것은 그들의 결심이 가볍지 않았음을 잘 보여준다. 적어도 아스트리드는 자신의 경력 때문에 아이를 포기하고 싶지는 않다. 지금까지 아들을 봐주던 보모가 그만두자, 멀리 떨어져 살던 엄마에게 손을 내밀어 어떻게든 아이를 돌볼 수 있는 환경을 만들려고 했을 만큼.

아스트리드의 결심이 무너지는 것은 자신의 바람이 아이의 미래와 충돌함을 알게 되었을 때다. 끔찍한 심장 수술 과정을 재차 심장 전문의에게 물어보는 그의 심정은, 그것이 아이에게 얼마나 큰 고통일지를 확인하려는 노력, 점차 가라앉아가는 가족의 미래에 지푸라기라도 부여잡고 싶은 필사의 몸부림처럼 보인다. 과연 나는 내 아이에게 좋은 부모가 될 수 있을까. 나의 선택으로 아이에게 평생의 짐, 고통을 지우는 것은 타당한 일일까. 어떤 식으로든 살아만 있다면, 그것이 무조건 더 좋은 일일까.

그의 결심을 굳힌 것은 심장 기형 아동 전문 센터에서 마주한 광경이었을지도 모른다. 갓 태어난 아이, 성인의 두 손 크기밖에 안 되는 아이에게 가슴팍을 열고, 뼈를 쪼개고, 심장 수술을 받으라고 강요할 수 있을까. 여기엔 어떤 답도 없을 것이다. 이 모든 일을 같이 겪는 마르쿠스가 끝까지 낙태를 반대하는 것, 그리고 낙태를 선택한다 해도 그들에게 어떤 구원이나 위안이 주어지지 않는다는 것이 그 무게를 오롯이 보여준다. 결국 선택 앞에서 부모는 고뇌할 수밖에 없다. 어떠한 윤리 이론이나 원칙도 삶을 다 끌어안을 수 없다. 아니, 우리는 삶을 완전히 다 파악할 수 없으며, 우리의 생각 밖에는 항상 삶의 또다른 면이 존재한다. 그저 원칙을 들이밀어 낙태를 금지해도 우리 주변에선 수많은 낙태 수술이 이뤄지고 있으며,

낙태를 허용해도 아스트리드와 마르쿠스는 고뇌한다. 그렇다면 낙태를 범죄라고 규정하는 식으로 너무도 단순하게 문제에 접근하는 것은 삶과 유리된, 헛된 그물망을 치려는 노력일지도 모른다.

결국, 생명윤리 논증으로 볼 때 낙태 찬성 측과 반대 측은 모두 타당한 근거를 지니고 있다. 태아의 생명권에 대한 지루한 논쟁은 찬반 어느 쪽에 설 것인지 결정하는 지표일 뿐이다. 찬성 측은 배아의 생명권을 주장할 것이며 그것은 일리가 있다. 반대 측은 감각이나 독자 생존 가능성을 토대로 배아의 생명권을 부정하고 대신 자기 결정권이나 재생산권을 제시할 것이며 그 또한 타당하다. 여기에서 생명윤리학자 개인의 입장은 존재할지라도, 생명윤리 일반이 이 문제에 답을 내릴 수는 없다. 생명윤리의 역할은, 우리의 말로 다 옮길 수 없는 삶의 복잡다단함 속에서 낙태 결정을 놓고 함께 고민할 방법을 찾는 거라고 생각한다. 이 고민 자체가 삶을 함께 견뎌 나갈 힘이 되어줄 수 있으리라 믿는다.

영화는 우리에게 묵직한 질문을 던진다. 과연 나는 그토록 소망하던 아이를 포기해야 하는가. 아니, 포기할 수 있을 것인가. 그 질문 앞에서, 빌 클린턴을 대통령으로 만드는 데 큰 힘을 발휘했던 표어 "문제는 경제야, 바보야It's the economy, stupid"를 빌려 나에게 외쳐 본다. "문제는 삶이야, 바보야."

우리의 삶과 죽음

알츠하이머병 앞

두 가지 죽음이 있다고 했다. 하나는 생물학적 죽음이다. 과거엔 심정지와 호흡 정지가, 지금은 뇌 기능의 비가역적 상실이 이를 정의한다. 물론 최근의 기술 발전은 다시금 이 정의에 논란을 불러오고 있지만 말이다.[1] 다른 하나는 사회적 죽음 또는 상징적 죽음이다. 모든 인간은 사회에서 자신의 위치를 부여받으며, 이 위치는 평생 변한다. 이 이동이 영원히 멈추고 부여되었던 기호가 그 지위를 상실하는 순간, 인간은 사회적으로 죽는다. 보통 두 죽음은 일치하기 때문에 문제가 되지 않는다. 생물학적으로는 죽었지만 상징적으로는 아직 살아서 유령으로 회귀한 햄릿의 아버지처럼, 간혹 둘 사이 틈새가 벌어질 때가 있긴 하지만 말이다.

삶이라는 단어가 개인이 행할 수 있는 기능을 의미하는 현재에는, 죽음의 정의 하나가 더 추가되어야 할지도 모르겠다는 생각을 한다. 인지 기능을 상실하지 않더라도, 개인이 인지 기능을 수행할 수 없게 되는 상황이 있다. 기억을 점차 잃어, 결국 자신이 자신이 아니게 되는 순간 말이다. 치매, 즉 알츠하이머병으로 모든 기억을 잊어버린 개인은 결국 과거의 인지 기능을 수행할 수도, 회복할 수도 없다. 그는 생물학적으로도 사회적으로도 죽지 않았지만, 동시에 어느 쪽에든 속해 자신의 생을 주장하지도 못한다. 최소한 우리가 그리스적 비유로 죽음을 '망각의 강을 건너는 것'이라고 생각한다면, 망각으로 넘어간 그는 죽은 게 아닐까.

그 죽음은 가장 비참한 죽음일지도 모른다. 아직 치료제도 없고 고통을 덜어줄 진통제 비슷한 것도 없으니. 그저 서서히 자신이 사라져가는 과정을 관찰하다가 어느 순간 자신을 상실한다. 가족과 주변에 끼칠 부담과 고통을 걱정하지만, 자신의 무기력함을 반복해서 깨달을 수밖에 없는 시간이 계속 이어진다. 신체적으로 나타나는 증상이 없는데다 과거 노년기에 찾아오는 인지력 감퇴와 구분하지 않던 때도 있었기에, '민폐'라고 찍힌 사회적 낙인은 여전한 것 같다.

그 '죽음' 앞에 선 두 여성의 이야기를 좇아보려 한다. 한 명은 저명한 소설가이자 철학자로 언어의 조탁에 천착했던 아이리스 머독 1919~1999, 다른 한 명은 막 전성기에 들어선 언어학자 앨리스 하울랜드이니, 둘 사이에는 언어에 관한 깊은 사색이라는 공통점이 있다. 하지만 머독의 이야기는 영화 〈아이리스〉2001에서 남편 존 베일리의 시각으로, 앨리스의 이야기는 영화 〈스틸 앨리스〉2014에서 본인의 시각으로 그려졌다는 차이가 있다.

아이리스,
알츠하이머병 앞의 사랑과 죽음

비트겐슈타인이 소위 철학의 언어적 전회를 가져온 이후로, 영미철학에서 언어는 세계와 같은 위치에 올랐다. 독일을 중심으로 한 대륙 철학과 구분되는 영미의 분석철학 전통은 언어분석과 기호 논리를 통해 철학적 문제를 해결하려 했다. 그 노선에 서서 (비록 흄의 후계이고자 했던 당대의 영국 철학과는 구분되는 자신의 길을 걸었지만) 자신의 도덕철학을 추구했던 머독, 이후 소설가가 되어 내적 세계를 탐구하던 머독에게 언어는 자신의 힘과 영광이었을 것이다. 그런 그가 언어를 잃어간다는 것은 무엇을 의미할까.

영화 〈아이리스〉는 머독의 내적 고통을 좇지 않는다. 대신 영화 전면에 배치되는 것은 머독을 바라보는 남편 존 베일리의 시선이다. 그 또한 비평가이자 소설가로 옥스퍼드대학교 교수였다. 베일리는 머독을 흠모했지만, 그의 자유로움을 이해하진 못했다. 머독은 그의 곁에 있으면서도 항상 떠나곤 했고, 젊은 시절 그것은 머독의 남성 편력으로, 현재 그것은 알츠하이머병으로 인한 기억 상실의 순간들로 그를 괴롭힌다. 알츠하이머병에 걸린 머독이 표현을 위한 단어를 찾지 못할 때, 그가 밖에 나가 길을 잃고 헤매다 돌아왔을 때 영화는 그 광경을 지켜보며 고통스러워하는 현재의 베일리와 그 장면이 불러일으키는 과거의 기억을 그 위에 겹쳐 관객을 상념에 잠기게 한다.

영화의 말미, 세상을 떠난 머독의 얼굴 위에 겹치는 것은, 그가 강연에서 남긴 말이다. "우리는 신성을 믿어야 합니다. 꼭 신을 요청하지 않더라도 말입니다. 그것은 아마 우리가 사랑 또는 선이라고 부르는 것일 겁니다." 그 뒤로 머독이 남긴 옷을 안으며 슬픔에 잠기는 베일리의 모습. 영화 내내 원망하고 질투하고 분노하고 화도 내보지만, 결국 머독을 지켜온 그는 영화 끝 깊은 물속으로 침잠하는 조약돌을 닮았다. 이리 차이고 저리 차이지만 그 자신 변치 않는 조약돌을. 영화는 우리에게 당신의 사랑은 어떤 모습을 하고 있냐고 묻는다. 아마 알츠하이머병은 그 질문을 가장 혹독하게 던지는 채찍일지도 모른다. 당신을 부정하고, 심지어 당신을 잊어버린다 해도, 당신은 그를 사랑한다고 말할 수 있냐고.

앨리스, 알츠하이머병에 던져진 삶을 살아낸다는 것

한편, 영화 〈스틸 앨리스〉의 주인공 앨리스 하울랜드는 아이가 언어를 배우는 신비한 과정을 연구하는 데 전력을 다하며, 자신의 이름으로 교과서를 출판하고 인지과학과 공동 연구를 시작하려는 언어학자다. 남편 존은 의과대학에서 연구하고 있으며 그 또한 학자로서 다음 단계로 도약하는 시기다. 세 아이 애나, 톰, 리디아는 각자 아름답게 성장해, 법대를 졸업한 첫째 애나는 남편과 함께 이제 아이를 가지려 준비하고 있고, 둘째 톰은 의과대학에서 공부하고 있으며, 막내 리디아는 할리우드에서 연기자로 자리를 얻어보려 고군분투중이다. 가족은 비록 가볍게 자그락거리지만, 영화 초반에 등장하는 앨리스의 생일 축하 모임에서 서로를 존경하고 사랑하는 모습을 엿볼 수 있다.

이 화목한 가정에 그늘을 드리우는 것은 앨리스의 병, 조기 발생 알츠하이머병early-onset Alzheimer's disease이다. 이제 막 50세에 접어든 그는 갑작스러운 기억력 감퇴와 장소 혼동을 겪으며 뇌종양을 의심하지만, 검사 결과는 가족성 알츠하이머병으로 나온다. 앨리스는 부계 유전으로 의심되는 이 유전자가 자녀들에게 유전될 수 있음을 염려하고, 설상가상 첫째 애나도 해당 유전자를 지닌 것으로 나타난다. 이 소식을 전해 들은 앨리스. 지그시 입술을 깨물어보지만, 누구를 원망할 수도 없는 그의 얼굴에는 미안함과 슬픔, 분노가 복잡하게 얽힌다.

질환이 어떻게 환자와 그 가족에게 영향을 미치는가가 영화의 핵심이다. 뉴욕 컬럼비아대학교에서 교편을 잡고 있던 앨리스는 수업을 제대로 진행하지 못해 결국 일을 그만두게 되고, 자신을 완전히 상실하게 되는 순간, 즉 딸의 이름이나 엄마의 생일 등 자신에게 가장 중요하다고 생각하는 몇 가지 정보를 기억하지 못하게 될 때를

염려해 자살 계획을 영상으로 찍어둔다. 남편 존은 최선을 다해 아내를 돌보지만, 경력의 다음 단계로 나아가는 것을 포기할 수는 없다. 임신을 준비하던 첫째 애나는 자신 또한 엄마와 같은 유전자를 가지고 있음을 알았지만, 시험관 아기에게 먼저 유전자 검사를 시행해서 대비할 수 있었음을 다행이라고 생각하고 임신과 출산을 준비한다. 그리고 아직 자리를 잡지 못해 앨리스와 존의 걱정을 사던 리디아는 캘리포니아에서 좇던 꿈을 접고 엄마 곁으로 돌아온다.

카메라는 시종일관 등장인물을 버스트 쇼트bust shot로 따라가며 관객에게 그들의 표정과 감정을 전달하려 한다. 그와 함께 극의 중심에 있는 앨리스의 열연은 마지막, 앨리스와 리디아가 서로를 이해하는 단계로 나아가는 것을 자연스럽게 받아들이도록 만든다. 그 중 눈길을 끄는 두 장면이 있다. 하나는 약속을 잊어버린 것을 타박하는 남편에게 앨리스가 고통을 호소하는 장면, 다른 하나는 앨리스가 알츠하이머병 재단Alzheimer's Association 치료 콘퍼런스에서 발표를 하는 장면이다.

앨리스는 스마트폰 없이 운동을 다녀오다가 남편과 한 중요한 약속을 잊어버린다. 왜 연락을 받지 않았느냐고, 부서장과의 중요한 약속이었는데 날려버렸다고 잔소리를 늘어놓는 남편 앞에서 앨리스는 이런 일이 일어나는 게 너무 싫다고, 차라리 암에 걸리는 게 나았을지도 모르겠다고 말한다. 암에 걸린 환자들을 위해 사람들은 핑크 리본유방암 인식 확산을 촉구하는 상징을 달고 달리기를 해 모금을 한다. "그랬으면 느낄 필요도 없었겠지. 사회적…… 단어가 기억이 안

나네." 그가 순간 잊어버린 단어는 아마도 낙인stigma이었을 것이다. 다른 질환이었다면 앨리스는 교직을 계속 유지했을지도 모른다. 하지만 알츠하이머병 발병 사실이 밝혀지는 순간, 그는 학교에서 내몰린다.

앨리스가 콘퍼런스에서 연설하는 장면은 이 사회적 압력을 거스른다. 증상이 급격히 나빠지는 것을 걱정하는 존을 안심시키며, 앨리스를 담당하는 신경과 의사는 그의 이름을 콘퍼런스 명단에서 읽었다며 자신도 참석한다고, 발표를 기대하고 있다고 말한다. 힘들여 준비한 원고를 화상통화로 막내딸에게 읽어주는 앨리스. 원고는 최근의 연구 성과에 관한 언급으로 마무리되고, 딸은 사람들이 듣고 싶어하는 이야기는 그런 게 아니라 엄마의 개인적인 경험일 거라고 말한다. 앨리스는 이 원고를 준비하는 게 얼마나 힘들었는지 아느냐고 화를 내며 전화를 끊는다. 뒤이은 연설 장면, 앨리스는 읽은 부분을 다시 반복해 읽지 않기 위해 원고에 형광펜을 그어가며 자신의 경험을 전달한다. "우리는 어리석어지고, 무능해지며, 바보 같은 짓을 합니다. 하지만 이건 우리가 아닙니다. 이건 우리의 질환입니다. 다른 질환과 같이, 이것은 그 원인과 경과, 치료법을 지니고 있을 것입니다. 내 가장 큰 희망은 나의 아이들이, 다음 세대가 내가 마주한 이것을 마주하지 않는 것입니다. 하지만 당분간, 난 살아 있겠지요."

2010년 미국 CBS 뉴스 특파원 배리 피터슨은 조기 발생 알츠하이머병을 앓아 이제 자신의 과거를 기억하지 못하는 한 여성의 이야기를 보도했다.[2] 1980년대 촉망받는 뉴스 기자였던 잰에게 알츠하이머병이 발병한 것은 40대부터였을 것이다. 55세가 되던 해 잰은 알츠하이머병 진단을 받고, 현재 시설에서 생활하고 있다. 아직 예방법도, 치료법도 확실하지 않은 상황에서 젊은 시기에 나타나는 알츠하이머병은 본인과 가족에게 치명적이다. 연구에 관한 관심도, 연구비도 충분하지 않은 현재 상황은 미래에 검은 그림자를 드리우고 있다.

조금 무겁지만 평범한 뉴스 보도다. 하지만 깜짝 놀랄 만한 이야기가 이어진다. 보도를 기획하고 해설을 맡은 기자 배리 피터슨은 사실 잰의 남편이었다. 3인칭으로 진행되던 보도는 갑자기 1인칭으로 변하고, 피터슨 자신은 잰과 행복한 결혼 생활을 이어갔으나 이제 잰은 자신을 알아보지 못한다는 것을 시청자에게 영상으로 보여준다. 그는 말한다. "한 친구는 내 삶을 긴 애도라고, 같은 장례식에 계속 방문해 작별을 고하고 또 고하는 것 같다고 말했습니다." 이제 그는 잰과 이별하고 새로운 사람을 만나 함께 살고 있다. 부부가 정기적으로 잰을 함께 방문하면서.

이 보도는 그가 쓴 책, 『잰의 이야기Jan's story: 알츠하이머병으로 인한 긴 작별과 사랑의 상실』을 간접적으로 광고하려 준비한 것일 수도 있다. 또는 그 자신이 처한 현재 상황을 공적으로 정당화하기 위한 정교한 기획일지도 모른다. 아니면 조기 발생 알츠하이머병 환자의 가족으로서 겪은 아픔을 알려 질환에 관한 관심을 촉구하려는 공공 캠페인의 하나일 수도 있으리라. 하지만 객관적 입장을 가장하던 보도가 갑자기 개인적 일화로 전환될 때, 한 명의 동료에게 표하던 애도가 가족의 슬픔을 읊는 비가로 바뀔 때 마음은 천근만근 무거워진다. 그것은 아마도 우리가 이 긴 이별에, 조용히 엄습해오는 죽음 같은 것에 어떤 태도를 보여야 할지 모르기 때문 아닐까. 예컨대 이미 인지능력을 상실했다는 것을 이유로 잰의 이야기를 마음대로 공개할 권리가 이혼한 남편에게 있을까. 환자의 현실을 알려 관심을 촉구하는 긍정적 결과를 유도할 수만 있다면 어떤 방식도 허용될 수 있을까. 단지 치료 시설에 환자를 옮긴 것만으로 모든 문제가 해결된 것일까. 아니 그 전에, 우리는 애써 알츠하이머병을, 망각의 강을 건너고 있는 사람들을 잊으려 하는 것은 아닐까.

현정부는 2017년 9월 18일 '치매 국가책임제'를 공식 선언, 알츠하이머병 환자와 가족의 부담을 덜기 위해 노력하고 있다. 환자와 가족의 고통이 가장 큰 질환 1위이자 전체 노인 인구의 10.2퍼센트인 72만 명에게 고통을 주고 있는 알츠하이머병을 위해 치매안심센터를 설치하고, 의료비, 검진비, 요양비에 건강보험을 적용하여 부담을 대폭 줄였다.[3] 이 문제가 국가의 지원 없이 해결될 수 없다는 점에서 옳은 방향을 선택한 정부에 갈채를 보낸다.

한마디 사족을 붙여본다. 알츠하이머병에 관해 다시 생각해봐야 할 시점이 되었다고. 잊고, 잊혀가는 사람들을 지우지는 말아야 한다고.

유전자 편집과 삶의 가치

어렸을 때 넘어져서 무릎이 까지면 보기 싫은 딱지가 앉곤 했다. 아스팔트가 깔린 주차장이나 도로에서 놀던 시절이라, 모래와 돌멩이가 만드는 크고 작은 상처의 별무리 대신 비교적 균일한 평행선이 상처 부위에 얽히고 그 위를 딱지가 덮게 마련이었다. 시간이 지나서 다친 곳이 가려워지면 무신경하게 딱지를 떼어버리곤 했고, 아래에서 차오르는 새살을 보며 신기해했다. 그 딱지가 생명을 가를 수 있는 중요한 신체 기작機作이라는 것을 배운 건, 대학 때 졸음을 쫓으며 들었던 혈우병에 관한 수업에서였다.

혈우병은 여러 이유로 피가 멈추지 않는 질병의 총칭이다. 혈액의 응고를 담당하는 혈액 내 인자 중 무엇이 결핍되어 있는지에 따라 혈우명은 A에서 C까지 소분류로 나뉜다. 가장 큰 집단인 혈우병

A는 혈액 응고인자 VIII 결핍factor VIII deficiency을 가리키며, 심한 경우 생후 2~5개월에 자연 출혈이 발생한다. 가벼운 경우에는 외상이나 유치 발치 때 피가 멈추지 않는 것을 보고 처음 발견하게 된다. 혈우병은 인류에게 오랫동안 알려져온 질병이며, 그 유전성이 일찍이 밝혀진 질병이기도 하다.

유전성이란 19세기 초 혈우병의 가족력에 관해 조사가 이뤄지면서 질병이 대를 이어 나타난다는 것이 밝혀졌음을 의미하기도 하거니와, 그 질병을 일으키는 유전자의 변이가 무엇인지 알려져 있다는 것이기도 하다. 혈우병A의 경우, 인간 유전체genome를 이루는 염색체 23쌍 중 성염색체인 X 염색체에 있는 F8 유전자에서 돌연변이가 나타나 발병한다. 이 F8 유전자가 응고인자인 VIII 단백질의 설계도이기 때문에, 이 유전자에 돌연변이, 즉 염기서열에 오류가 생기면 응고인자 단백질 생성에도 문제가 생긴다. 이런 혈우병에는 오랫동안 치료법이 없었다. 문제가 생긴 유전자를 직접 손댈 수 없었기에, 환자를 안정시키고 필요하면 응고인자를 공급하거나 수혈하는 것이 전부였다.

최근 혈우병의 치료 가능성을 제시한 것이 지난 몇 년 동안 과학계를 뜨겁게 달궈온 크리스퍼 유전자 가위CRISPR-Cas9기술이다. 혈우병과 같이 돌연변이가 발생한 유전자의 염기서열 위치를 알고 있는 질병의 경우, 해당 유전자의 잘못된 부분을 고쳐 문제를 해결할 수 있으리라는 간단한 생각은 오랫동안 그 실현 방법을 기다려왔다. 세균이 유전자의 특정 서열을 인식하여 이를 자를 수 있는 제한

효소라는 단백질을 가지고 있음이 밝혀진 것은 꽤 오래전의 일이나, 이를 마음대로 활용하여 유전자를 조작하는 것은 먼일처럼 여겨져왔다. 그러다 인간 유전체 지도가 완성되고, 유전자 부위를 정확하게 인식하여 잘라낼 수 있는 유전자 가위가 개발되면서 그 길이 열린 것이다.

유전자 가위, 불치병을 겨냥하다

최초로 개발된 유전자 가위는 징크핑거 뉴클레이즈zinc-finger nuclease라는 긴 이름을 가진 합성 단백질이었다. 제한효소를 하나 사용하지 않고, 유전자를 인지할 수 있는 효소 여러 개를 하나로 묶어 염기서열을 더 잘 인식하도록 만든 것이다. 하지만 설계, 제작 과정이 복잡하고 오작동이 많아 실제로 원하는 유전자를 변경하지 못할 가능성이 컸다. 유전자란 A, T, G, C 네 글자로 된 긴 책과 같다. 이중 정확히 열 글자 정도의 순서쌍을 찾는다는 것이 그렇게 쉬운 일만은 아닌데다, 다른 부분을 찾을 가능성도 있으니 말이다.

다음으로 탈렌TALEN, Transcription Activator-Like Effector Nuclease이라는 기법이 등장했다. 앞선 유전자 가위보다 좀더 간단하고 정교해졌지만, 마찬가지로 10개 유전자 정도만 인식할 수 있으며, 제작이 어렵고 고비용이라는 문제는 여전했다. 2012년 말 이런 문제를 보완하여 3세대 유전자 가위로 등장한 것이 크리스퍼 유전자 가위다. 크리스퍼는 단백질을 만들어야 하는 앞 세대 유전자 가위와 달리 리보핵산RNA, 즉 유전자에서 단백질을 만들기 위해 정보를 전달할 때 사용하는 유전 물질 조각만을 설계하면 되기 때문에 제작도 훨씬 간편하고 비용도 적게 든다.[1]

이 덕에 2015년 7월 기초과학연구원IBS 김진수 단장이 이끄는 국내 연구진은 혈우병 환자 체세포에서 줄기세포를 채취, F8 유전자를 정상으로 교정하는 데 성공한 바 있다. 2017년 8월 연구진은 비후성 심근증을 일으키는 변이 유전자를 인간 정자와 난자의 수정 단계에서 유전자 가위 기법으로 교정해 질병의 유전 가능성을 낮추고, 원치 않는 부분의 유전자를 건드릴 가능성 또한 낮춘 연구 결과를 발표하면서 2017년을 '크리스퍼의 해'로 만들었다.

유전자를 마음대로 조작할 수 있다는 것은, 인간의 설계도를 원하는 대로 고칠 수 있다는 것을 의미한다. 질병 유전자의 치료는 물론이거니와 키, 눈동자 색깔, 피부색 등과 같은 외관, 심지어 신체 능력이나 지적 능력 등 인간이 가지고 태어나는 모든 것을 탄생 전에 결정할 수 있는 시대의 문턱에 다가가고 있는 것인지도 모르겠다. 그렇다면 이 기술이 가지는 경제적 가치는 엄청날 것이다. 성형외과는 너무 거친 예일지도 모르겠다. 예컨대 현재 미국에서는 주의력결핍 과잉행동장애 치료제가 성적을 올린다는 낭설이 퍼져 일부 학생들이 가짜 진단을 받고 약을 처방받아 먹고 있다. 치료제가 성적을 올려준다는 보장이 없는 상황에서도 열풍은 식지 않았다. 그렇다면 아주 간단한 유전자 조작으로 집중력을 높이는 방법을 개

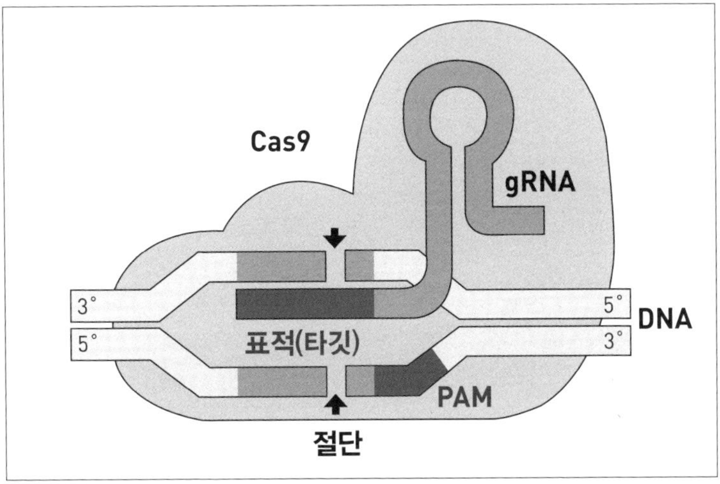

크리스퍼 유전자 가위의 도식. 유도리보핵산guide RNA이 원하는 유전자 위치에 결합하면, Cas9 뉴클레이즈nuclease, 핵산 가수 분해 효소가 해당 유전자를 잘라 기존 유전자를 제거하거나 새로운 유전자로 교체할 수 있도록 한다. 마리우스 월터Marius Walter의 시각화 작업.

발한다면 그것이 만들어낼 사회적 영향과 경제적 이익 또한 엄청나리라는 것은 억측이 아닐 것이다.

이에 따라 인간 수정란을 연구 대상으로 삼을 수 있는지에 관한 찬반 논란이 2017년부터 더 뜨거워지고 있다. 찬성 측은 유전자 질환 환자의 이익을 그 이유로 제시하고, 반대 측은 유전자 가위 기술의 안전성을 문제삼는다. 배아를 연구 대상으로 삼을 수 있는가에 관한 문제 제기도 있다. 아직 인간 배아와 태아의 유전자 치료가 금지된 국내에서 위의 논점들은 시급한 논의가 필요하다. 무조건 금지만 하기에는 유전자 가위의 경제적, 과학적, 사회적 여파가 너무 크기 때문이다.

여러 복잡한 논의가 섞여 있기에, 하나의 축으로 전체 논의를 정리할 필요성이 있다. 위에서 언급한 '필요성 대 안전성'의 대립이나 배아의 지위에 관련한 논란은 좋은 출발점이지만, 그것에 관련 문제 전체를 담아내기는 어려워 보인다. 여기에서는 "유전자 편집이 도착할 곳은 어디인가?"라는 질문에 관해 조금 더 생각해보자. 예컨대 20세기 초 핵물리학 연구가 도착한 지점은 핵폭탄과 핵발전소였다. 위험한 것은 무조건 만들면 안 된다는 주장은 큰 의미가 없다. 눈을 가린들 이미 개발중이던 기술이 사라지는 것은 아니니 말이다. 단지 핵물리학 연구가 도착할 지점이 핵폭탄과 핵발전소라는 사실을 미리 알고 그 결과를 생각하면서 연구를 진행했더라면 역사는 조금 달라지지 않았을까 하는 생각을 해볼 뿐이다. 만약 핵물리학을 통해 우리가 도착하려 했던 곳이 다른 곳이었다면, 제2차 세계대전의 광기가 원자력과 폭탄을 연결짓지 않았더라면, 우리의 삶은 조금 달라지지 않았을까.

유전자 편집이 도착할 곳은 그 표현이 의미하는 대로, 유전자를 편집하여 인간을 원하는 대로 설계하는 것일 수 있다. 대표적으로 영국 옥스퍼드대학교의 줄리언 사블레스쿠 교수 같은 이들은 생명공학을 도입해 인간의 능력을 향상해야 한다고 주장한다. 최근 불거진 이른바 '포스트휴먼posthuman' 담론은 기계와 인간의 결합, 유전학을 통한 인간의 변화가 가져올 '인간 다음의 인간'을 상상한다.

유전자 편집의 측면에선 아마도 인간의 육체적, 지적 능력의 개선을 통한 더 나은 인간의 탄생을 말할 것이다. 물론 아직 크리스퍼 유전자 가위에서 포스트휴먼을 말하는 것은 시기상조이다. 그러나 기술의 발전이 이를 충분히 가능케 하리라는 예상 또한 가능하다.

이들이 말하는 도덕 능력의 향상 등 인간이 지닌 단점을 넘어서기 위한 기술 활용 주장에는 충분히 귀기울일 만한 부분이 있다. 하지만 유전자 편집을 통해 우리가 바라야 할 것이 과연 인간 능력의 향상일까? 이 주장을 선뜻 받아들이지 못하는 이유는, 영화 〈가타카〉가 물었던 것처럼 삶의 가치에 대한 고민 때문일 것이다. 가치 있는 삶은, 과연 더 많은 것들을 누릴 수 있는지 여부로 결정되는 걸까.

국내에서 『정의란 무엇인가』김명철 옮김, 와이즈베리, 2014로 유명한 미국 하버드대학교의 마이클 샌델 교수는 『완벽에 대한 반론』김선욱·이수경 옮김, 와이즈베리, 2016이라는 책에서 인간 향상론을 반대하며 그 근거로 '삶은 선물'이라는 오랜 표현을 끌어들인다. 유전자 편집은 질병 치료를 위해서만 허용되어야 한다고 말하는 그는, 인간 능력 향상의 가능성이 현실화된다면 삶은 더는 인간에게 선물일 수 없으리라고 외친다. 삶에 존재하는 의외성 때문에 그것은 선물일 수 있다. 그 조건을 마음대로 선택할 수 있다면 삶의 아름다움은 사라질 것이다.

다소 복잡한 샌델의 논의를 따라가는 대신, 김애란 소설가의 『두근두근 내 인생』창비, 2011의 주인공 한아름을 통해 '삶은 선물'이란 말을 구체적으로 살펴보자.

올해 한아름은 부모가 그를 얻었던 나이와 같은 열일곱 살이 되었다. 지금의 통념에 비춰볼 때 그의 부모가 조금 성급했던 것처럼 보인다는 사실은 잠깐 접어두자. 소년의 얼굴을 보는 순간 그 생각은 사라질 테니. 이미 여든의 세월을 지낸 얼굴을 한 그를 보면 말이다. 소년은 원인이 알려지지 않은 병인 조로증 환자로, 같은 병을 가진 환자 중에서는 상당히 오랫동안 생존해 있는 축에 속한다. 조혼한 그의 부모는 가정을 꾸리기도 넉넉지 않은 형편에 그의 병원비를 대고 병간호를 하느라 하루하루가 팍팍하다. 노쇠할 대로 노쇠한 그의 신체는 한 부분씩 기능을 상실해간다. 그는 젊어보기도 전에 이미 늙었다. 그런 삶은 어떨까. 그 시간에 선물이라는 표현을 붙이는 건 잔혹하지 않을까.

물론 소년 아름을 성인으로 대치한다면 그 삶은 우리 모두에게 선물이 되기야 하겠다. 우리는 때로 "아픈 사람이 더 아픈 사람을 보고 내비치는 안도의 눈빛"을 보낼 수 있는 대상을 필요로 하며, 뭇 종교는 그 자리에 신앙의 대상을 놓기도 하니 말이다. 그런 삶은 다른 사람의 삶에 선물이 될 수 있을지 모른다. 소설 중 한아름이 이성의 감정을 느낀 이서하에게 보낸 고백의 편지에 적은 것처럼 우리는 "너보다 더 아픈 사람이 필요"한 경우가 있으니까. 위해를 가하는 것이 아니라면, 나보다 힘든 사람의 삶을 보면서 일말의 위안을 느끼는 것을 나쁘다고 말할 필요는 없다. 그러니 누군가는 "아프니까 청춘"이라고 말한 것일지도 모른다.

하지만 그것은 순전히 남을 위한 것이다. 친구라곤 옆집의 60대 할아버지뿐이고, 친밀함을 느껴 마음을 터놓은 대상이 오히려 자신의 삶을 모욕했다는 것을 알게 되는 소년 아름의 삶을 선물이라 하는 건 너무한 일이라는 생각이 든다. 통증은 단순히 수치화하거나 비교할 수 없다는 아픈 사실을 "아플 땐 그냥 철저하게 혼자"라고 다시 표현하는 그의 삶을 보면서 누군가가 야속해지지 않기란 쉽지 않다.

다만 유일하게 독자에게만 오롯이 전달되는 모습에서, 그 삶의 위안을 살짝 엿본다. 아름이 자신의 아픔으로 문장들을 만들어나가는 모습을 살펴보는 것 말이다. 이는 조로증에 걸린 한 소년의 인생 마지막 순간에 관한 소설이면서, 동시에 "이야기꾼의 탄생"에 관한 소설이기도 하다.[2] 소설은 아름의 마음속에서 "낱말카드가 조그맣게 회오리"치는 광경을 소복이 담아낸 풍경화다. 자신을 배신한 누군가에게 "내가 너를 볼 수 있게, 그 자리에 있어주었던 것, 고마워"라고 아름이 말할 때, 거기에 담겨 있는 감정의 진폭은 소설의 마지막에 한아름이 아버지와 어머니의 사랑에 바친 헌사 '두근두근 그 여름'을 포근히 감싸안는 표현의 넓이가 된다. "싸락눈, 만년눈, 소나기눈, 가루눈" 할 때 세상을 그려가는 단어 하나하나를 세심히 그러줘는 아름의 손길을 보며, 비록 소설 속 인물일지언정 그가 나보다 더 많은 아름다움을 만났으리라는 생각을 잠시 해본다.

시들어가는 아름의 신체가 이야기꾼의 그것으로 탈바꿈하는 모습은 그에게, 그의 부모에게, 그리고 우리에게 아름의 삶이 선물이 될 수 있는 가능성을 비춰준다. 다시, 『두근두근 내 인생』은 우리에게 주어진 삶을 선물로 만들어가는 것이 어떤 것인지를 보여준다고 말할 수 있겠다. '삶이 선물'이라는 말은 우리가 흔히 생각하는 것처럼 그 안이 행복으로, 누릴 만한 것으로 가득차 있다는 것을 의미하지 않을지도 모른다. 오히려 고통으로 가득한 삶에서 아름다움을 발견하고 그것을 표현할 수 있는 능력을 갖추고 있기에 '인간은 삶을 선물로 만들어낼 수 있다'.

사블레스쿠와 같은 인간 증강론자는 다음과 같이 이야기할지 모르겠다. 조로증에 걸린 아이의 삶이 무슨 의미가 있냐고. 삶을 좋은 것들로 가득 채울 때 삶은 선물이 될 거라고. 하지만 이야기꾼 아름은 삶의 고통과 어려움을 아름다움으로 바꿔내며 인간 존엄성의 조건을 보여준다. 좀더 나아가, 우리는 이렇게 말해볼 수도 있겠다. 유전자 편집이 새 생명의 모든 조건을 결정하게 된다면, 조건을 벗어나 행동할 수 있음을 의미하는 자유가 그 가치를 상실할 거라고 말이다. 그것은 인간을 수단이 아닌 목적으로 대해야 하는 근거가 되는 인간 자유의 퇴색을 의미하며, 삶을 선물로 빚어나갈 가능성을 조기에 차단해 그 모두를 가진 자에게 돌리는 일이다. 그렇기에 나는 인간 능력 향상을 위한 유전자 편집의 가능성에 반대한다.

유전자 편집 자체를 부정한다거나 질병 치료의 가능성을 넓히기 위한 탐구도 금지해야 한다는 것은 결코 아니다. 아름이 보여준 것은 고통과 어려움 속에서도 아름다움이 탄생할 수 있다는 것이다. 아름다움을 위해 고통을 놓아두어야 한다고 말하는 것은 과유불급이다. 혈우병, 페닐케톤뇨증, 갑상선기능저하증 등 유전성 질환의 치료에 유전자 편집 연구가 돌파구를 마련할 수 있기를 소망한다. 삶의 가치를 위한 수단의 자리에서 계속 연구되어나갈 수 있기를 소망한다. 삶의 가능성을 미리 재단하여 오히려 빼앗는 일이 되지 않도록 관련 제도를 정비해야 할 필요를 엿본다.

주어진 삶을 소중히 가꿀 수 있도록 복무하는 유전자 편집은, 더 나은 인간을 말하는 유전자 편집과는 지향하는 바도, 그것이 미래에 우리에게 가져다줄 열매도 다르리라 믿는다. 이제 궤도에 오르기 시작한 유전자 편집이 삶을 더 풍요롭게 만들 수 있도록 고민을 해나갈 때다.

의사는 대통령의 정신건강에 관해 의견을 밝혀도 되나

2017년 6월 8일 목요일 오전, 중요한 스포츠 중계가 있는 날도 아닌데 미국 워싱턴의 술집들은 문을 열고 손님들을 맞았다. 잠시 뒤 오전 10시, 미국의 수많은 눈이 한 사람의 입에 집중했다. 증인석에 앉은 이는 제임스 코미 연방수사국FBI 전 국장. 대통령이 코미의 해임을 발표했을 때, 그는 러시아의 미국 대선 개입 여부를 조사하던 중이었다. 언론은 대통령의 해임 조처가 사법 방해죄에 해당하며, 닉슨 전 대통령의 워터게이트 스캔들이나 빌 클린턴 전 대통령과 백악관 인턴 르윈스키의 추문과 비견된다고 보고 있다.[1] 여기에서 출발한 탄핵 논의는 해가 바뀐 지금도 이어지고 있다.

한편 이런 상황은 전문가가 현 대통령의 정신건강을 놓고 공적 발언을 해도 되는지에 관한 격론을 부추기고 있다. 사실 트럼프 대통령이 소시오패스, 자기애성 인격장애 등 정신적 문제를 안고 있다는 주장은 대선 국면에서 이미 제기되었다.[2] 그리고 최근 탄핵까지 언급되자, 이 문제 제기는 "트럼프의 정신 상태를 시민들에게 경고해야 하는가"로 확대되고 있다.

미국 대선의 흑역사: 존슨 대 골드워터

이 문제를 살펴보기 위해서는 먼저 미국 대선 역사에서 두번째로 큰 득표 차를 기록했지만, 더불어 큰 문젯거리를 낳았던 1964년 대선을 복기할 필요가 있다. 당시 대선은 정치적 네거티브 광고를 탄생시킨 것으로 유명하다.

민주당 대선 후보였던 린든 존슨은 '데이지'라고 불리는 텔레비전 광고를 단 한 번 방영했다.[3] 어린 소녀가 데이지 꽃을 들고 숫자를 세고 있다. 소녀가 아홉을 세자, 갑자기 성인 남성의 목소리가 열을 세며 카운트다운을 시작한다. 카운트다운이 진행되는 동안 화면은 빠르게 소녀의 오른쪽 눈을 확대한다. 눈동자의 검은색이 화면을 채우면서 카운트다운은 0에 도달하고, 갑자기 폭음과 함께 핵폭탄의 빛이 작렬한다. 이어 버섯구름이 피어오르고, 존슨의 목소리가 경고한다. "이것이 목전의 위험입니다. 미국의 자녀들이 살 수 있는 세상을 만들거나, 아니면 어둠으로 들어가는 것 말입니다. 서로 사랑하지 않으면 우리는 죽고 말 것입니다." 마지막으로 검은 배

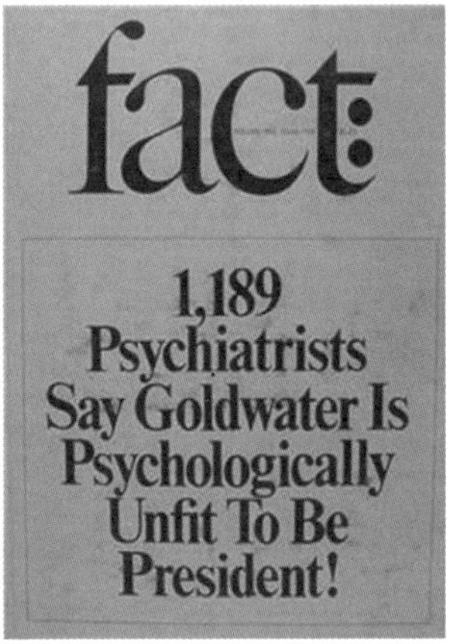

잡지 『팩트』 특별호에 실린 골드워터 후보의 정신건강에 관한 설문조사. 잡지는 골드워터 후보의 부적합성을 강조하는 문구로 표제를 선정, 선거에 악영향을 미치려는 의도를 명확히 드러냈다.

경에 자막이 뜨고 성우가 그것을 읽는다. "11월 3일 존슨에게 투표하십시오. 집에 있기에는 위험이 너무 큽니다."

광고는 상대 후보였던 공화당의 배리 골드워터의 복지 축소와 군비 확장 주장을 겨냥하고 있었고, 사람들의 불안감을 부추겨 존슨의 압도적 승리에 크게 이바지했다고 평가받고 있다.

이 광고는 광고 역사에 길이 남았지만, 이후의 흑색선전과 비방에 큰 영감을 불어넣기도 했다. 상대방을 직접 공격하는 방식이 아닌 대중의 불안감을 부추기는 방식, 마치 외압이 있었다는 듯이 성급하게 광고를 철회하여 다시 한번 방영을 각인시키는 전략은 정치 광고의 새 장을 열었다.[4] 1964년 이전에 정치적 공격은 사실에 기반을 두고서 논리에 호소하는 방법을 택했다. 하지만 투표에서는 논리가 아닌 감정이 더 큰 동력을 지니며 따라서 감정에 호소하는 것이 훨씬 주요하다는 점을, 최근 신경정치학 연구자들이 밝혀내기

전부터 광고 제작자들은 알고 있었던 것이다.[5] 하지만 1964년 대선이 남긴 것은 이뿐만이 아니었다.

이 대선은 이후에 모든 정신건강 전문의가 공적 인물의 정신건강에 관해 발언하는 것을 금지하는 데 중요한 계기가 된 사건이 벌어진 때이기도 했다. 현재 폐간된 잡지 『팩트』는 「보수의 무의식: 배리 골드워터의 정신에 관한 특별호」라는 기사를 실었다.[6] 1만 2356명의 정신건강 전문의에게 설문을 보내 2417명이 응답했고, 거의 절반에 가까운 응답자가 골드워터의 정신건강이 대통령직 수행에 적절치 않다고 답했다.[7] 골드워터 후보가 "과대망상, 편집증, 심한 정신병"에 속한다고 표기하거나, 심지어 조현병이나 자기애성 인격장애와 같은 특정 진단명을 언급하며 정신병 환자라고 응답한 경우도 있었다. 이 기사가 대선에 끼친 영향은 분명치 않으나, 한 가지 확실한 것은 선거 후 골드워터가 이 기사와 관련하여 『팩트』 편집장 긴즈버그에게 소송을 걸었고, 이번에는 골드워터가 승리했다는 것이다. 게다가 명예 회복을 위해 단지 1달러만을 요구한 골드워터에게, 법정은 7만 5000달러에 달하는 보상금을 지급하라는 판결을 내렸다.[8]

보호 의무와 비밀 엄수 의무의 충돌

이 사건으로 미국정신의학회American Psychiatric Association의 의료윤리

원칙에는 '골드워터 규칙'이 담기게 되었다. 그 원칙의 7절 3항은 다음과 같이 밝히고 있다. "공적 주목을 받는 개인 또는 그에 관련한 정보를 대중매체를 통해 공개할 것을 요청받은 정신건강 전문의는 정신과적 문제에 관한 일반적인 내용을 진술할 수 있으나, 적법한 상황에서 검사를 수행한 후 발표할 수 있도록 허가받지 않은 한 전문가적 의견을 제시하는 것은 비윤리적이다."[9] 이후 정신건강 전문의가 정치인에 관해 발언하는 것은 사실상 금지되었고, 이 조항은 현재까지 유효하다.

2017년 3월 워싱턴에서는 미국정신의학회 지부 회의가 열렸다. 현 대통령과 관련하여 골드워터 규칙을 논의하기 위한 자리였다. 조지워싱턴대학교 국제관계학 정치-심리 프로그램 책임자인 정신건강 전문의 제럴드 포스트는 "우리에게는 경고의 의무가 있다"면서 "이름을 말할 수 없는 그의 성격과 적합성에 관해 심각한 문제 제기가 계속되고 있다"고 말했다.[10] 그는 "위험천만한 시기에 힘을 보태지 않는다면 그것이 비윤리적이라고 느껴진다"고 덧붙였다. 정신건강 전문의 존 지너는 의사는 환자를 보호하겠다고 맹세했으며, 따라서 정신건강 전문의는 언젠가 환자로 만나게 될 수도 있는 모든 시민을 광기로부터 보호하기 위해 대통령의 정신건강이 가져올 위협에 관해 발언할 의무를 진다고 주장했다.

이 주장은 타라소프 사건으로 인해 강조되기 시작한 경고의 의무에 그 근거를 두고 있다. 1969년 10월 캘리포니아대학교에서 살인 사건이 벌어졌다.[11] 피해자인 타티아나 타라소프의 부모는 학교를 고소했다. 범인인 프로센지 포다르가 자신의 마음을 받아주지 않던 타라소프를 죽이려는 계획을 당시 상담중이던 정신건강 전문의에게 털어놓았지만, 의사는 그를 편집증적 조현증으로 진단하여 잠시 입원시켰다가 내보내준 것이었다. 계획은 타라소프에게 전달되지 않았고, 포다르는 시간이 지난 뒤 결국 계획을 실천에 옮겼다. 이 사건은 의사-상담자 간 비밀 엄수의 의무와 피해자를 보호하기 위한 경고의 의무가 상충하고 있음을 적나라하게 보여주었다. 재판관 다수의 의견은 폭로가 타인의 위험을 막는다는 게 확실시된다면 비밀 엄수 의무를 깨야 한다는 쪽으로 기울었다. "보호받을 권리는 대중의 위험이 시작하는 곳에서 끝난다."[12] 만약 위협이 중대하지 않았다면 비밀 엄수의 의무가 중시되었을 것이다. 또 비밀 엄수에 대한 신뢰가 없다면 위협을 알아채는 것 자체가 불가능해질 가능성도 있다.[13]

물론 모든 정신건강 전문의와 심리학자가 트럼프 대통령의 정신건강이 심각한 문제를 겪고 있다고 보는 것은 아니다. 한 심리치료사 단체는 공적 인물의 정신건강 진단을 논하는 것은 진단을 "무기화"하는 것이라고 발표했다. 또 듀크대학교 명예교수이자 정신질환 진단 및 통계 편람Diagnostic and Statistical Manual of Mental Disorders 제4판 출판 위원회의 회장을 맡기도 했던 앨런 프랜시스는, 트럼프는 "나쁘지만 미친 것은 아니다"라면서, 그가 엄청난 자기애를 보이지만 그것이 그를 환자로 만드는 것은 아니라고 말했다. "트럼프의 암흑시대에 대한 해독제는 정치이지, 정신과학이 아니다."[14] 그렇다면 일부 정신건강 전문의들과 심리학자들이 주장하는 것처럼 국민의 이익을 보호하기 위해 대통령의 정신건강에 관해 발언하는 것은 허용되어야 하는가? 국민이 처한 위험이 더 크니 골드워터 규칙을 더는 적용하지 않아도 될까? 위험과 경고의 저울은 누가 재야 하는가?

골드워터 규칙과 경고 의무 중 무엇이 더 중요할까

1994년 전직 대통령 로널드 레이건이 알츠하이머병 진단을 받았다고 공개했다. 1986년 무장단체에 정부가 불법적으로 무기를 판매한 사실이 밝혀진 이란-콘트라 사건Iran-contra affair에 관한 국회 청문회에서, 레이건은 기억나지 않는다는 대답으로 일관했다.[15] 당시 이 대답은 지지도에 부정적인 영향을 끼치긴 했지만 정치적인 공세에 대한 효과적인 방어였다는 평을 받았다. 하지만 이후 알츠하이머병 진단이 공개되자, 사람들은 레이건 전 대통령이 당시에 이미 치매 초기 증상을 나타낸 것이 아니었는지, 정말로 관련 사건의 내용을 기억하지 못했던 것은 아닌지 의심하게 되었다. 이 사건에서 살펴볼 수 있는 것처럼 공적인 인물, 특히 정치인의 정신건강에 관한 언급과 전문가의 평가는 단순한 사실 진술의 차원을 넘어 사회적, 정치적 영향력을 끼치게 된다. 심지어는 권위적인 진술의 사실 여부마저도 의심하게 할 만큼, 정신 상태에 관한 평가가 갖는 힘은 강력하다.[16]

2016년 아직 탄핵이 가결되기 전 박근혜 전 대통령의 심리 상태에 관한 여러 이야기가 회자되었다.[17] 문을 연 것은 김태형 심리연구소 '함께' 소장이었다.[18] 그는 "자폐 성향"을 보일 수 있는 전 대통령이 주변에 "포로로 잡힌 상태"라면서, 정신적으로 감당할 수 있는 임계점을 넘은 전 대통령에 관한 우려를 표시했다. 이후 탄핵 국면이 가까워지면서 박 전 대통령의 정신건강에 관한 심리학자 3인의 인터뷰 기사가 나왔다.[19] 황상민 전 연세대 교수는 박 전 대통령이 "성인기 자폐"라는 의견을, 이승욱 정신분석 전문가는 최순실의 자기애와 의존형인 박 전 대통령의 결합을 지적했다. 또, 다시 등장한 김태형 소장은 박 전 대통령의 트라우마 치료가 시급하다는 의견을 제시했다. 이후 탄핵은 인용되었고, 아직 관련 재판이 진행중이기 때문에 말하기는 조심스럽지만, 박 전 대통령의 범죄 사실이 인정된다 해도, 그의 정신 상태에 관해 언급하는 것은 아무런 문제가 없을까? 또는 그를 입원 치료가 필요한 병자라고 발언하는 것은 국민의 보호를 위해 필요한 일일까?

2017년 탄핵 이후 대선 국면에서 문재인 대통령의 정신건강에 관한 주장이 나돌았다.[20] 해당 주장은 근거 없는 비방이었으며 글을 올린 네티즌은 재판에 넘겨졌지만, 내용은 확대 재생산되어 한동안 여론 한구석을 떠돌았다. 이때 전문가가 해당 내용에 관해 언급하는 일은 허용되어야 할까? 박 전 대통령의 경우와는 반대로, 국민의 알 권리 또는 보호를 위해 특정 인물이 정신적으로 건강하다는 것을 정신건강 전문의가 공적으로 확증하는 것은 어떤가? 안타깝게도 아직 한국에서는 골드워터 규칙에 관해 구체적으로 논의된 적이 없다. 경고의 의무에 관한 논의도 구체적으로 진행된 바 없다. 공적인 인물의 정신건강을 논의하는 것이 시민의 이익에 중대한 영향을 끼친다면, 또는 시민에게 엄청난 해를 끼친다면 그것은 허용되어야 할 것이다. 하지만 그 시민의 이익이란, 반대로 시민의 엄청난 해란 무엇을 말하는가. 또 상충하는 두 의무 중 무엇이 더 중요한가. 아니, 무엇이 더 중요한지 우리는 고민해본 적이 있긴 한가.

덧붙이는 말

이후 배우 유아인씨의 정신 상태에 관해 소셜미디어상에 발언한 정신과 의사가 물의를 빚어, 이에 관해 서면 인터뷰를 한 일이 있었다.[21] 이 일은 공적 자리에서 정신과 의사 등 전문가가 공인의 정신 상태에 관해 언급하는 것이 문제가 될 수 있다는 인식을 우리 사회에 최초로 던진 사건으로 봐야 할 것이다. 이후 이 의사는 소속 학회에서 제명당했다.[22]

트럼프 대통령에 대한 우려를 담은 책, 『도널드 트럼프라는 위험한 사례』밴디 리 엮음, 정지인·이은진 옮김, 심심, 2018가 미국에서 2017년 10월 3일 발간되었다. 27명의 정신건강 전문가가 트럼프 대통령을 평가한 책이다. 경고의 의무와 골드워터 규칙 중 무엇이 우선해야 하는지에 관한 논란은 아직도 진행중이다.

모두 옳고 모두 그르다

사람의 몸을 정면으로 바라보는 일은 때로 우리를 공포에 빠뜨린다. 어릴 적 교과서 사진에 나온 보디빌더가 탄탄한 근육을 뽐낼 때, 그 박력이 아니라 피부의 울퉁불퉁함이 주는 알 수 없는 강렬함에 두려워졌다는 이야기를 누군가에게 들은 적이 있다. 처음 메스로 피부를 절개했을 때 본 박동하는 혈액의 화려함은 떠올릴 때마다 나를 소스라치게 만들곤 한다.

산 신체의 강인함도, 죽은 신체의 냉엄함도 모두 직접 마주하기 무척 고통스러울 때가 있다. 눈을 감으면, 여전히 첫 해부 실습 시간 그곳을 가득 채우고 있던 포르말린 냄새에 코끝이 아리는 것 같다. 아마 처음으로 맡은 죽음의 냄새였을 텐데, 그것이 이토록 선명한 이유는 보존을 위해 비닐에 싸여 있던 시신들을 마주하는 공포를 완화하려는 정신적 보호막으로 작용했기 때문인지도 모른다. 생명과 죽음의 직접성이 서로 부딪히며 비명을 지르고 있는 신체를 발견할 수 있는 장소가 있다. 바로 거식증Anorexia nervosa 환자의 신체다.

거식증은 섭식 장애의 일종이다. 섭식 장애는 생물학적 원인으로 발생하기도 하지만, 주로 문제가 되는 것은 심리적 요인으로 인한 쪽이다. 그저 먹기 싫어하는 것일 뿐 질병은 아니라고 생각하는 경우가 왕왕 있지만, 치료가 상당히 힘들며 결국 사망에 이르기도 하는 심각한 질병이다.

다이어트를 목적으로 시작되기도 하지만, 어떤 이유든 간에 체중 증가에 대한 공포심이 다른 욕구를 압도하면 섭식 장애로 이어진다. 이때 섭식 통제에 성공하면 거식증, 굶주림을 이기지 못해 결국 음식을 먹지만 구토하여 섭식 통제에 실패했다는 것을 부인하는 일을 반복하면 폭식증Bulimia nervosa으로 분류한다. 두 진단 모두 그 근저에 환자 자신의 체중이나 체형에 대한 왜곡된 인식이 도사리고 있다.

거식증 환자가 겪는 고통과 치료를 위한 노력

거식증 환자가 체중 증가에 대해 갖는 절대적인 공포심은 극단적인 식사 거부로 이어지며, 그 결과 이들의 신체는 기아 상태에 빠진다. 체지방이 모두 사용되고 나면 몸은 근육과 장기를 분해하기 시작한다. 소위 '피골이 상접한' 몸, 겉에서도 안쪽의 뼈가 비쳐 보이는 것 같은 팔다리와 움푹한 볼로 도드라져 보이는 눈은 삶과 죽음이 다투고 있는 그의 마음속을 그대로 보여주는 것 같다.

문제는 이를 치료하는 것이 무척 어렵다는 데에 있다. 뇌 섬엽insula의 기능적 이상에서 식욕부진의 원인을, 선조 외 신체 영역extrastriate body area에서 체형 이상 평가의 원인을 찾는 등 뇌과학적 접근이 이뤄지고는 있으나 아직 명확한 원인 규명과 치료는 부지하세월이다.[1] 일반적으로는 외래에서 행동 조절과 동반하여 정서적 문제 치료를 위한 상담 등을 지속해나가지만, 심한 저체중이거나 내과적 합병증이 심한 경우, 다른 정신과적 문제를 같이 보이는 경우에는 입원 치료를 하기도 한다. 식사를 거부하는 것이 현재 문제를 일으키는 주원인이지만, 섭식 거부를 일으키는 원인이 별도로 존재하기 때문에 환자의 정서적 고통을 이해하고 동반된 문제를 해결하기 위한 접근이 필요하다.[2] 약이 없기도 하지만 심한 저체중이면 다른 약을 쓰기도 어려운 상태가 되기도 하기 때문이다. 심한 경우 치료에 매우 오랜 시간이 걸리고 결국 치료에 실패하기도 한다.

2017년 넷플릭스에서 방영한 영화 〈투 더 본To The Bone〉은 거식증 환자가 겪는 고통과 치료를 위한 노력을 오롯이 보여준다. 심한 거식증으로 몇 번 입원 치료를 받았지만 별 차도가 없는 엘렌릴리 콜린스 분은 이혼 후 각각 재혼한 부모 사이를 오가며 살고 있다. 아버지는 일을 이유로 단 한 번도 등장하지 않고, 대신 아버지 쪽 가정에서 엘렌을 돌보는 것은 새어머니와 그 딸이다.

최근 엘렌의 상태는 악화일로를 걷고 있는데, 그 이유는 엘렌이 자기가 지속해서 인터넷에 올리던 그림을 보고 자극을 받아 한 소녀가 자살했다는 사실을 알게 됐기 때문이다. 더 두고 볼 수 없다고 판단한 새어머니는 엘렌과 함께 섭식 장애 치료로 유명한 베컴 선생키아누 리브스 분을 만나러 가고, 그는 엘렌에게 조금 다른 치료 방법을 권하는데, 자신이 운영하는 치료소에서 같은 섭식 장애 환자들과 공동생활을 하는 것이었다.

엘렌은 그곳에서 무용수였지만 무릎 부상 후 심각한 거식증에 시달렸던 루크알렉스 샤프 분, 마찬가지로 거식증이지만 임신 사실을 알고 이겨내려는 메건레슬리 빕 분 등을 만난다. 베컴 선생은 엘렌을 위한 첫 가족 집단 요법을 연다. 아버지는 역시나 일을 이유로 부재 상태고, 새어머니와 의붓 자매, 레즈비언 커플이 된 엄마와 그 파트너가 모임에 참석한다. 엘렌을 둘러싸고 서로를 비난하던 모임은 결국 파국을 맞고, 상심해 있는 엘렌에게 조심스레 루크가 다가온다. 서로의 상처가 엘렌과 루크 사이의 관계를 진전시킨다. 엘렌은 베컴 선생의 권유로 이름을 일라이로 바꾸며 과거를 극복하려 한다. 메건의 아이가 조금씩 자라면서 치료소는 축하 파티를 벌이는 등 모두 다 점차 나아지는 것 같지만, 그날 밤 메건이 유산하면서 상황은 오히려 덧난다.

이후 여러 가지 상황을 통해 영화는 엘렌의 극복과 성장을 다룬다. 극복이라는 과거가 성장이라는 미래와 만날 때, 엘렌은 치료를 향한 한 걸음을 내디딜 수 있게 된다. 그 과정에서 카메라가 엘렌의 신체를 비추는 방식은 주목할 만하다. 카메라가 엘렌의 신체를 시선의 대상으로 조망하는 것은 모두 네 번이다. 카메라는 당연히 인물과 사물을 비추지만, 그것은 보통 서사를 진행하기 위한 인물과 배경의 배치이다. 반면 여기에서 말하는 카메라의 시선이란 이야기를 잠깐 중지하고 대신 특정 대상을 비추는 방식 자체만으로 어떤 내용이나 생각의 틀을 전달하려는 것을 말한다. 전자가 소설 읽기라면, 후자는 인물화나 정물화 감상에 비유할 수 있을까.

카메라의 시선과 신체를 바라보는 관점들

네 번의 시선은 이렇게 배치된다. 처음 새어머니가 엘렌의 몸 상태를 걱정하면서 함께 체중을 재고 엘렌의 삐쩍 마른 몸을 사진으로 찍어서 보여줄 때, 베컴 선생에게 진료를 받을 때, 치료소에서 체중을 재면서, 그리고 영화 말미에서 환상에 빠진 엘렌이 자신의 몸을 바라볼 때다. 카메라는 각각 엘렌을 대하고 있는 다른 등장인물이 엘렌의 신체를 어떻게 바라보는지를 전달하려 한다.

먼저 새어머니가 엘렌을 화장실에 데려가 억지로 체중을 재는 장면부터 보자. 카메라는 엘렌의 몸을 45도 옆에서 미디엄 숏인물을 무릎 위까지 촬영하는 것으로 비춘다. 이것은 카메라, 그리고 우리가 사람을 바라보는 가장 일반적인 시선으로 사람들이 타인의 신체를 평가하는 시선이기도 하다. 하지만 영화에서는 새어머니가 엘렌에 대해 품고 있는 걱정스러움을 가득 담은 눈길이기도 하다. 엘렌은 영화에서 한 번도 얼굴을 비추지 않는 아버지와의 관계를 새어머니에게까지 확장하며 그녀와의 관계 역시 부정한다.

다음, 베컴 선생이 엘렌을 진료하는 장면을 보자. 여기에서 카메라는 등을 클로즈업하고 있다. 이것은 의학이 신체 각부의 특징에 집중하는 시선을 보여준다. 의학적 시선은 신체의 세밀한 특징과 증상에 초점을 맞춰 질병을 진단하려 한다. 환자의 개별적 경험을 의료의 보편적 틀에 맞추어 정의하면서 의학은 치료의 방법을 찾아나가기 때문이다. 엘렌은 처음에 이 시선에 따르는 것처럼 보인다. 베컴 선생이 치료법을 제시하자 내키지 않아 하면서도 따르고, 과거를 극복하기 위한 첫걸음으로 선생이 새로운 이름을 지어줄 때 기꺼이 이를 수용하는 것이 그 예다. 하지만 메건의 유산이 모두에게 큰 심적 부담을 안길 때, 엘렌은 베컴 선생을 부정한다.

한편 치료소에서 체중을 재는 장면은 돌봄의 시선을 보여준다. 체중계 너머 엘렌을 비추는 버스트 숏과 삐쩍 마른 상반신과 하반신 일부를 전체적으로 조망하는 컷을 연결하면서, 카메라는 치료소에서 함께 지내는 동료와 간호사가 엘렌에게 보이는 관심과 보살핌의 시선을 형상화한다. 그것은 앞의 두 시선과 달리 규정하지 않으려 하면서도 신체의 궁핍을 지각하고 손을 내민다. 그러나 이 돌봄의 시선은 적당한 거리를 유지하면서 선을 넘지 않으려 하기에, 당장 위안이 될 수는 있을지언정 사태를 변화시키기는 어렵다.

이 모두를 통과하고 나서야 엘렌은 자신의 신체를 왜곡하지 않고 바라볼 수 있게 된다. 그 어느 하나의 시선만으로 엘렌이라는 '전부'를 조망할 수는 없을 것이다. 돌봄의 시선, 치료의 시선, 평가의 시선에는 모두 나름의 장단점이 섞여 있다. 이런 시선을 모두 마주하고 화해했을 때 비로소 엘렌에게 자신을 온전히 바라볼 기회가 주어진다.

가로지르기를 통해 전체를 조망하기

프랑스 정신분석학자 라캉은 공적인 삶 전반에 걸쳐 학자와 대중을 대상으로 강연을 계속해왔다. 비록 그가 쓴 책은 『에크리』 한 권뿐이지만, 그의 후계자인 자크알랭 밀레가 정리하여 발표한 세미나 노트는 그 사상의 내용과 변천을 우리에게 알려주는 귀중한 자료다. 그중 7권인 『정신분석의 윤리』는 크게 두 가지 내용을 담고 있다. 하나는 정신분석을 통한 윤리로, 정신분석의 통찰이 기존의 윤리학에 던지는 도전을 담고 있다. 다른 하나는 정신분석이 지녀야 할 윤리로, 윤리적인 정신분석 치료란 무엇인지를 다룬다. 전자는 '욕망의 윤리학', 후자는 '환상 가로지르기'라고 이름 붙일 수 있을 것이다.

먼저 욕망의 윤리학이란, 욕망이 윤리의 근거가 될 수 있음을 의미한다. 『윤리 형이상학 정초』백종현 옮김, 아카넷, 2014와 『실천이성비판』백종현 옮김, 아카넷, 2009으로 근대 윤리학을 세운 칸트는 윤리의 근거로 행복을 배제하고 대신 자율을 통한 의지의 실현을 내세웠다. 칸트에게 윤리적 행동이란 자유롭게 행동할 수 있는 개인이 이성이 수립한 보편적 의무에 따라 행동할 때 나타난다. 반면 행복은 우연적이기 때문에, 보편적 의무 수립의 근거가 될 수 없다.

라캉은 칸트가 절반만 맞는다고 생각했다. 즉, 어떤 원리를 따라 행동하는 일이 윤리적 행동이라고 본 것은 옳지만 의무를 정하는 것은 이성뿐만이 아니라는 것이다. 인격이 지知, 정情, 의意로 구성된다면, 지성이 수립한 법칙을 의지하는 것만 윤리라고 말하는 것은 편협하다. 물론 라캉은 공리주의의 행복론을 받아들이지는 않는다. 하지만 정념(그리고 그 근거가 되는 욕망)이 수립한 법칙을 의지하는 것 또한 윤리라고 말할 때 우리는 온전한 윤리를 이해하게 될 수도 있다, 이것이 라캉이 말한 욕망의 윤리학이다. 그렇다면 타인의 욕망을 욕망하는 것에서 벗어나 자신의 욕망을 온전히 마주하고 그것을 받아들이는 일, 라캉의 표현을 따르자면 "주이상스jouissance를 향유하는 것" 또한 윤리적 행동이라고 말할 수 있다. (물론 라캉이 칸트를 오해한 것이라는 주장도 맞다. 그러나 라캉을 경유해 칸트를 다시 읽는 일은 정언명령이 어떻게 이해되어야 하는가를 확장시키는 통로가 된다.)

환상 가로지르기는 여기에서 출발한다. 정신분석가가 어떠한 답을 정해놓고 환자를 그쪽으로 유도하는 것은 윤리적인 치료가 아니다. 특정 사회에서 긍정적인 것으로 받아들여지는 어떤 태도를 향해 정신분석가와 환자가 같이 나아가는 것도 윤리적인 치료라고 할 수 없다. 윤리적인 치료란, 환자가 자신의 환상과 사회가 만들어낸 환상 모두가 다 환상이라는 것을 받아들이는 데에서 출발한다. 그 다음에야 환자는 자신의 욕망을 마주하고 자신과의 관계를 다시 정립해나갈 수 있다. 이 여정을 함께 걸어나가는 것이 라캉이 생각한 윤리적인 정신분석 치료이다.

〈투 더 본〉이 제시한 카메라 시선의 여정을 라캉의 주장에 비추어 다시 생각해보자. 엘렌이 진정으로 치료의 길에 들어서려면 하나의 시선을 마주하거나 내면화하는 것으로는 충분하지 않다. 영화가 엘렌의 그림을 통해 간접적으로 표현한, 엘렌이 자신의 신체를 바라보는 왜곡된 시선은 다른 카메라의 시선과 부딪쳐야 하지만 각각의 시선이 정답인 것도 아니다. 평가하고 걱정하는 사회의 시선, 진료하고 정의하는 의학적 시선, 북돋지만 거리를 유지하는 돌봄의 시선 그 어느 하나를 내면화한다고 하여 엘렌이 자신을 제대로 바라볼 수 있는 것은 아니기 때문이다. 이 모두를 거치고 그 결핍을 이해할 때만, 이 모든 '환상을 횡단'할 때만 엘렌은 자신과 직접 마주할 수 있다. 그것이 치료의 윤리라고 감히 말해본다.

건강과 회복을 둘러싼 여러 담론의 경쟁을 바라본다. 모두 자신이 바르다고 목소리를 높이지만, 그것은 옳기도 하고 그르기도 하다. 원효 대사가 '개시개비皆是皆非', 즉 모두 옳고 모두 그르다라고 말한 것처럼, 어느 한쪽의 목소리가 세상을 다 담아내지 못하며 어느 하나의 시선이 세상을 다 비추지도 못한다. 예컨대 현대 의학과 대체 의학이 서로를 놓고 벌이는 싸움 같은 것이 그렇다. 현대 의학이 다 담아내지 못하는 우리 삶의 복잡다단함을 이유로 대체 의학은 현대 의학을 부정하려 한다. 하지만 대체 의학이라고 정답은 아니다. 현대 의학의 정교한 생물학적 모형에 더하여 다른 여러 목소리를 함께 듣고 환자가 진정으로 원하는 길을 함께 찾아나가는 것이, 의료윤리와 우리의 '의료'가 마주한 현재의 과제이리라.[3]

2부

현대 의학이라는 고원

문화를 렌즈 삼아 의료 시스템 이해하기

모든 사람은 거짓말을 한다?

2013년 방영되어 관심을 모았던 드라마 〈굿닥터〉가 최근 미국에서 리메이크되어 인기리에 방영중이라는 기분좋은 소식을 들었다.[1] 〈굿닥터〉는 자폐스펙트럼 장애Autism Spectrum Disorder, 자폐와 관련된 전반적 발달 장애를 2013년 하나의 항목으로 통합하면서 만든 이름으로, 사회적 상호작용과 제한적, 반복적 행동을 보이지만 심각도와 기능 수준에서 다양한 차이가 나타난다 중 하나인 서번트신드롬을 앓는 주인공이 의사가 되어 남들이 놓친 지점을 발견해내며 아이들의 생명을 살리고, 점차 성장해가는 이야기를 담은 드라마다. 드라마 전개의 출중함은 이미 원작이 보증하고 있는데다 이 드라마를 리메이크한 사람이 데이비드 쇼어라는 것을 전해 들은 터라, 미국판도 성공할 거라고 일찌감치 예상하고 있었다. 그러면서도 그가 그려낼 새로운 이야기가 어떤 모습일지 궁금함도 커졌다. "한국 드라마는 병원에서 연애를, 법원에서 연애를, 방송국에서 연애를 하지만 미국 드라마는 병원에서 진료를, 법원에서 변론 다툼을, 방송국에서 촬영을 한다"라는 우스갯소리 때문이 아니라, 쇼어의 전작 〈하우스 House M.D.〉2004~2012에 애정이 있었기 때문이다.

추리소설의 서사 흐름을 빌려온 〈하우스〉

의학 드라마 〈하우스〉를 한마디로 줄이자면 '괴짜 천재 의사인 하우스 선생의 기상천외한 진단 모험'이다. 미국에서는 〈이.아르 E.R.〉1994~2009, 〈그레이 아나토미Grey's Anatomy〉2005~ 등 유명한 의학 드라마가 방영됐지만, 2012년 종영한 〈하우스〉야말로 의학 드라마 열풍을 불러온 작품이라 할 수 있겠다. 그 근거로 〈하우스〉가 종영 시점에 세계에서 가장 인기 있는 텔레비전 드라마로 기네스 세계 기록에 등재되었다세계 66개국 시청자 수 8억 명는 점을 들 수 있다.[2] 작품의 주인공 하우스 선생 역을 맡은 휴 로리와 그를 보좌하는 포어맨 선생 역을 맡은 오마 앱스는 덕분에 유명세를 누렸다.

어떤 점 때문에 〈하우스〉가 인기 있었는지 생각해보면, 두 가지 요소가 중요했던 것 같다. 하나는 주인공의 독특하다못해 호불호가 극명하게 갈리는 성격, 다른 하나는 추리소설의 구조를 갖춘 작품의 서사 형태이다. 극중 하우스 박사는 지팡이를 짚고 나타나 끊임없이 통증을 호소하며, 이를 핑계로 마약성 진통제를 습관적으로 삼키는 약물 중독자다. 염세적인데다 과거의 상처 때문인지 대인 기피증을 보이는 그는 직장 동료도, 환자도, 심지어 애정 전선그야말로 '전선'인데, 싸우다 정든다는 말의 의미를 아주 잘 보여준다을 형성하는 병원장 커디도, 유일한 친구인 종양내과 의사 윌슨도 절대 믿지 않는다.

또 전통적 서사 흐름을 따르던 기존의 의학 드라마와 달리 〈하우스〉는 추리물의 구조를 빌려, 원인을 알 수 없는 질병의 발생, 뒤이은 증거 수집, 추론과 검증을 통한 진단, 그리고 회복의 순서로 이야기를 진행해나간다. 의학 드라마를 생각하면 흔히 떠오르는 수술실의 긴박감, "메스!"를 외치는 외과의, 결과를 초조히 기다리는 가족 대신, 〈하우스〉는 질병이라는 '범인'이 '범죄'를 저지른 방식과 원인을 찾아나가는 '진단'을 극의 중심에 배치하면서 추리물에서 기대할 수 있는 지적 긴장을 서사의 동력으로 삼았다. 덕분에 〈하우스〉는 병리학pathology, 질병의 원인을 연구하는 학문을 범죄학criminology, 범죄·범죄자에 관한 과학적 연구의 시각으로 제시하면서 새로운 의학 드라마의 방식을 개척해나갈 수 있었다. 예컨대 〈하우스〉는 비슷한 시기에 인기를 끌었던 〈그레이 아나토미〉보다 〈시에스아이CSI〉2000~2015에 가깝다. 시리즈의 시작이자, 이후 드라마의 서사 구조를 압축적으로 잘 보여주는 첫 화 '테스트 케이스Pilot'의 내용을 간략히 살펴보자.

29세의 여성 환자가 입원한다. 그는 한 달 전 발작한 이후 말을 하지 못하고 아기처럼 중얼거리고 있다. 이런 경우 1차적으로 의심해볼 질병은 뇌암이다. 하지만 뇌암에서 가장 흔히 나타나는 단백질 표지자암과 같은 특정 질환의 경우 이상 세포가 생성하는 단백질이 혈중에서 검출되며, 따라서 이 단백질의 존재 여부로 질환의 발병 여부를 판별할 수 있다 세 가지 중 하나도 발견되지 않았다. 의심해볼 만한 환경 요인도 없었다. 뇌의 조영 자기 공명 영상contrast MRI, 조영제를 주입하고 자기 공명 영상을 촬영하는 것에서 아무것도 발견되지 않아 누구도 원인을 찾아내지 못하는 상태다.

피해자인 환자는 질병의 '습격'을 당해 병원을 찾아온다. 기존의 의학 드라마, 그리고 대부분의 의학적 서사는 치료의 난관을 이야기 전개에, 수술 또는 치료 과정을 절정에 배치해왔다. 질병에 대한 승리가 최종 결말이 될 수 있도록 안배하는 것이다. 그도 그럴 것이, 의료에서 가장 감동적인 순간은 환자의 회복 순간이기 때문이다. 이를 가능케 한 의사 또는 의료진의 천재적인 실력과 헌신은 경의의 대상이 된다. 다른 의학 서사에서 앞서 설명한 사례는 주제가 되기 힘든데, 싸워야 할 질병이 모호하다는 점 때문이다. 대상이 명확해야 싸울 수 있으며, 서사의 핵심은 해결 과정에서의 역경과 그 극복에 있어야 하니 말이다.

현대 의료의 자화상, 하우스 박사

반면 〈하우스〉에서는 〈시에스아이〉에서처럼 이미 벌어진 '질병' 사건이 제시된다. 문제는 어떻게 치료할 것인가가 아니라 어떤 질병인가에 있다. 누구도 환자의 질병명이 무엇인지 알지 못하며, 이것이 서사의 긴장을 형성한다. 극은 앞서 말한 것처럼 추리물의 순서를 따른다. 〈시에스아이〉가 현장을 조사하여 단서를 찾고, 단서 분석을 토대로 어떻게 범죄를 저질렀는지, 그리하여 누가 범인인지를 밝혀내는 것처럼 말이다.

병원의 천재 진단의인 하우스 선생과 그의 팀 또한 진단에 계속 실패하며 잘못된 치료법을 택한다. 하우스 선생은 자신이 받았던 상처와 외골수인 성격을 이기지 못해, "모든 사람은 거짓말을 한다"면서 환자를 만나려 하지도 않고 방에서 영상과 실험실 검사 결과만을 통해 질병의 원인을 추론해나간다. 하지만 혈관염이라는 가진 hypothetical diagnosis, 진단명을 확정할 수 없을 때, 최선의 근거에 기초하여 내린 가설적 진단하에 이뤄진 스테로이드 약물 투여는 실패로 돌아간다. 오히려 환자의 병세는 더 악화되어, 도움 없이는 거동도 어려워진다. 원인을 발견하지 못한다는 사실에 환자는 절망하여 치료 중단을 선언한다.

질병의 단서로 실험실 검사 수치, 각종 영상 자료, 환자와 의료진의 대화가 등장하지만 누구도 원인을 발견해내지 못한다. 하우스 선생과 그의 팀은 여러 가설을 세워 검증해보지만, 원인을 모른 채 눈감고 내디딘 걸음은 헛발이기 일쑤다. 오히려 상황은 악화되어간다. 추리소설에서 여러 단서를 통해 범인을 추리해보지만 번번이 실패로 돌아가는 것, 그리고 시간이 흐르면서 점점 상황이 악화되어가는 것과 같은 구조다. 그 와중에 극은 절정, 즉 원인의 확인 또는 '범죄의 식별'로 나아간다.

치료가 무위로 돌아갈 것이라는 압박 앞에서 모든 정황을 새로이 보고 하우스 선생은 결국 병의 원인을 추론해낸다. 지금의 증상은 촌충 감염으로 인한 혈관 염증이라고 추측한 하우스 선생은, 스테로이드 약물 투여가 처음에는 효과가 있는 듯 보였지만 이내 증상을 악화한 것을 근거로 든다. 자신의 진단을 확신한 하우스이지만, 그에겐 이제 절망한 환자의 마음을 돌려야 하는 일, 어찌 보면 그에게는 절대 어울리지 않는 일이 남아 있다.

환자의 마음을 돌리는 일이 그에게 어울리지 않는 이유는 주인공 그레고리 하우스의 성격과 신조 때문이다. 프린스턴-플레인스보로 병원 진단의학과 과장인 그는 사람과의 교제를 싫어하고 냉소적이며, 나르시시스트인데다 까다롭기까지 하다.[3] 하우스 선생은 환자를 만나고 싶어하지 않는다. 위의 이야기에서도 환자와의 상호작용은 온갖 의학 자료들, 그리고 진단 팀의 다른 선생을 통해 간접적으로 이뤄진다. 제대로 진단을 내리지 못하는 다른 의료진을 무시하고 폭언을 일삼기까지 하는 그가 환자를 설득할 수 있을까?

물론 소위 '까칠남'인 그에겐 매력적인 구석도 있다. 친구 왓슨 역을 맡았던 배우 로버트 숀 레너드의 표현을 빌려보면, "사람들은 왜 내 역할이 하우스와 친구냐고 묻곤 해요. 나는 대답하죠. 이 드라마를 어떤 이유로 보세요? 그는 반사회적이죠. 천재예요. 그는 불만에 가득차 있죠. 다른 사람을 신경쓰지 않아요. 그는 재즈 피아노를 치고, 버번을 마셔요. 그는 매우 지혜롭죠. 좋아하지 않을 구석이 없잖아요?"

여기서 떠오르는 사람 또는 작품이 있을지도 모르겠다. 〈하우스〉의 추리 구조와 주인공의 반사회적 성격, 약물 중독 등은 '셜록 홈스'를 닮지 않았는가? 사실, 작가 쇼어는 그레고리 하우스를 창조하면서 셜록 홈스, 그리고 홈스의 모델이자 작가 코넌 도일의 스승이었던 외과 의사 조지프 벨 박사를 참조했다고 밝힌 바 있다.[4] 하우스 선생의 친구이자 비판자 역할로 등장하는 윌슨 선생이 홈스 모험의 기록자이자 서술자, 군의관 왓슨인 것은 물론이다. 이런 의학적 추리의 서사, 또는 추리의 형태를 띤 의학을 지지하는 표현이 극 전체에서 반향을 일으킨다는 점을 주목할 필요가 있다. 하우스 선생의 신조이자 그가 진단 과정에서 계속 되뇌는 말, "모든 사람은 거짓말을 한다"라는 표현 말이다.

마치 셜록 홈스의 과학적 추리 과정처럼 하우스 선생은 자신의 관찰과 인과 과정에 관한 집요한 추론을 통해 질병의 원인을 밝혀내려 한다. 환자와의 상호작용은 사고를 흐려 자신의 판단을 그르칠 수 있는 요소이기에, 또 환자와 나누는 대화는 그에게 사회적 교류가 아닌 정보 수집의 대상이기에 하우스는 환자의 '거짓'에 천착한다. "모든 사람은 거짓말을 한다"라는 말은, 환자가 진실만을 말한다면 의사는 언제나 정확한 진단을 내릴 수 있다는 명제를 진단학이라는 가면 뒤에 숨기고 있는 것처럼 보인다. 셜록 홈스를 생각해보자. 등장인물 모두가 진실만을 말한다면, 홈스는 언제나 진실에 도달할 것이다. 아니, 숨겨진 진실이라는 말 자체가 성립하지 않을 것이다.

이런 하우스 선생의 입장은 현대 의료의 자화상이다. 하우스 선생 자체가 현대 의료의 체현體現이라고 말하는 편이 더 좋을지도 모르겠다. 그가 환자를 만나고 싶어하지 않는 것은 결국 환자와의 만남에서 얻을 것이 없다고 생각하기 때문으로 보이는데, 매일의 진료 현장 뒤에는 이 정서가 깔려 있다. 더 정확히 보자면, 환자의 말은 언제나 '거짓'이기에 그 말보다는 거짓말을 하지 않는 환자의 '몸'이 들려주는 말에 귀를 기울이는 것이 더 중요하다는 생각이 현대 의료의 근저에 자리하고 있다는 것이다. 너무 넘겨짚는 게 아니냐고 말씀하실 분들을 위해, 근대 의학이 탄생하던 순간을 잠시 되짚어보고자 한다.

근대 의학의 탄생과 환자의 침묵

19세기 파리는 그야말로 혁명의 공간이었다. 1789년 프랑스대혁명이 가져온 불씨는 정치 영역뿐만 아니라 사회 전반에 변화를 가져왔다. 의학 또한 그중 하나였으니, 기존 문헌의 권위에 의존하던 구체제Ancien régime, 기존에 고착된 제도나 사상 등을 말하며, 특히 프랑스대혁명을 기준으로 그 이전의 사회 제도, 학문을 가리킴와 그 의학적 위계 대신 계몽주의적 지식과 과학적 실험에 근거한 새로운 의학이 태동하기 시작한 것도 그즈음이었다. 독일의 뮐러, 헬름홀츠, 피르호와 프랑스의 클

로드 베르나르는 생리학을 발전시켜나가기 시작했다.[5] 파스퇴르와 코흐는 배종설germ theory, 생명체가 배나 종으로부터만 발생한다는 이론으로, 자연발생설을 반박했다을 입증하며 세균학을 창시했다.[6] 루이는 임상 자료를 통해 사혈瀉血, 4체액설에 근거한 서양 고중세 의학은 체액의 균형을 중시했으며, 체액 중 하나인 혈액이 과잉일 때 피를 뽑아내 그 균형을 맞춰야 한다고 생각했다이 효과가 없음을 증명해 임상 역학clinical epidemiology, 임상 자료를 수집하여 통계적 분석을 통해 질병의 원인이나 변동, 치료의 효과 등을 연구하는 학문의 선구자가 되었다.[7]

그중에서도 라에네크의 청진기 발명은 상징적인 의미를 지닌다. 당시 청진은 주요한 진찰 방법의 하나였지만, 의사가 환자의 가슴팍에 직접 귀를 가져다 대야 하는 탓에 귀족 여성을 진찰하는 것은 남성 의사에게 곤혹스러운 일이 아닐 수 없었다. 당시 35세였던 라에네크는 젊은 여성의 심장 질환 진찰을 부탁받지만, 환자의 나이, 성별, 신체 때문에 직접 청진하는 것을 꺼리고 있었다.[8] 그때 라에네크는 마당에서 두 아이가 긴 나무 막대와 핀을 가지고 장난치던 장면을 떠올렸다. 한 소년이 막대를 귀에 대고 있으면, 다른 소년이 핀으로 막대 반대쪽을 긁어 전달되는 소리를 듣는 놀이를 하고 있었다. 그는 종이를 말아 자신의 귀에 대고, 반대쪽을 환자의 가슴에 위치시켰다. 환부에 직접 귀를 가져다 대는 것보다 훨씬 더 선명하게 들리는 소리. 청진기가 탄생하는 순간이었다.

근대 이전의 의학은 절대적으로 환자의 말에 의존해야 했다. 의사의 오감이 적극적으로 활용되긴 했다. 환자의 혈색이나 외관

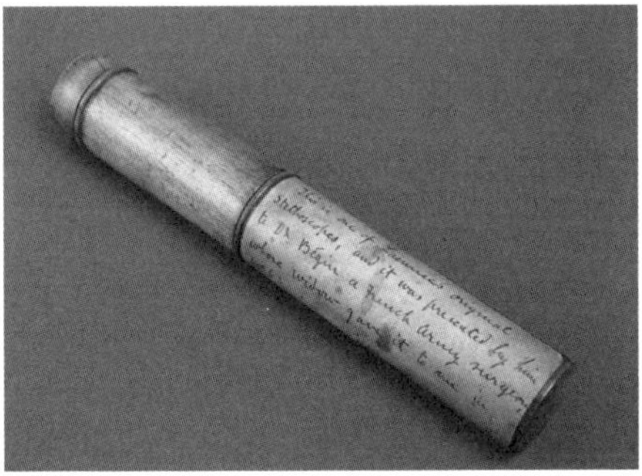

나무, 청동으로 만든 라에네크의 청진기 원품 중 하나.
출처: Science&Society Pictur Library

을 살피는 시진, 라에네크의 일화에서도 언급한 청진, 환부의 성상性狀, 사물의 성질과 상태을 만져보고 판단하는 촉진이 활용되었음은 물론이거니와, 환자의 분비물을 맛보고 환부의 상태를 냄새로 판단하는 등 미각과 후각도 활용했다. 하지만 가장 중요한 것은 환자가 하는 말이었다. 언제부터 아팠는지, 아프기 이전의 상태는 어땠는지, 왜 아픈 상태가 되었는지, 아픈 부분은 어디이며 그 양상은 어떤지를 파악하기 위해 의학은 환자에게 계속 말할 것을 요청했다. 의사의 실력은 적절한 질문을 던져 환자가 질병의 증상과 원인을 정확히 말할 수 있도록 하는 데 있었다. 의사의 권위가 그 자신의 말에 있었던 것이다.

근대 의학의 청진기, 엑스선 촬영, 혈액 검사, 화학 검사 등 수많은 검사법이 환자와 의사 사이의 대화를 대체해나간 과정은, 의사가 환자의 말에서 질병에 관한 절대적인 정보를 얻고 파악하는 대신, 환자의 입에 손가락을 대어 조용히 시키고 환자의 몸이 내는 '소리'에 귀기울이는 과정이기도 하다. 진료실이 '조용'해지는 순간을 프랑스 철

근대 의학 이전, 의사는 환자의 맥박을 재고 소변의 색깔을 검사하는 등 감각을 동원한 신체 검사를 수행하기도 했으나 가장 중요한 것은 환자와의 대화였다. 당시 의사와의 만남은 환자가 진료소 방문이 아닌 의사의 왕진으로 이뤄졌으며, 의사는 환자와 가족의 이야기를 듣는 것을 가장 중요하게 생각했다. 진료가 이뤄지는 곳은 환자에게 친숙한 집이었으며 진단은 환자의 생활에 근거했는데, 이것은 질병의 발생 원인이 환경(당시의 표현으로는 나쁜 공기)에 있을 거라는 생각 때문이었다. 엘리자베스 와센버그, 〈의사의 방문〉(1750～1760).

학자 미셸 푸코는 '의학적 시선le regard médical, the medical gaze'이라는 용어로 표현한 바 있다.[9] 그것은 의학이 환자의 인격과 신체를 분리하는 과정이었다. '거짓말을 일삼는' 환자의 말에는 귀를 기울일 필요가 없다. 물론 대화에서 필요한 정보를 얻을 수 있을지도 모른다. 하지만 거짓에서 진실을 구분하려고 노력하는 것보다는 항상 진실을 말하는 몸에 물어보는 것이 더 빠르고 확실하다. 따라서 더 중요한 것은 엑스선 사진, 컴퓨터 단층 촬영, 자기 공명 영상 등 환자의 몸을 직접 보는 시각 자료, 맥박, 심전도 등 몸이 내는 소리를 직접 듣는 청각 자료, 혈액, 분비물 검사, 유전자 검사 등 실험실이 제시하는 구체적인 수치, '만질 수 있는' 자료이다. 이런 임상 자료를 통해 환자의 신체를 재구성하고 살로 가려진 몸을 뚫고 안을 '들여다보는 것'이 현대 의학의 뼈대가 되었다.

요컨대 현대 의학이 걸어온 150년의 길은 환자의 발화 대신 환자의 몸이 내는 소리에 귀를 기울인 시간이었다고 말할 수 있다. "모든 사람은 거짓말을 한다"던 하우스 선생의 생각이 그저 드라마 등장인물의 독특한 생각에 그치지 않고 현대 의학의 거울이 될 수 있는 것은 이 때문이다. 계속 의심을 받는 사람의 말과는 달리 영상과 자료는 팩트만을 말한다. 의사의 역할은 환자를 의심해 틀에 맞지 않는 환자의 말을 의학적 지식에 붙들어 매는 일이다. 현대 의학은 환자의 몸에 자리잡은 질병을 파악하기 위해, 그 몸을 기술의 도움을 통해 의학적으로 풀어내는 것이야말로 의사의 본업이라고 규정한다.

20세기 후반은 이런 현대 의학의 입장이 눈부신 의학의 승리를 가져오는 한편, 이 규정에 대한 문제 제기가 시작된 시기이기도 했다. 현대 의학의 한계는 기술적 제한에만 있지 않았다. 현대 의료윤리를 출발시킨 터스키기 매독 실험Tuskegee syphilis experiment, 1932~1972년에 미국 공중 위생국이 터스키기 지역 흑인을 대상으로 매독의 자연적 경과를 연구하기 위해 치료제가 있음에도 처방하지 않고 계속 건강 상태를 추적해왔다는 사실이 1972년 언론에서 폭로된 사건은 사회적 조건이 질병을 만들 수 있다는 사실을 극명하게 보여주었다.[10] 다른 지역, 다른 인종이었다면 항생제를 먹고 초기에 치료를 받을 수 있었던 그들은, 국가에 의해 자원으로 취급받아 생체 실험의 대상이 되었다.[11]

학자들은 점차 질병이 환자의 몸에만 국한된 것이 아니라는 점을 강조해나가기 시작했다.[12] 질환생물학적 병을 표현하는 질병과 구분하여 생물, 사회, 정신적 측면을 지닌 병의 특성을 표현하기 위해 질환이라고 표현한다은 환자의 몸을 넘어 환자의 사회적 공간, 정신적 삶에 걸쳐 있다는 것이었다. 한편으로 이런 질환의 다층성을 파악하기 위해서 일단의 학

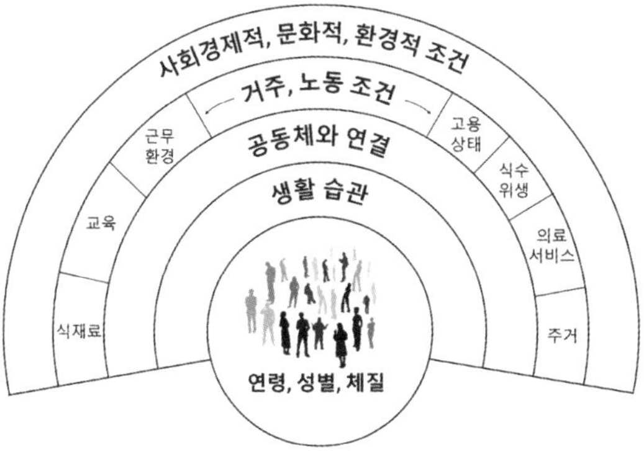

달그런과 화이트헤드는 1991년 저서 『건강 평등 촉진을 위한 정책과 전략Policies and Strategies to Promote Social Equity in Health』에서 건강을 결정하는 여러 요인을 도식화하여 제시했다. 이제 이 도식은 건강의 사회적 결정 요인social determinants of health을 설명할 때 빼놓지 않고 등장한다. 건강과 질병을 어느 하나의 요인이 결정하는 일은 거의 없다고 봐도 무방하다. 그것은 세균이나 생활 습관 때문에 질병에 걸린다는 말도, 경제력이나 주거지와 같은 사회적 요인 때문에 질병이 생긴다는 말도 아니다. 질병은 이 모든 것에 의해 중층결정overdetermination된다.
출처: 너필드생명윤리위원회Nuffield Council on Bioethics가 2007년 발표한 『공중보건: 윤리 이슈Public Health: Ethical Issues』(2007). 시각화는 필자.

자들은 질환이 걸쳐 있는 사회를 연구하기 시작했다. 사회역학social epidemiology과 사회의학social medicine이 대표적이다. 사회역학은 질병의 사회적 요인을 탐구하는 학문이다. 고려대학교 보건과학과 김승섭 교수의 책 『아픔이 길이 되려면』동아시아, 2017은 차별, 낙태, 가난, 노동, 성 소수자 문제 등 흔히 사회, 정치적 이슈로 분류되곤 하는 주제들에 사회역학적으로 접근하여, 건강을 규정하는 요소들, 건강에 영향을 미치는 '몸 밖의 문제들'을 살핀다.[13]

피르호, 토마스 매퀸, 하워드 바이츠킨, 폴 파머, 김용세계은행총재으로 이어지는 사회의학의 계보는 개인의 질병과 보건의 사회적 결정 인자 사이의 틈새를 이해하고 이를 해결하기 위해 노력해왔다.[14]

하버드 의과대학 국제보건 및 사회의학부 교수이자 '현대의 슈바이처'라고 불리는 파머는 논문에서 질병과 사회의 틈새에 대해 다음과 같이 적고 있다.

> 개인의 질병과 사회적 인자 사이에 틈새가 생기는 이유 중 하나는 현대 의학의 성배聖杯가 질병의 분자적 원인을 찾는 데 국한되어 있기 때문이다. 이런 제한된 탐구의 실용적 결과가 엄청나긴 했지만, 분자 수준에서의 현상에만 배타적으로 집중한 것은 과학적 탐구의 "탈사회화desocialization"를 증가시키는 결과를 낳았다. 사실은 생물 사회적biosocial 현상인 것에 자꾸 생물학적 질문만 들이대는 현상을 말이다.[15]

무엇보다도 출발점으로 돌아갈 필요가 있다. 환자의 몸, 그 생물학적 공간에만 집중하기 시작한 것이 환자의 말에 귀를 닫는 것과 연결되어 있었다면, 그래서 환자가 말로 표현하는 사회, 문화, 정신적 연관성을 의학에서 지워나간 것이 현대 의학이 걸어온 걸음이라면, 이제는 환자의 말에 귀를 기울일 때가 된 것 아닐까. 다행인 것은 환자의 말에 귀기울이기 위한 방법론이 연구와 적용을 거듭하고 있다는 사실이다. 전문가들은 20세기 말에 구체화하기 시작한 서사학narratology을 경유하여 환자의 이야기를 임상과 연결하는 방법을 찾아나가고 있다.

컬럼비아 의과대학의 리타 샤론이 이끄는 서사 의학은 해마다 워

크숍을 거듭하면서 협력 병원과 연구자를 늘려나가고 있다. 그들은 '집중attention, 표현representation, 연합affiliation'의 세 축을 통해 그동안 버려졌던 환자의 '말', 언어, 몸짓, 표정 등을 21세기 의학에서 되살리려 한다.[16] 최근 국내에 번역되어 잔잔한 반향을 일으킨 아서 프랭크의 『아픈 몸을 살다』메이 옮김, 봄날의책, 2017와 그의 사회 서사학은 이야기를 통해 삶 속 고통과 투병의 과정이 사회 속에 처하는 방식을 살핀다.[17] 철학자 알래스데어 매킨타이어, 마사 누스바움 등이 큰 토대를 마련하고 애덤 재커리 뉴턴, 마사 몬텔로, 하워드 브로디, 아서 프랭크, 토드 체임버스 등 여러 연구자가 그 길을 모색하고 있는 서사 윤리narrative ethics는 특히 생명 윤리, 임상의학, 공중 보건의 여러 딜레마가 어떻게 발생했는지를 살피기 위해 이야기를 활용한다.[18]

하우스 선생의 이야기와 우리의 이야기, 그 교차점에서

다시 하우스 선생의 이야기로 돌아가자. 그가 환자를 설득하는 데 성공했냐고 묻는다면, 어떻게 답해야 할지 잘 모르겠다. 그는 퇴원하는 환자를 막기 위해 내키지 않는 걸음을 병실로 향한다. 존엄한 삶은 있으나 존엄한 죽음 같은 것은 없고, 죽음은 그저 모두 고통스러운 죽음일 뿐이라며 강변하는 그. 환자가 하우스 선생의 말에 감동한 것은 아니다. 하지만 환자는 잠깐 주저하고 마지막으로 검사를 받아보기로 한다. 결국 하우스 선생의 추리가 옳았다. 환자의 몸 속에서 살고 있던 촌충이 질병의 원인이었다. 촌충이 다리 근육에 살고 있었기 때문에 지금까지 발견되지 않았던 것뿐.

환자의 퇴원을 늦춘 것은 하우스 선생의 언변이 아니라, 그 또한 지팡이를 짚고 다니면서 매일 진통제를 달고 살아야 하는 환자였다는 사실이다. 환자는 하우스 선생의 모습에서 이해의 가능성을 찾아냈을지도 모른다. 역설적인 것은 하우스 선생이 환자의 다리 근육에서 촌충을 찾아낼 수 있었던 것 또한 자신의 질병 때문이었다는 점이다. 갑작스러운 허혈虛血, 국소 조직의 빈혈 상태로 다리 근육이 손상되었던 자신의 병력을 떠올리던 하우스 선생은, 환자의 병인病因이 다리 근육일지도 모른다는 생각을 하게 된다. 촌충은 혈액 공급이 충분하며 단백질이 많은 큰 조직, 근육을 선호하기 때문이다.

물론 하우스 선생이 환자의 말에서 실마리를 찾아낸 것은 아니다. 하지만 하우스 자신의 이야기와 환자의 이야기가 겹치는 지점에 치료의 실마리가 있었다는 점은 시사하는 바가 크다. 의료인의 이야기, 환자의 이야기, 사회와 문화의 의료 이야기가 겹치는 지점을 세밀하게 읽어나갈 때 발견할 수 있는 이 겹침의 지점들이 서사의학이 우리에게 가져다줄 수 있는 숨겨진 보배이기 때문일 것이다. 의료 이야기를 잘 읽고 들을 수 있게 될 때, 진료도 도움을 받을 수 있지만 더 넓은 시야에서 환자와 의료의 다면성에 접근해나갈 수 있을 것이기 때문이다.

그것은 의학에 관한 서사적 접근이 그저 환자의 이야기를 더 오래, 더 많이 듣는 것을 의미하지는 않기 때문이기도 하다. 물론 한국 의료에서 계속 문제점으로 지적되고 있는 '3분 진료'는 극복해야 할 대상이며, 의료인과 환자가 서로에게 더 많은 시간을 들일 수 있는 구체적이고 실현 가능한 제도가 시급한 것도 사실이다. 하지만 진료 시간의 길이와는 별개로, 서사 의학과 서사 윤리가 추구하고자 하는 것은 환자의 이야기, 의료인의 이야기를 더 주의 깊게 파악, 분석할 수 있는 능력이며, 그 이야기를 구체화할 수 있는 이해의 틀이다.[19] 짧은 대화에서, 환자의 몸짓과 표정에서 질환이 드리운 그림자와 환자의 회복력이라는 햇살을 파악할 수 있다면 우리의 의료는 더욱 풍성해질 거라고 믿는다.

하지만 서사 의학은 환자와 의료인의 이야기에만 국한한 것이 아니다. 우리는 의식적, 무의식적으로 어떤 이야기의 틀 속에 자신과 상대를 위치시키고 받아들이며 이해하는가? 신체와 건강, 의학과 질병은 문화와 사회가 만든 이야기에서 어떻게 제시되며 작동하는가? 이야기는 사회의 갈등과 화해를 어떻게 그려내고 있는가? 우리는 어떤 '의료 이야기' 속을 살아가고 있는가? 여기서 드라마 〈하우스〉는 대중 매체가 우리 삶에 깊숙이 관여하고 있는 의료를 어떻게 바라보는지를 보여준다. 또 현대 의료를 약간 다른 관점에서 관찰할 수 있는 통로를 제공해 우리의 삶을 성찰할 수 있는 자리를 마련해준다는 점에서, 드라마 읽기를 통해 우리의 몸과 질환이 규정되는 의학적 관점을 살피는 것 또한 서사 의학의 한 방법이다. 이야기를 의료의 관점에서 조망해나가며 질환과 사회, 삶과 의학이 중층적으로 얽혀 있는 복잡한 양상을 살펴보는 것은 〈하우스〉만큼 흥미로운 일이다.

좀비 세상에 대처하는 우리들의 자세

한 소녀가 다급하게 열차 안으로 뛰어들어왔다. 안타깝게도 소녀의 접근을 누구도 알아채지 못했다. 신을 찾는 걸까, 용서와 구원을 구하는 말을 계속 중얼거리며 소녀는 상처 입은 다리를 스타킹으로 묶었다. 서울역에서 부산으로 내려갈 예정인 기차의 풍경은 평화로웠다. 객실을 살피고 다니던 승무원은 환승 통로에 쓰러져 있던 소녀를 발견하고 다급하게 도움을 요청했다. 의식을 잃은 소녀에 관해 보고하느라 여념이 없는 승무원 뒤에서, 아무 반응 없던 소녀가 갑작스레 눈을 떴다.

얼굴의 피부 정맥이 확장되어 어지럽게 파란 선을 그리고, 동공은 혼탁해 검은 눈동자 대신 파란 빛이 엷게 비쳐 보이는 것이 심해어의 얼굴과 비슷해 보였다. 이윽고 소녀는 승무원을 공격하고, 열차는 이 사실을 모른 채 목적지로 출발해버린다. 좀비 영화 중 한국

최고의 흥행을 거둔 작품이자, 역대 관객 수 9위2017년 8월 기준를 자랑하는 영화 〈부산행〉은 좁은 기차 안에서 벌어지는 생존을 위한 사투를 긴박하게 그리며 2016년을 화려하게 장식했다.

좀비의 기원, 두 가지 가설과 또다른 해석들

소위 '천만 관객 영화' 중 하나이기에 못 보신 분들은 많지 않을 것 같지만, 개봉하고 시간이 좀 지났으니 간략하게 줄거리를 살펴보고 넘어가는 게 좋겠다. 석우공유 분는 자신의 생존에만 관심이 있는 투자관리자다. 딸의 생일을 제대로 챙기지 못한 그는 엄마를 보고 싶다는 딸의 부탁을 이기지 못하고 함께 부산으로 내려가는 케이티엑스 열차를 타게 된다. 부산을 향해 출발한 열차 안에는 몰래 탑승한 소녀가 있었는데, 그 소녀는 이미 상처를 입어 감염된 상태다. 소녀를 매개로 하여 열차 탑승객들은 좀비로 변하게 되며, 친구와 연인을 지키려는 영국최우식 분, 임신한 아내를 지키려는 상화마동석 분는 석우와 함께 살아남기 위해, 사랑하는 사람을 지키기 위해 부산으로 내려가는 열차 속에서 필사적으로 몸부림친다.

먼저 좀비의 기원을 살펴보는 것으로 이야기를 시작해보자. 아이티 전설에서 좀비는 저주로 인해 되살아난 시체였다.[1] 부두교의 주술사 보커bokor가 인간의 영혼을 뽑아내 만든 존재인 이들은 보커의 명령에 따르는 노예로 변한다고 전해진다. 이런 좀비화의 기원에는 두 가지 설, 화학적 가설과 사회적 가설이 있다. 아이티를 방문 조사한 미국 하버드대학교의 민속 식물학자 웨이드 데이비스는 테트로도톡신tetrodotoxin, 흔히 복어의 독 성분으로 알려진 이것은 근육을 마비시키는 효과를 지니고 있다. 최근 미용 목적 등으로 사용하는 보톡스가 이 작용을 활용한 것이다이 담긴 가루를 이용해 피해자의 뇌에 손상을 주고, 환각 작용을 하는 가루를 사용해 주술사가 피해자를 노예로 부리는 거라고 주장했다.[2] 이 화학적 가설은 약물의 실제 효과를 무시하고 신비적 서사에만 의존하고 있다는 점에서 비판의 대상이 되었다.[3] 테트로도톡신을 그 정도로 정교하게 조정할 수 있다면, 이미 그것은 초자연적인 현상이라는 것이다. 그 기전을 밝혀낸 현대에도 이런 식의 활용은 불가능하니 말이다.

사회적 가설은 아이티 사회가 외부인을 공동체 안으로 받아들이는 방식에 주목했다. 이 가설은 구성원을 사별한 가족이 떠돌이나 정신질환자를 가족 대신의 노동력으로 확보하기 위해, 죽은 가족이 살아서 돌아왔다는 서사를 좇아 이들을 받아들인다고 주장했다.[4] 이 가설은 공동체에서 좀비라고 불리는 세 명에 대해 임상적 검사와 대화를 해보았더니 그들 중 두 명에게 신원 착오가 있었을 뿐, 다른 신체적 이상은 없었다는 연구 결과로 뒷받침된 바 있다.[5] 그러나 현재 대중문화에서 차용되고 있는 좀비 코드는 아이티 전설에서 많이 벗어나 있다고 보는 것이 옳겠다. 왜냐하면, 조지 로메로 감독의 〈살아 있는 시체들의 밤〉1968의 계보를 잇는 현대의 좀비는 흡혈귀 전설과 결합해, 감염성 질병의 증상으로 이해되고 있기 때문이다.

예컨대 타라 스미스는 『영국의학회지BMJ』에 투고한 「좀비 감염: 역학, 치료, 예방Zombie infections: epidemiology, treatment, and prevention」이라는 논문에서 좀비에 관한 의학적 접근을 시도하고 있다.[6] 좀비의 원인균으로 제시되곤 하는 것은 솔라눔 바이러스Solanum virus로, 여러 서사에서 이 바이러스는 모종의 이유로 유출되나 자연 상태의 숙주는 존재하지 않는다. 치사율 100퍼센트인 이 바이러스는 좀비화zombification를 일으킨다.

『좀비 서바이벌 가이드』장성주 옮김, 황금가지, 2011의 저자 맥스 브룩스는 바이러스 감염은 고대부터 일어났으나 인구가 적어 대량 감염은 발생하지 않았으며, 현대에 들어서야 도시화와 교통의 발달로 인해 대량 감염이 나타날 수 있는 조건이 수립됐다고 생각한다.[7] 이런 관찰은 인류의 역사에서 나타나는 거의 모든 감염성 질환에서 발견된다. 세균이나 바이러스는 고대부터 존재했지만 도시화 등으로 인구가 밀집하고 수도 시설이나 정화조 등 감염원이 집단으로 퍼질 수 있는 공동 시설이 만들어지기 전까지 감염병 확산은 일어나지 않았다는 것이다.[8]

감염 증상은 거의 모든 문헌에서 비슷하나, 잠복기는 다양하다. 감염자는 임상적으로 죽었다가 다시 깨어나지만, 살아 있는 채로 공격성과 인육에 대한 갈망을 느끼는 경우도 있다. 질질 끄는 걸음걸이, 앓는 소리, 민첩성이 떨어지고, 성격이랄 게 사라지며 신체가 서서히 부패하는 것이 특징이다. 감염은 교상咬傷, 물린 상처을 통해 이루어지며, 드물게 벌레를 통한 전파나 동물의 교상으로 감염되는 경우도 있다. 병원균에 관한 다른 설명이 제시되는 때도 있는데, 선腺 페스트bubonic plague, 중세를 어둠으로 뒤덮었던 흑사병 종류 중 하나로, 림프샘의 부종이 특징적이기 때문에 선 페스트라고 부른다의 원인균인 예르시니아 페스티스Yersinia pestis의 변형[9]이나 광우병의 변종[10]으로 설명하는 등의 예가 그것이다.

흥미로운 점은 좀비 관련 문헌과 작품이 전 세계적으로 존재함에도 불구하고, 작품 속의 사람들은 좀비의 존재를 알지 못한다는 점이다. 대표적으로 현재의 좀비 장르물 열풍을 불러온 미국 드라마 〈워킹 데드Walking Dead〉2010~는 대체 현실임에도 불구하고, 누구도 감염자를 좀비라고 부르지 않는다. 극중에서 감염자들은 '걷는 자walker' 또는 '살아 있는 시체living dead'라고 불리며, 등장인물들은 좀비에 관한 지식을 갖고 있지 않은 것으로 간주된다.

15호 칸의 비극

〈부산행〉은 앞서 살펴본 좀비 장르물의 특징 또는 클리셰를 따르지 않으려 노력한다.[11] 이 영화에 관해서는 여러 지면에서 다뤄진 바 있으니, 의학적 관점에서만 살펴보자. 일례로 영화는 감염의 그라운드 제로ground zero, 폭발이 발생한 지점을 가리키는 표현이나, 역학에서는 질병의 진앙을 가리키기도 한다[12]를 명시한다. 여정 중간 석우와 김대리김창환

분의 통화는 충청도의 가상 도시 '진양'에 위치한 '유성 바이오'에서 유출된 바이러스가 사태의 원인임을 제시한다. 이 경우 특정 지역에서 누출된 바이러스 또는 세균이 전국에서 동시다발적인 감염 사태를 불러왔다는 사실을 이해하기 어려워진다는 문제가 생기지만, 적어도 이 사태가 감염병에 의한 것이라는 점은 명확해진다.

영화를 만든 연상호 감독은 "좀비의 탄생 배경을 알 수 없다는 미지의 상황이 주는 공포 속 인간 군상의 모습이 좀비 영화의 핵심"이라고 생각한다고 인터뷰에서 밝힌 바 있지만, 최소한 주인공과 영화를 보는 관객에게는 원인에 관한 정보가 제공된다는 점에서 영화가 미지의 상황을 그리고 있다고 봐야 할지는 의심스럽다. 무엇보다도 뭔가 문제가 있다는 것을 인식한 승객들이 핸드폰으로 정보를 확인하는 순간을 주목해보아야 한다. 영화는 순간적으로 포털 사이트 다음의 실시간 검색어 순위를 비추는데, 1위에는 '좀비', 2위에는 '바이오단지', 10위에는 '바이러스'가 떠 있다. 이 정도면 영화 속 등장인물들 또한 현 사태가 좀비 감염 발발이라는 것을 이해하고 있다고 보아야 하지 않을까. 문제는 좀비라는 명칭과는 별개로 이들이 좀비 감염 질환에 관해 얼마나 이해하고 있느냐는 점인데, 이 관련 지식의 유무는 이제 살펴볼 '15호 칸의 비극'을 이해하는 데 핵심 요소가 될 것이다.

다시 영화 속 한 장면으로 돌아가자. 대전역에 정차한 열차에서 내린 승객들은 감염되어 좀비로 변한 군인들에게 쫓기고, 살아남은 사람들은 세 집단으로 나뉘어 다시 케이티엑스 열차에 승차한다.

석우, 상화, 영국은 9호 칸에, 석우의 딸, 상화의 아내, 할머니, 노숙자는 13호 칸 연결 통로의 화장실에, 영국의 연인 진희안소희 분를 비롯한 나머지 생존자는 15호 칸에 탑승한다. 9호 칸과 15호 칸 사이는 좀비로 가득하다. 핸드폰으로 각자가 지켜야 할 사람이 13호 칸과 15호 칸에 타고 있다는 것을 안 9호 칸의 세 사람은 힘과 기지로 좀비 무리를 뚫고 중간에 갇혀 있던 네 사람을 구출하는 데 성공한다. 상화의 영웅적인 희생으로 그들은 나머지 사람들이 모여 있던 15호 칸에 도착하게 된다. 그리고 희생하는 한국의 아버지상을 몸 바쳐 구현해낸 상화를 통해 기사회생한 이들은 다른 승객들의 적대감을 마주하게 되어, 반대편 연결 통로에 격리될 위기에 처한다.

이렇게 좀비 감염 사태로 표상되는 외적 재난이 이야기를 수평으로 밀고 나가 속도를 붙인다. 한편 서사의 수직적 축을 형성하는 것은 "당신들 말이야, 지금 무슨 일이 벌어지고 있는지 몰라?"라는 대사가 상징하는 위협에 대한 대처를 둘러싼 내적 갈등이다.

사선을 넘어온 사람들은 선동에 휘말린 다른 생존자들의 공포 때문에 바로 격리되어버린다. 연상호 감독은 한 인터뷰에서 "보통 사람들로 구성"된 15호 칸은 "한국 사회를 상징하는 공간"으로, "보통 사람들의 불안감, 공포심이" 15호 칸을 "지옥"으로 만든다고 밝힌 바 있다.[13] 감독은 15호 칸에서 "일어나는 일들로 한국 사회에서 보여지는 혐오를 담고 싶었다"라고 말한다. 겨우 살아 돌아온 사람들을 다시 배척하는 이 광경이 공분을 사기에 충분했던 것일까. 아마도 관객을 대변하기 위해 설정된 인물로 보이는 종길박명신 분은 언니 인길예수정 분이 감염자들 틈새에서 무력하게 서 있는 것을 보고는 타인을 배척한 자신들을 단죄하기 위해 좀비와 자신들을 분리하고 있던 문을 열어버린다. 격리되었던 이들은 살아남고, 격리했던 사람들은 죽임을 당한다. 이것을 송경원 평론가는 '15호 칸의 학살'이라고 표현한 바 있다.[14]

왜 '학살'인가? 앞 장면의 적대감과 공포에 의한 격리는 나머지 생존자들의 이기심의 발로이다. 이들은 자신들의 생존을 위해 사지에서 막 돌아온 사람들을 이기적으로 내몰아버린다. 그 이후에 이어지는 다수 생존자들의 죽음은 관객들의 공분을 해소하는 장치로 작동한다. 송경원 평론가는 "굳이 학살이라고 지칭한 이유는 15호 칸에서 일어난 죽음이 그들의 원죄 때문이라기보다는 관객의 카타르시스 내지는 이야기의 빠른 진행을 위한 일종의 생략"이기 때문이라고 밝히고 있다.

그는 '학살' 장면을 바라보는 석우 일행의 무표정함을 지적하며 "그 얼굴들만이 모호"하다는 점이 애니메이션 감독 연상호의 결을 드러내는 유일한 장면이라고 서술한다. 너무도 직설적인 이 영화에서 생각을 불러일으키고 해석을 해야 하는 단 하나의 부분이라는 것이다. 그 의견에 동의하면서도 이 지점을 다시 문제삼아야 하는 이유는, 이 장면이 감독 인터뷰 기사에 나타난 표현처럼 "인간 본성인 악"이 드러나는 곳인지, 평론가의 말처럼 "이기심과 악은 동일선상에서 논할 수 있는가"라는 질문을 던져야 하는 곳인지 불확실하기 때문이다.

처지를 바꿔 생존자의 관점에서 생각해보자. 알 수 없는 감염 질환이 발생한 상황이다. 감염자는 빠르게 괴생명체로 변한다. 앞서 언급했듯이 좀비 감염 사태가 발생했을 수 있다는 점을 생존자가 인식했을 가능성이 있다. 그들은 인간을 공격하려 하며, 이미 열차 안이나 역에서 발생한 일들 때문에 생존자는 수많은 사람에게 어떤 일이 닥쳤는지 분명하게 알고 있다. 다행히 일부는 살아남았다. 그런데 일단의 생존자들이 무지막지한 괴생명체 무리를 뚫고 그들에게 다가온다. 온몸에 피를 묻히고.

생존자는 감염의 경로를 파악할 수 있는 정보가 절대적으로 부족하다. 이 감염이 결핵처럼 공기 매개 감염공기 중의 먼지와 함께 떠다니는 지름 5마이크로미터 이하의 작은 입자를 흡입해 감염되는 것인지, 감기처럼 비말 감염지름 5마이크로미터 이상의 큰 비말 입자에 부착한 미생물에 의한 감염인지 알 방법이 있을까?[15]

게다가 피는 대표적인 감염 매개체로서 고대로부터 부정한 것으로 여겨져왔다. 성경은 피를 생명의 상징으로 여기면서도 피를 먹지 말라고 규정하고 있다.[16] 그리스 전통에서 피는 누군가를 더럽히는 것으로서, 손에 피를 묻히는 일은 대표적인 부정한 행위로 여겨졌다.[17] 중세에 치료자의 임무를 수행했던 수도사들은 피를 묻히는 것을 부정하다고 여겨, 외과적 처치를 이발사-외과의barber-surgeon, 중세에 의료 처치를 행하던 직종 중 하나로, 이발과 사혈 등을 주업으로 삼았다에게 넘겼다.[18] '더러운 피'의 관념은 현대에도 이어져 질병을 차별의 도구로 삼는 데 활용되기도 했다. 터스키기 매독 실험은 흑인은 열등하다는, 또는 '더러운 피'라는 관념이 이들을 실험용 쥐로 여기도록 만들 수 있었다는 것을 보여주었다.[19] 에이즈가 위세를 떨치던 1980년대, 미국 질병관리센터Center for Disease Control는 에이즈를 "4H병the 4H disease"이라고 부르며 헤로인 중독자heroin users, 동성애자homosexuals, 혈우병 환자hemophiliacs, 아이티인Haitians에게 피의 낙인을 찍었다.[20] 피에 복잡하게 얽혀 있는 질병과 보건의 역사를 살피면 피를 붉은색의 체액으로만 볼 수는 없다.

한편 감염경로가 불확실한 전염병 앞에서 인류는 오래전부터 격리를 대응책으로 취해왔다. 17세기 영국의 런던 대역병Great Plague of London, 1665년 런던 성벽 내측에서 발발하여 런던 전역으로 퍼져나간 흑사병을 다룬 대니얼 디포당대 영국의 저명한 저널리스트이자 소설가로, 대표작으로 『로빈슨 크루소』가 있다의 『전염병 연대기』가 그 예이다.[21] 회고록이자 생존 지침의 형태를 띠고 있는 이 자전 소설을 보면, 사람들은 아직 질병의 세균 이론을 알지 못했고 따라서 체액설humoralism, 히포크라테스는 엠페도클레스의 4원소설에 기반하여, 신체 내 네 가지 체액의 불균형이 질병의 원인이라는 학설을 정립했으며 이 이론은 근대까지 서양 의학의 기반이 된다에 기초하여 흑사병이 나쁜 공기miasma 때문에 발생했다고 생각한다. 하지만 그들은 질병의 전파를 막기 위해서는 격리가 필요하다는 것을 알고 야경꾼을 두어 환자가 있는 집의 출입을 막았다.

물론 격리는 궁극적인 해결책이 아니다.[22] 격리를 한다고 질병을 치

흑사병은 지위의 고하, 금전의 다과(多寡)와 무관하게 사람들을 휩쓸었다. 그림 왼쪽 아래에 그려진 것처럼 왕, 귀족, 아기 누구도 죽음을 피할 수 없었다. 그림 중앙을 보면 사람들은 죽음을 피하려고 우왕좌왕하고 있지만 이미 죽음에 둘러싸인 그들이 피할 곳은 없다. 무기를 통한 공격, 화재 등 죽음의 '사제'들은 다양한 방식으로 생존자들을 공격한다. 오른쪽 위, 멀리 도망간 이들도 붙잡아 교수형에 처하고 있는 걸 보면 도망도 소용없다. 남은 이들은 죽음의 계곡 너머 외딴 수도원에서 죽음의 행렬이 지나가기만을 기다리고 있다. 흑사병이 무엇인지 사람들은 알지 못했지만, 그들은 자신과 사회의 보호를 위해 격리가 중요하다는 것을 이미 인식하고 있었다. 대(大) 피터르 브뤼헐, 〈죽음의 승리〉(1597).

료할 수는 없다. 하지만 질병 전파의 속도를 늦출 수 있고, 치료제나 백신을 개발할 수 있는 시간적 여유를 확보할 수 있으며, 치료법이 있다 해도 질병에 취약한 소아, 노인의 감염을 방지할 수 있다는 장점은 격리를 감염병 관리의 필수적인 방법으로 삼게 하는 이유의 하나다.

원인을 알 수 없는 질병에 걸린 감염자들을 뚫고 이쪽으로 넘어온 저들, 피를 묻힌 저들이 바깥의 사람들과 마찬가지로 감염되지 않았다고 보증할 수 있는 사람은 아무도 없다. 그렇다면 그들에 대한 일시적인 격리 조치는 합리적인 선택이라고 보아야 한다. 격리한다고 하여 그들이 추가적인 위험에 노출되는 것이 아니라면, 생존자들이 방금 넘어온 집단을 격리하기로 한 것을 비판할 이유는 어디에도 없다. 하지만 영화는 격리를 주도하는 사람을 이기적인 용석김의성 분으로 설정하고, 그의 격리 의견에 동조하는 나머지 생존자들의 겁에 질린 표정을 비난의 시선으로 조망함으로써 겨우 생환해 온 석우 일행(과 그에 동조하는 관객) 대 비겁한 저들이라는 이분법을 설정하고, 이들의 격리가 악한 행위였음을 정당화하려 한다. 그러나 저들이 감염되지 않았다고 생각하려면 추가적인 지식, 즉 좀비 감염은 좀비에게 물릴 때만 이루어진다는 지식이 필요하다.

관객인 나는 그동안 물린 사람들이 감염되는 것을 반복적으로 보여준 시퀀스를 통해, 그리고 좀비는 공기, 비말, 혈액 매개로 전파되지 않는다는 지식을 통해 저들이 질병에 감염되지 않았다는 사실을 알고 있다. 이 관점에서 보자면 용석과 나머지 생존자들의 행동은 이기주의의 극치이자 비열한 행동으로 벌받아 마땅하다. 그러나 화면 속 생존자들 또한 감염경로에 관해 알고 있었을까. 앞서 살핀 것처럼 그들은 핸드폰을 통해 이 사태가 좀비 감염이라는 것을 알았으니 이미 감염은 교상으로만 전염된다는 사실을 알았어야 할까. 이 사태가 좀비 감염이라는 것을 알고 있었다 해도 그들은 영화 속 "지금 무슨 일이 벌어지고 있는지 몰라?"라는 대사처럼 이 질병은 물려야만 감염된다는 사실을 직감적으로 파악할 수 있어야 했을까. 그렇지 않다면, 그들이 단지 주인공 일행을 격리했다는 이유만으로 처벌의 대상이 되어야 한다는 감정적 반응에는 문제가 있는 것 아닐까.

메르스 사태 앞에서 격리의 죄를 묻는다

지난 2017년 6월, 대한감염학회는 『메르스 연대기』라는 제목의 백서를 발간했다.[23] 백서는 초기 대응 실패의 여러 문제점을 지적하지만 특히 "2미터, 1시간"을 문제삼고 있다. 2014년 12월 24일 만들어진 메르스 대응지침 제2판에 포함된 "환자와 신체적 접촉을 한 사람, 또는 환자가 증상이 있는 동안 2미터 이내의 공간에 1시간 이상 머문 사람"인 '밀접 접촉자'에 대한 정의는 이후 초기 방역망 설정의 근거가 되었다. 한편 미국 질병통제예방센터는 밀접 접촉자를 "감염자와 2미터 이내 또는 같은 방에 머무른 사람" "가운, 장갑, 호흡기, 고글 등의 보호 장비를 착용하지 않은 상태에서 감염자와 오랜 시간 같은 공간에 머문 의료진과 가족" "보호 장비 없이 감염자의 분비물타액 등에 직접 노출된 사람"으로 정의하고 있다. 백서는, 미국 기준은 2미터 이내에 머문 사람 또는 오랜 시간 같은 공간에 머문 사람을 모두 밀접 접촉자로 포함해 관리하지만 메르스 관련 한국 지침은 '2미터 이내, 1시간 이상 머문 사람'으로 밀접 접촉자를 한정시켜 방역의 폭을 줄이는 결과를 가져왔다는 점을 당시 대응의 한계로 지적한다. 간단히 말하면 우리의 지침은 너무 적은 사람을 격리했기 때문에 질병을 확산시키는 결과를 낳았다는 것이다.

그럼 격리를 강화했으면 아무 문제도 없었을까? 글쎄, 그렇다고 하기에는 너무도 조심스럽다. 예컨대 "국내 마지막 메르스 환자"였던 80번째 환자의 부인은 당시 포털 사이트 게시판에 이런 글을 남겼다.[24] "제발 한 사람의 기본적인 권리를 찾게 해주세요. 제 남편 좀 살려주세요." 환자는 악성 림프종 진단을 받은 뒤 항암 치료와 자가 조혈모 세포 이식을 통해 회복중이었다. 2015년 5월 말, 감기 증상이 심해 삼성서울병원을 찾았던 환자는 입원실 부족으로 사흘간 응급실에서 대기하다가 메르스에 감염되었다. 환자의 아내는 그가 동종 이식동종 조혈모 세포 이식, 조직형이 일치하는 형제 또는 비혈연 골수 공여자로부터 골수를 채취하여 수혈을 통해 조혈모 세포를 환자에게 주입하는 치료을 받아야 했는데도 음압실 격리 때문에 치료를 받지 못하고 있다고 눈물로 호소했지만, 결국 환자는 사망하고 말았다.

이처럼 감염성 질환이 발생했을 때 관련자의 격리와 관련하여 인구 집단의 보호와 개인의 자유권이 상충하는 지점은 계속 문제가 되고 있다. 예컨대 2014년 발발한 에볼라바이러스와 관련한 사례를 살펴보자. 간호사 카시 히콕스는 서부 아프리카에서 에볼라 감염 환자들을 돌보다 미국으로 돌아왔다. 현지의 에볼라바이러스 검사에서 그는 음성 판정을 받은 상태였다.[25] 하지만 뉴저지 주지사와 국방부 장관 등은 히콕스를 천막에 격리했다. 히콕스는 이에 반발했지만 어떤 답도 받지 못했고, 변호사와 이야기할 수도 없었다. 3일 뒤, 고향인 메인주의 집에서 21일 동안 격리 상태에 있어야 한다는 명령을 받은 히콕스는 이후 뉴저지 주지사와 주보건국장을 고소해 승소했다. 25만 달러에 달하는 피해 보상금을 청구했던 그는, 보상금을 받는 대신 격리 상황에서 변호사를 선임할 권리와 자유권의 보장이라는 법 조항의 변경을 얻어냈다.[26]

위의 사례들은 격리 조처 자체가 문제가 아니라, 격리 조처 시 개인의 인권이 침해되지 않도록 하는 일이 중요하다는 것을 보여준다. 메르스 80번째 환자 사례의 문제는 그가 억울하게 치료를 받지 못했다는 것이지, 격리 조처 자체가 아니다. 만약 음압실 격리 때문에 골수 이식 치료를 받지 못했다면 그것은 적절한 처치를 하지 못한 질병관리본부 또는 환자를 수용했던 서울대병원 측의 잘못이겠지만, 메르스 감염 자체가 10퍼센트에 달하는 사망률을 보이던 상황에서 그의 상태가 악화되고 그가 사망에 이른 것이 단지 처치를 받지 못했기 때문이라고만 보기는 어렵다. 충분한 대화를 통해 가족의 뜻을 헤아리고 달래지 못한 것은 전적으로 잘못이지만 말이다. 에볼라바이러스와 관련한 미국의 사례에서도 히콕스와 그의 변호사가 원한 것은 추후 격리가 시행될 때 격리 대상의 인권이 보장될 수 있는 절차를 마련하는 것이었지, 격리 자체의 잘잘못을 따지는 것은 아니었다.

오히려 메르스 사태는 우리에게 초반 방역의 실패가 얼마나 큰 피해를 가져올 수 있는지를 잘 보여주었다. 사실 〈부산행〉의 서사 구조는 이 지점에서 꼬였다고 보아야 한다. 극중 부산은 외부로부터 도시를 효과적으로 격리하는 데 성공한 지역 중 하나이며, 생존자들은 생존을 위해 부산으로 향하고 있다. 하지만 그들 사이의 방역 또는 격리 노력은 무한 이기주의로 치부되며, 그들은 '학살'을 통해 처벌받는다. 그렇다면 자신을 외부로부터 격리하는 데 성공한 부산은 이기적이지 않은가? 더 나아가 더이상의 확산을 막기 위해 메르스 환자들을 격리했던 우리도 이기적이었을 뿐인가?

남은주 기자는 연상호 감독과의 인터뷰를 담은 기사에서 부산으로 가는 길의 바리케이드와 시체들을 보며 "부산은 인간들이 살아남을 수 있는 도시이자 비인간적인 행동이 거리낌없이 저질러진 곳"이라고 명명한다.[27] 영남대학교 정병기 교수는 〈부산행〉을 통해 자본의 흐름과 국가의 대응을 비판한 논문에서 영화의 결말에 대해 "15호 칸 장면과 정부의 대응을 돌이켜보면, 이들은 또다시 격리되어 아귀다툼에 이용될 가능성이 농후하다"라고 언급한다.[28] 그러나 감염병을 둘러싼 사태는 단순한 악한 격리 대 선한 포용의 이분법으로 바라볼 일이 아니다. 이것이 한국 사회의 현실을 비판하기 위한 서사로 사용되었다면 그것은 잘못된 선택이라고 보아야 한다.

한국 사회에 만연해 있는 이기주의나 자본 논리를 저항 없이 육화한 누군가를 비판하기 위해 '15호 칸의 학살'을 선택했다고 해보자. 예컨대 이 영화를 유기 농업이 자연에 가져다줄 혜택까지 고려하는 것이 아니라 단지 자신의 몸을 위해 유기농 채소를 구매할 뿐인, 소위 생태 담론의 보신파[29]를 비판하는 은유라고 생각해볼 수도 있겠다. 다수의 이기심을 위해 희생되는 자연처럼 여기에서 대립하는 것은 이기적인 다수와 그에 희생당하는 소수이며, 영화는 격리 장소가 보호의 장소로 역전되는 방식을 통해 소수를 구원하는 방식을 취한다.

이렇게 사회 현상에 대해 영화가 문제를 제기할 때 이 틀은 문제없이 작동할 수 있다. 예컨대 이기적 지역주의로 장애인 학교 건설을 반대하는 땅주인 앞에서, 말단 노동자의 안전 보호 비용까지 절감하려다 그들을 사지로 몰아넣는 악덕 기업가 앞에서, 환경보호를 외치지만 사실 자신의 신체적 안위만을 중시하며 재활용 센터 건립을 반대하는 이기적인 누군가 앞에서는 비판의 틀이 될 수 있을 것이다. 그러나 그것이 유럽 인구의 3분의 2를 감소시킨 중세의 흑사병, 세계 인구의 3~5퍼센트를 사망에 이르게 한 1918년의 스페인 독감 앞에서도 통용될 수 있을까. 공동체 전체의 생존이, 미래 세대의 소망이 경각에 달린 상황에서도 격리를 선택한 다수를 이기주의자들이라고 비난할 수 있을까. 격리는 필요악이 맞을지도 모른다. 그러나 그것은 필수적이며, 논의해야 할 지점은 격리가 악해질 수 있다는 것에 대한 이해와 이를 보완, 상쇄하기 위한 인권 보호의 노력이지 격리 자체에 대한 도덕적 단죄가 아니다.

격리된 석우는 15호 칸에 남아 있는 사람들이 좀비에게 학살당하는 장면을 소화기 분말로 가려진 유리벽 너머로 무표정하게 바라본다. 그 무표정함은 자신을 격리한 자들에 대한 분노와 저 안에서 죽어가는 사람들에 대한 안타까움이 뒤섞인 것이라고 볼 수도 있지만, 자신과 자녀의 생존에 안도하는 그의 이기심이 드러난 것으로 읽히기도 한다.

〈부산행〉을 자신밖에 모르던 투자관리자 석우가 타인을 배려할 수 있는 사람으로 성장해가는 과정을 담은 로드 무비라고 말하기도 한다.[30] 그의 배려심이 자신을 둘러싼 작은 집단, 즉 자신의 딸과 자신의 목숨을 구해준 전우의 아내와 새 생명이라는 유사 가족에게 확장된 것은 결말에서 잘 드러난다. 하지만 그 성장이 사회를 어디로 이끌지 한 번쯤은 고민해보아야 하지 않을까.

언제부터 인간 신체는 상품이 되었을까

1829년 1월 28일 영국 에든버러, 2만 5000여 명이 지켜보는 가운데 범죄자 윌리엄 버크가 교수형에 처해졌다. 10개월 동안 16명을 살해한 버크와 일당 윌리엄 헤어, 그들이 짧은 시간 동안 많은 이의 목숨을 빼앗은 이유는 남달랐다. 그들은 돈을 목표로 했지만 피해자들은 그리 부유한 사람들이 아니었다. 그러나 그들은 가난한 사람을 대상으로 살인을 벌여 돈을 손에 넣을 수 있었다. 살인을 저지르고 그 시체를 해부학 실습실에 파는 방식을 통해서 말이다.

당시 에든버러는 스코틀랜드 계몽운동의 중심지였다. 철학자 존 로크의 영향을 받은 철학자 프랜시스 허친슨은 글래스고대학교에서 도덕철학을 가르치면서, 영국 경험론의 절정에 선 철학자 데이비드 흄과 자유주의 경제학의 선구자 애덤 스미스를 이끌었다.

계몽운동의 지적 토양을 바탕으로 에든버러는 의과학의 중심지로 거듭났다. 스코틀랜드 임상의학을 이끌었던 알렉산더 먼로 부자父子, 혈관 계통에 관한 근대적 수술 기법을 정립한 존 벨, 세포 이론의 선구자였던 존 굿서 등이 당시 의학 기술의 총아였던 해부학 강의를 바탕으로 근대 의학교육과 연구에 매진하고 있었다. 잉글랜드의 의과대학은 입학과 수학에 상당한 사회적 지위가 요청되는 신학 전공을 선결 조건으로 내세우고 있었기 때문에, 의학에 큰 뜻을 품었던 당대의 청년들이 스코틀랜드의 에든버러로 몰려든 것은 이상한 일이 아니었다. 진화론의 아버지 찰스 다윈이 에든버러에서 유학 생활을 하며 의학을 공부한 것이 그 대표적인 예다.

이들 해부학 교수들이 각자 해부학 실습실을 운영했기 때문에 커대버, 즉 해부학 실습용 시신의 수요가 급증했다. 당시 스코틀랜드 법은 범죄자, 범죄 피해자, 고아, 신원 미상의 시신만을 대상으로 해부를 허가했다. 그러다보니 수요가 공급보다 월등히 많을 수밖에 없었다. 각국에서 몰려든 유학생들 덕분에 에든버러는 대도시로 탈바꿈해가는 중이었지만, 19세기 초 에든버러의 인구는 10만 명 안팎에 불과했다. 이런 상황에서 시신을 비정상적인 경로로 입수, 제공하는 일들이 발생했던 것이다.

무덤 도굴꾼이라고 불리는 이들은 무덤에서 시신을 도굴해 해부학 실습실에 팔아넘겼다. 그렇지만 이를 금지하는 법은 없었다. 시신은 사적 재산이 아니었기 때문에, 이를 도굴한다고 하여 법적으로 제재할 수 있는 근거가 마땅찮았다. 물론 유족이나 마을 사람들에게 들키면 사적 제재나 복수를 당할 수는 있었다. 1832년 해부학법Anatomy Act이 제정되고 나서야 시신의 도굴과 매매를 처벌할 수 있는 기준이 마련되었다. 그도 그럴 것이 누가 시신을 도굴하고, 심지어 판매까지 하리라 생각했겠는가. 여기에 마침표를 찍었던 것이 버크와 헤어 일당이 벌인 연쇄 살인 사건이었다.

이들은 도굴을 넘어 직접 시신을 만들어내기까지 했다. 처음부터 의도적이지는 않았다. 헤어의 집에 하숙하던 사람 한 명이 병으로 급사하자, 그들은 손해 본 하숙비를 아쉬워하다가 시신을 해부학 실습실에 파는 방법을 떠올렸다. 그들은 당시 400명에 가까운 제자를 가르치던 유명한 해부학 교수 로버트 녹스에게 시신을 팔았다. 이것이 수입원이 될 수 있다는 것을 알게 된 두 사람이 실제로 범죄를 저지르기까지는 긴 시간이 걸리지 않았다.

이 사건은 세간의 화제가 되어 '버크'는 한동안 시신을 만들기 위한 살인을 가리키는 단어로 사용되었고, 버크, 헤어, 녹스의 이름이 들어간 민요가 에든버러에 유행했다. 의과학 발전의 선두에 서 있던 해부학자 녹스는 이후 버크 일당 사건을 사주한 괴짜 의사로 기억되었다. 교수형에 처해진 버크의 시신은 해부학 실습실에 기증되었고, 덕분에 그의 뼈는 에든버러 의과대학 해부학 박물관에 남게 되었다. 버크 일당 사건은 런던에서 벌어진 비슷한 사건'런던의 버크'과 함께 해부학 법이 통과되는 데 큰 영향을 미쳤다. 하지만 무엇보다도 이 사건이 남긴 가장 큰 영향은 처음으로 인간 신체가 상품이 될 수 있다는 가능성을 열었다는 데 있다.

사람을 대상화하는 것, 또는 칸트의 표현을 빌리자면 인간을 수단으로서 대하는 일은 인류의 탄생과 함께 계속 이어져왔다. 전쟁 포로를 노예로 삼는 것이 대표적인 인간 대상화 사례다. 원시 부족의 결혼 풍습에서도 여성 또는 여성의 재생산 능력을 수단으로 다뤘던 흔적을 발견할 수 있다. 이미 없어진 지 오래지만, 고대의 주술이나 그 한 형태인 식인 풍습에서도 신체의 대상화를 엿볼 수 있다. 하지만 신체가 주체성 또는 영혼과 분리되어 그 자체로 상품이 되는 일은 이전에는 찾아보기 어려웠다. 근대 제국주의 국가의 노예 제도는 노예의 노동력을 매매 대상으로 삼았다는 점에서 신체 자체를 매매한 것은 아니라고 봐야 할 것이다. 하지만 19세기 초, 의학은 자본에 신체를 상품으로 바라볼 수 있는 렌즈를 제공했다.

신체의 상품화와 인종 차별의 연결 고리

비슷한 시기 남아프리카 코이족의 일원이었던 사라 바트먼의 사례가 당시 진행되던 신체의 상품화에 더 적실한 예를 제시해줄 수 있을 것이다. 호텐토트 비너스라는 별칭으로 불렸던 그는 노예로 잡혀 와, 영국 해군 외과의였던 윌리엄 던롭을 주인으로 섬기고 있었다. 당시 유럽인은 코이족을 "인간과 원숭이 사이 잃어버린 고리"로 여겨 그들에게 호모 몬스트로시스 모노키데이Homo Monstrosis Monorchidei, 괴물 같은 고환을 지닌 인간라는 학명을 붙였다. 코이족의 생식기와 엉덩이가 유럽인의 눈에는 과도하게 발달한 것처럼 보였기 때문이었다.

던롭은 1810년 런던으로 이주하면서 바트먼에게 부를 약속했다. 약속을 믿었는지 그를 따라온 바트먼은 파티에서 맨몸으로 구경거리가 되어야 했다. 유럽인들은 그를 구경하기 위해 찾아왔고, 그들 중에는 과학자 또한 다수 포함되어 있었다. 사슬에 묶여 구경거리가 되었던 바트먼은 결국 프랑스 서커스로 팔려갔다. 5년 동안 전시품 취급을 받은 그는 정체불명의 감염병으로 25세에 사망했다.

조르주 퀴비에는 고생물학을 이끈 전설적인 프랑스 동물학자였

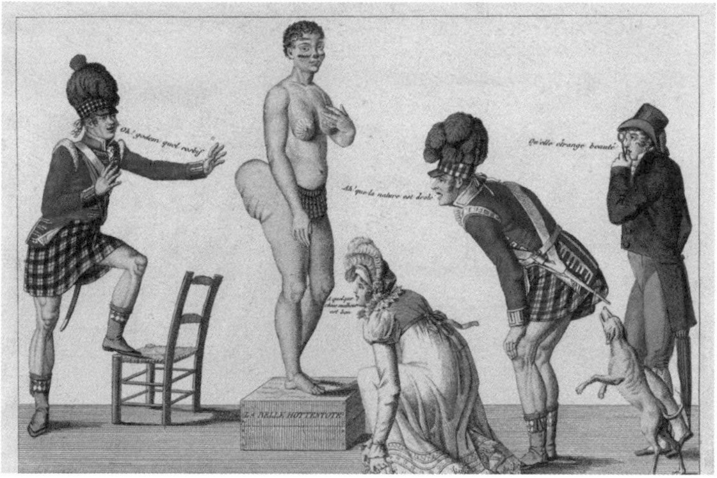

사라 바트먼은 프랑스 서커스로 팔려가 '괴물 쇼Freak Show'에 전시되었다. 그의 신체적 특징은 열등 인종의 과학적 증거로 제시되었다. 그는 한 사람의 몸을 부분으로 나누어 각기 물건으로 취급할 수 있다는 관념을 사람들에게 전파한 사례로 기억될 것이다. 그림에서 바트먼을 관찰하고 있는 사람들은 바트먼의 몸 이곳저곳에 열중한 나머지, 그곳에 바트먼이라는 사람이 있다는 사실을 잊어버린 것처럼 보인다. 작자 미상, 〈관능에 대한 호기심〉(1815).

다. 근대 생물 분류학을 정립한 스웨덴 식물학자 린네의 작업을 계승, 발전시킨 그는 동물을 4부문 15군으로 나눈 분류표를 작성하고, 저서 『동물계The Animal Kingdom, Distributed According to its Organisation』를 남겼다. 하지만 그는 업적 못잖게 오점도 남겼다. 바트먼의 사례를 통해 과학적 인종 차별에 일조한 것이다.

그는 한 저서에서 "유럽인의 타원형 얼굴, 직모, 오뚝한 코는 문명과 미美를 상징하며, 그 천재성, 용기, 활력을 드러낸다"고 적었다. 그런 그의 눈에 아프리카인의 외형은 열등함의 지표였다. "턱의 돌출, 두꺼운 입술은 원숭이와 직접적인 연결을 보여주는 증거이다. 이들은 야만의 상태에 남아 있을 수밖에 없다." 그가 바트먼을 놓쳤을 리 없다. 생전에 바트먼을 관찰한 퀴비에는 돈을 주고 신체 각부를 세밀하게 관찰하여 기록을 남기려 했다. 그의 특징이 인종적 열등함과 과발현過發現한 생식 능력을 보여주는 증거라면서 말이다. 바트먼은 거절했다. 결국 바트먼 사후 퀴비에는 그의 시신을 사들여 해부했다. 그의 신체적 특징에는 열등함이란 낙인이 찍혔고, 그의 신체는 차별과 멸시의 대상이 되었다. 부족의 특징인 둔부지방경화증Steatopygia이 동물을 장기간 추적하여 포획하는 데 필요한 열량을 제공하는 역할을 한다는 것이 알려진 것은 최근의 일이다. 바트먼의 신체는 파리 인체 박물관에 전시되어 있다가, 식민, 인종 차별 반대의 운동이 목소리를 드높인 2002년 남아프리카공화국에 반환, 매장되었다.

비슷한 일은 일제강점기, 이 땅에서도 벌어진 적이 있다.[1] 1920년

대 이 땅에서 광범위하게 실시되었던 혈액형 조사는 일본인이 조선인보다 인종적으로 우월하다는 것을 증명하는 증거로 활용되었다. 1901년 오스트리아 면역학자 카를 란트슈타이너는 적혈구가 다른 사람의 혈청으로 응집되는 것을 발견, ABO식으로 혈액을 분류했다. 이에 기초해 독일 내과 의사 둔게른, 폴란드 생물학자 히르슈펠트는 1919년 저명한 의학 학술지 『랜시트Lancet』에 「인종별 혈액의 혈청학적 차이」라는 논문을 발표, 인종의 우열을 혈액형으로 구분했다.

그들의 인종 계수는 진화한 민족일수록 B형보다 A형이 많다는

조사 지역	혈액형(퍼센트)				인종 계수
	AB	A	B	O	
평북(354)	7.6(27)	27.4(97)	34.5(122)	30.5(108)	0.83
경기(311)	7.1(22)	32.8(102)	32.8(102)	27.3(85)	1.00
충북(112)	12.5(14)	36.6(41)	33.0(37)	17.9(20)	1.08
전남(171)	12.9(22)	41.5(71)	15.7(44)	19.9(34)	1.41
재조일본인 경성(502)	7.8(39)	42.2(212)	20.6(103)	29.4(148)	1.78

1922년 기리하라 논문의 혈액형 조사 결과를 재구성한 일본인, 조선인의 혈액형 분포표. 혈액이 물화되어 실체적 가치를 띠게 된 역사적 사례이다.
출처: 대한의사학회 논문

가설에 근거하고 있었다. 영국$_{4.5}$, 프랑스$_{3.2}$, 이탈리아$_{2.8}$, 독일$_{2.8}$과 비교해 흑인$_{0.8}$, 베트남$_{0.5}$, 인도$_{0.5}$는 인종 계수가 낮았던 것이다. 논문은 인종 계수가 2.0 이상이면 유럽형, 1.3~2.0에 속하는 아라비아, 터키, 러시아 등은 중간형, 1.3 미만은 아시아-아프리카형으로 분류했다.

경성의학전문학교 외과학교실 기리하라 교수와 제자 백인제는 1922년 7월 『동경의사신지』라는 학술지에 조선인을 대상으로 한 ABO식 혈액형 분류 연구 결과를 발표했다. 조선에 거주하는 일본인과 지역별 조선인의 인종 계수를 비교한 논문은, 일본인$_{1.78}$은 중간형, 조선인$_{0.83\sim1.08}$은 아시아-아프리카형에 속한다는 결론을 내렸다. 전남$_{1.41}$만 중간형에 속했는데, 기리하라는 이것이 일본과 조선 일부 지역의 역사적, 언어적 유사성을 보여주는 증거일 수도 있다고 주장했다. 이는 식민 지배를 정당화하기 위해 의학이 활용된 방식을 보여준다. 또한 혈액이라는 신체 일부가 인간 존재와 분리되어 그 자체로 가치를 부여받는 과정의 일환이었다.

어느 왕조의 유물이기에 이다지도 욕될까

인류학자 레슬리 샤프는 이런 신체의 대상화, 상품화 과정에서 중요한 역할을 한 것이 생물 의학 기술biomedicine technology이라고 주장한 바 있다.[2] 이전 의학의 신체 대상화 문제는 프랑스 철학자 푸코의 저작을 통해 제기되었다. 해부 기술이 생물 의학에 가져온 인식론적 전환은 새로운 형태의 지식과 그를 통한 사회정치적 권력을 만들어내는 역할을 했다. 푸코의 시각을 아프리카 남부의 식민지화 과정에 대입한 버차트의 연구는 신체적 외형, 특권화된 해부학, 주체성의 구축에 의학의 인식이 가져온 변화를 실증적으로 제시했다.[3] 그만큼 의학이 세상을 구조화하는 방식 속에 이미 인간 신체의 대상화가 깊이 내재해 있음을 알 수 있다.

물론 치료를 위해서 신체를 대상화하는 것은 필수적이다. 이는 의료진이 자신의 감정을 조절하기 위한 것이기도 하며, 헌혈이나 장기 기증 등은 신체를 대상화하지 않으면 이뤄질 수 없는 헌신이다. 그러나 세계대전에서, 그리고 그 이후 여러 방면으로 확대된 생물 의학 기술은 "삶과 죽음, 인간과 기계, 주체와 타자"의 경계를 허물기 시작했다. 이제 생물 의학은 타인의 신체를 넘어 자신의 신체까지도 상품으로 바라보게 만든다. 의료화된 신체는 "물화, 고립, 맥락의 상실, 추상화"를 거치며 그 고유성을 상실하고 상품화의 흐름에 빠져들게 된다. 이런 신체의 상품화, 분절화는 "비인간화의 더 진전된 형태이다." 의학은 잘 벼려진 칼이지만, 그것은 사람을 살릴 수도, 신체를 그저 한낱 상품으로 만들어버릴 수도 있는 것이다.

이런 슬픈 역사가 떠오르는 이유는 최근 번지고 있는 '미투#MeToo' 고백 때문이다. 서지현 검사가 2018년 1월 말 안태근 전 검사에게 성추행을 당했다고 폭로하면서 불이 붙은 한국의 미투 고백은 검찰을 넘어 문화예술, 대학, 언론, 종교, 의료, 기업에까지 번지고 있다.

글을 준비하던 중에 유명 정치인의 사건까지 접했다. 개인적으로 호감을 느끼고 있던 정치인이던 터라 그 충격이 더하다.

국내외 공히 미투 고백이 폭로하는 사건들에 대해서는 여성을 성적 대상으로 삼기 위한 남성의 권력 남용이라는 분석이 나온다. 그 말을 정신분석학을 경유해 좀더 풀어보자면, 남성이 지닌 대상화 시선을 사회가 정당화하며, 이를 작동시킬 수 있는 위계적 구조를 통해 여성을 단지 남성 자신의 성적 욕망의 해소처로 '대상화'해온 사회의 치부가 드러나고 있다는 의미일 것이다.

다시 칸트의 말로 돌아간다. 그는 인간을 수단이 아닌 목적으로 대하는 것이 윤리적인 행동이라고 생각했다. 인간만이 윤리의 자기 입법을 해낼 수 있는 자율적 존재라는 사실이 인간에게 존엄성을 부여하며, 이 존엄성이 인간을 수단으로 대해서는 안 된다는 윤리 법칙을 우리에게 제시한다. 남성 권력자가 여성을 자신의 성적 욕망 해소의 수단으로 삼아온 과거가 들춰지고 있는 지금, 같은 방식으로 신체를 수단으로 삼아왔던 내 지적 토양의 치부가 너무도 부끄럽게 다가온다.

중간에 선다는 것
의학과 사회

2년 전, 소아치과 부원장으로 진료를 시작한 지 꽤 지난 뒤의 일이다. 진료를 하다보면 전문의로서 아이들의 치과 치료에 대해 부모와 상의하는 일이 잦다. 아이의 치료에 관해 결정하는 일이기 때문에, 부모들은 비용과 치료 결과에 대해 신중하다. 무조건 안전하면서도 덜 아픈 방법을 선택하는 것, 그게 부모 마음이 아닐까?

"그래서 뭘 하는 게 좋단 말이에요?"

문제는 이 경우, 몇 안 되는 치료 선택지가 저마다 완벽하지는 않다는 것이다. 비용을 줄인 치료는 자연 치아를 많이 유지하고 일부분만 채우지만 다시 치료하지 않는다는 보장을 하기 어렵다. 조그마한 유치에 그리 단단하지 않은 재료를 채우는 일이기에 고려할 점이 너무 많은 탓이다. 아이의 씹는 습관도, 먹는 음식도 너무 다양하니 완벽을 보장할 수가 없다. 값비싼 치료는 치아를 많이 깎고 미리 제작된 합금 크라운으로 덮어씌우는 것이다. 영구치를 씌우는 정도는 아니지만, 유치의 수명이 다할 때까지는 웬만하면 별 탈이 나지 않는다.

너무 욕심이 과했는지 모르겠다. 한참 '의료인문학'이라는, 대부분 고개를 갸우뚱거릴 분야를 공부하고 있던 나는 이 분야의 여러 학자가 말한 대로 환자에게 최대한 자세히 설명을 하고 그 선택을 존중하라는 주장에 빠져 있었다. 그 금언을 따라 한참 설명을 해댄 나에게 불만에 가득찬 보호자의 질문이 돌아왔다. "그래서 뭘 하는 게 좋단 말이에요? 그걸 결정해주는 게 선생님 역할 아니에요?"

돌이켜보면 그런 불만이 나를 진정한 의료인문학의 길로 인도한 것은 아닐까 하는 생각이 든다. 아무 생각 없이 교수, 선배의 설명이나 책의 주장을 따르는 일에서 벗어나는 것이 인문학이라면 말이다.

선택과 선호

잠깐 다른 예를 들어보자. 유방암은 주로 여성을 위협하는 끔찍한 질병이다. 수술로 제거하고 항암 치료를 받는다 해도 재발의 우려가 상대적으로 높으며 외관에도 문제를 일으킨다. 한국에서 유방암으로 인한 사망률은 2011년 기준 여성 인구 10만 명당 8명이며, 계속 증가 추세에 있다.[1] 미국은 유방암 사망률을 줄이기 위해 50세에서 75세 사이의 여성에게 2년마다 유방 조영술mammography을 통한 검진을 받을 것을 권고하고 있다. 2020년까지 검진율을 81.1퍼센트로 끌어올리고자 인센티브를 통한 검진 확대 정책을 펴고 있지만 아직 실제 검진율은 72.6퍼센트로 그만큼 높지는 않다.[2]

문제는 검진의 위양성false positive, 실제로는 질병이 없으나 검진에서는 있다고 나오는 것에 있다. 유방 조영술 후 조직 검사를 거치기에 오진으로 인한 유방 절제술을 받는 환자는 그다지 많지는 않다. 하지만 20년간의 추적 연구는 치료로 목숨을 구한 사람보다 오진으로 치료를 받은 사람이 더 많은 결과를 보여준다.[3] 물론 이 결과는 유방 조영술을 받은 집단과 받지 않은 집단을 후향적 연구로 비교한 것이기에 엄밀한 수치라고 말하기는 어려울 수 있다. 단, 하나 물어봐야 할 것이 있다. 유방암의 위험을 줄이기 위해서라면 불필요한 치료를 해야 할 가능성을 감수해야 하며 그 치료가 신체적, 사회적 불편을 일으킨다 해도 무조건 치료를 받아야 하는가?

이 경우 환자의 선호에 따라 다른 결정을 내릴 수 있다. 위험을 회피하는 성격의 사람이라면 과도하더라도 치료를 우선할 것이다. 하지만, 위험을 감수하는 성격의 사람이거나 수술로 인한 부작용을 피하는 것이 더 중요한 사람이라면 치료를 유예할 수도 있다. 이는 의사 또한 마찬가지다. 완벽을 기하는 사람이라면 수술을 먼저 권할 것이다. 반면 돌이킬 수 없는 결정을 내리는 것을 꺼리는 사람이라면 무조건 수술을 권하지는 않을 것이다.

치과 분야에서 이런 문제를 극명하게 보여주는 사람이 있다. 소위 '양심 치과 의사'라고 불리는 강창용 원장이다. 마포구에 소재한 치과에서 진료하는 그는 몇몇 치과 의사가 과잉 진료를 하고 있음을 알리고 자신은 꼭 필요한 치료만 하는 것으로 명성을 얻었다. 최근에는 유튜브에 충치 관련 상식, 과잉 진료 피하는 법 등을 설명하는 동영상을 계속 올리고 있다.

그의 말을 전적으로 부정할 수는 없다. 몇몇 치과 의사는 과잉 진료를 하고 있는 것이 사실이며, 사무장 치과나 최근의 '먹튀 치과' 등 과잉 진료를 넘어 돈벌이에 혈안이 되어 불법을 일삼는 치과가 있는 것도 사실이다. 그러나 그는 충치 치료가 상당 부분 의사와 환자의 무의식적인 선호에 따라 좌우된다는 사실을 간과한다.

한국 환자들은 특히 치료 결과에 민감하며 이는 치료의 실패를 용인하지 않는 태도로 이어진다. 앞서 적은 것처럼 각 치료에는 장단점이 있다. 저렴한 치료법을 쓰면 적용하기 어렵거나 적용해서는 안 되는 부위도 있으며, 어떤 경우에는 몇십 년까지도 유지되지만 몇 달 만에 문제가 생기기도 한다. 심지어 치과 의사의 실수가 아니라도 문제가 생기는 경우가 왕왕 있다. 이때 저렴한 치료의 경우 문제가 생긴다 해도 국가가 보상해주지 않기 때문에, 치료 실패는 고스란히 치과 의사의 책임으로 돌아간다. 치과의 평판과 보상을 모두 신경써야 하는 치과에서 이런 치료를 시행하기는 쉽지 않다.

물론 이런 점을 구체적으로 설명하지 않고 치료 부위와 방법만을 제시하는 현재의 진료 행태를 문제삼을 필요는 있다. 하지만 '빨리 빨리' 치료하라고 정책이 강요하고 제도가 짜여 있는 한, 개인이 이를 역행하기란 결코 쉬운 일이 아니다. 환자가 과잉 진료를 걱정하는 일은 이런 복합적인 요인이 결합하면서 발생한다. 정책, 문화, 개인의 무의식적 선호가 만나는 이 지점에서.

따라서 강원장의 진료를 선택하거나 하지 않는 것은 개인의 선호일 뿐이다. 어느 쪽이 더 좋다고 할 수는 없다. 이런 식의 답 없는 문제를 고민하는 것에 '의료인문학'이라는 이름을 붙여도 크게 틀리진 않을 것이다. 좀더 풀어보면 의료인문학은 의학과 사회, 제도와 문화, 개인과 개인의 결정과 선택, 도덕관의 충돌이 빚는 갈등을 고민하는 학문이라고 말할 수 있겠다.

의료인문학이라고?

의료윤리 또는 생명윤리라는 말이 이제는 널리 통용되고 있다. 2000년대 중반 줄기세포 연구로 사회가 크게 시끄러웠을 때, 이런 말들이 대중매체에서도 자주 다뤄졌다.[4] 예술요법도 많이 이야기되는 것 같다. 미술치료, 음악치료는 이제 주변에서 쉽게 눈에 띄는 분야다.

다시, '의료인문학'을 좀더 구체적으로 정의하고 넘어가자. 넓게 말하면 의료윤리, 예술요법, 의료 주제의 예술, 의료에 관한 사회과학의료사회학, 의료인류학 등등, 의학교육학 등을 망라해 의료인문학이라 부르기도 한다. 요즘의 인문학 열풍을 생각하면 이렇게 부르는 게 아마도 더 친근감 있을지 모르겠다. 하지만 위에서 열거한 각 분야에 몸담고 있는 분들은 불편하게 생각하시리라. 의료인문학은 좁게는 문학과 의학, 의학사, 의철학이라는 '문사철文史哲 삼총사'를 부르는 이름이기도 하다. 외국에서도 명칭에 대한 논의는 분분하다.

요새 인문학이 인기이니 의료인문학 분야도 잘나가겠다고 여길 수도 있겠지만, 현실은 '전혀 아니옵니다'라는 읍소가 절로 나올 만하다. 1910년 미국 의학교육의 개혁을 부르짖은 『플렉스너 보고서 Flexner Report』[5] 이후로, 영미 의학교육과 그 세례를 받은 한국의 의학교육은 과학적 사고를 기르는 데 철저히 헌신했다. 그 결과 지금 의사들은 당연하게도 과학적 사고를 금과옥조로 여기고, 생물학의 언어로 사용되는 통계를 근거로 자신의 주장을 펴는 데 익숙하다.

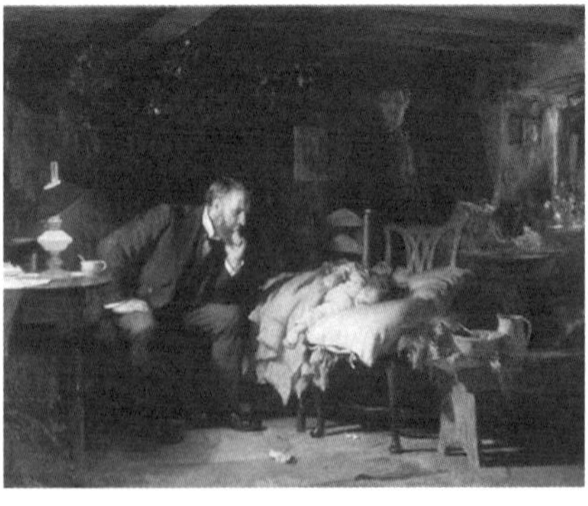

19세기 영국의 사회 현실을 담아내려고 했던 화가 필즈 경이 아픈 아이 앞에서 밤새 고민하던 의사에게 깊은 인상을 받아 그렸다고 전해지는 이 그림은, 의사, 환자, 보호자의 역할을 돌아보게 만든다. 병든 몸 앞에서 어떻게든 그 고통을 덜어주려는 마음이 치료와 돌봄의 시작이었을 것이다. 그리고 그 자세는 현대 의과학 기술 발전 이전까지 전해내려왔다. 양손에 가득 무기를 들고 있는 지금, 의학은 어디로 가고 있으며 의사는 어떤 존재여야 하는가. 새뮤얼 루크 필즈, 〈의사〉(1891).

사정이 이렇다보니, '의료'에 '인문학'을 붙인다는 것조차 불편해하는 의사들이 태반이다.

그런데도 왜 '인문학'이라는 말을 굳이 붙여 줄타기 놀음을 하고 있을까? 그것은 이 글의 맨 앞에서 전한 상황과 같은 일들이 보건의료인의 삶에 비일비재하기 때문이다. 또한 의술은 엄밀한 과학을 기반으로 하면서도 철저히 인간적인 일이라, 어느 한 걸음에도 인간과 인간적인 것을 생각하지 않을 수 없기 때문이다. 의사도, 환자도, 보호자도, 이를 둘러싼 의료 제도도 모두 인간이요, 인간의 산물이니, 이를 이해하고 여기에 관심을 두지 않으면 안 된다는, 약간은 뒤늦은 깨달음 때문이다. 하지만 꺼내는 이야기마다 모두를 불편하게 만들다보니, 의료인문학은 의학과 인문학, 의사와 환자, 각자의 권리와 주장 사이에서 비틀비틀 서 있는 주변적 존재가 되고 만다.

무엇이 좋을까, 라는 질문

마치 의료인문학만 환자를 생각하는 것처럼 말했지만, 당연히 그렇지는 않다. 치과대학을 포함하여 의과대학에서는 소위 '환자 중심 진료'라는 구호가 울려퍼지고 있다. 한창 그 세를 키우고 있는 의료경영 및 서비스학medical business and service administration은 환자 만족도에 대한 지표를 측정하고 이를 개선하는 데 여념이 없다.[6]

이런 것만 보면 환자에 대한 배려가 이토록 가득한 세상 아닌가.

하지만 조금만 눈을 돌려보면, 병원에서 무시당한 일이나 의사의 불쾌한 태도를 성토하는 글들이 온라인상에 범람한다. 환자들은 처음 받은 진단의 내용이나 치료 선택지에 대한 불신으로 여러 병원을 전전한다. 환자들은 자신이 받아든 진료비 청구서를 의심의 눈초리로 바라보지만, 어찌할 방도가 없다.

사실 환자뿐만 아니라 의사도 비슷한 고민을 하고 있다. 특히 치료비와 관련하여 그 고민은 극에 달한다. 앞의 일화에서처럼 대부분의 치료는 사실 비싼 만큼 좋다. 좋으니 비싸고, 비싸니 그만큼 정성이 많이 들어간다.

치료를 적당히 해주면 되지 않느냐고 반문할 수 있다. 하지만 의사로서도 딱히 답이 없다. 치과 치료의 선택과 선호 문제는 이야기했으니 다른 예를 들자면, 충치의 개수 문제가 있다. 생물학적으로는 충치에 해당된다 해도, 그것을 치료해야 하는지에 대해서는 의사마다 생각이 다르다. 충치가 있다고 무조건 더 심해지는 것도 아니다. 그렇다보니 안전 제일주의를 택하는 치과는 모든 충치에 값비싸고 효과가 오래가는 치료를 권한다. 반면 자신의 입지에 확신이 있고 환자의 치료 동의와 사후 관리에 대한 믿음이 있는 치과는 같은 환자에게 당장 손봐야 하는 몇 개의 충치만 저렴하게 치료하라고 권할 수도 있다.

이 문제는 의료에서 누가 의사 결정을 내릴 것인가에 대한 고민으로도 볼 수 있다. 병에 걸린 환자 앞에는 수많은 의료적 선택이 놓여 있다. 치료를 받을 것인지부터 시작해, 가능한 여러 치료법 중 어떤 것을 택할지, 약을 쓴다면 어떤 약을 쓸지 등이다. 이를 의사가 결정할지, 환자가 결정할지, 아니면 둘 다를 알고 있거나 규제 가능한 제3자가 결정해야 하는지는 오랜 논쟁의 대상이 되어왔다.

과거에는 의사가 전권을 가지고 환자와 관련된 모든 결정을 내렸다. 이것을 의료윤리학자 이제키엘 이매뉴얼은 "가부장 모형paternalistic model"이라고 불렀다.[7] 반대편에는 환자가 자율성을 가지고 결정권을 독점해야 한다는 주장이 있다. "정보 모형informative model"이라 불리는 이 상황에서, 의사는 환자에게 모든 관련 정보를 제공하고, 환자는 이를 충분히 이해한 상태에서 이성적 판단을 내린다.

1970년대 이후 의료윤리를 주도했던 원칙주의는 의료윤리 문제를 따져볼 때 기반으로 삼을 네 가지 원칙을 설정했다. 의도치 않게 가장 강력한 영향을 미친 것은 '자율성의 원칙'이었다.[8] 뉘른베르크 재판[9]에서 출발하여, 여러 의학적 추문에서 생겨난[10] 의료윤리로서는 당연한 귀결이었을 것이다. 한동안 환자의 자율적, 합리적 결정을 강조하며, 이것이 모든 결정의 원천이 되어야 한다는 주장은 기존의 가부장 모형에 대한 공격과 더불어, 점차 경제 논리로 좌우되어가던 의료계에 대한 반발에 힘입어 더욱더 그 힘을 키워갔다.[11]

하지만 둘 중 한쪽의 손을 들어주기는 어렵다. 많은 정보를 가지고 있고 여러 번 비슷한 경험을 한 의사가 모든 것을 결정하기엔, 의료는 결국 환자를 위한 것이기에 환자의 뜻을 무시할 수 없다. 또 환자의 결정에 모든 것을 맡기는 것은 그 책임을 환자에게 전가하는 것이 될 수도 있고, 많은 환자가 혼자서 결정하는 일에 어려움을 느낀다는 점에서 한계가 있기도 하다.

결국 양편이 함께 모여 같이 결정할 필요가 있다. 이것이 최근 의료 의사 결정에서 점차 그 목소리를 키워가고 있는 공유 의사 결정Shared Decision Making이다.[12] 공유 의사 결정의 대표적인 모형으로는 다섯 단계의 의사 결정법SHARE approach이 있다. 첫째, 환자의 참여를 구한다Seek, 둘째, 환자가 치료 선택지를 살피고 비교하는 것을 돕는다Help, 셋째, 환자가 생각하는 가치와 선호를 가늠한다Assess, 넷째, 환자와 함께 결정한다Reach, 다섯째, 그 결정을 평가한다Evaluate. 하지만 어느 한쪽의 목소리만 커서는 올바른 결정으로 나아갈 수 없다는 이런 주장은 아직 한국에서는 잘 들리지 않는다.[13]

더불어 이것은 신뢰와 사회적 비용의 문제로 연결된다. 의사가 믿을 만한 치료를 하고 결과의 불확실성에 대해 환자와 함께 고민할 수 있다면, 또한 환자가 의사의 치료 결정을 신뢰할 수 있다면 전국적으로 치료 비용은 획기적으로 줄어들지 모른다.

물론 한국의 기형적인 의료수가국민건강보험공단과 환자가 의사나 약사 등

의료 서비스 제공자에게 제공하는 돈 문제가 문제를 더 키운 것은 사실이다. 하지만 한국 의료 제도에는 공과 실이 모두 있어 일방적으로 비난만 하기도 어렵다. 당연히 서로를 괴롭히는 제도는 고쳐나가야 한다. 한마디 더 얹자면, 이미 처참하게 무너진 의사와 환자 사이의 신뢰를 회복하는 방법 또한 고민하는 사람이 의료인문학자라고 생각한다.

말처럼 쉬운 일이라면 얼마나 좋을까? 아마 의사는 진료를 옥죄는 제도 때문에 어쩔 수 없다고 말할 것이고, 환자는 먼저 신뢰를 저버린 의사를 비난할 것이다. 둘 다 맞다. 하지만 어떻게든 길을 내야 한다. 함께 모여 앉아 더 나은 미래를 고민하기 위해서 말이다.

더 인간적인 의학을 그리며

미국 펜실베이니아대학교 대학원에 들어와서 들은 안타까운 표현 하나가 있다. '펜 페이스Penn Face'라는 것인데, 이 대학 사람들은 어떤 압박과 스트레스 속에서도 완벽한 삶과 완벽한 생활을 추구하며, 또 그래야 한다는 뜻이다. 이런 '아이비리그의 자존심'은 교수와 학생들에게 엄혹한 성과 위주의 삶을 요구하고, 이로 인해 결국 3년 동안 학생 10명이 자살하는 비극이 벌어졌다고 한다.[1] 이런 이야기를 들으면서, 비슷한 경험을 했던 나의 학창 시절이 떠올랐다.

그렇다고 내가 열심히 공부하는 학생이었던 것은 아니다. 운이 좋아서 이른바 좋은 학교, 좋은 과에 입학하긴 했지만 말 그대로 뼈를 깎는 노력으로 얻은 결과는 아니었다. 대학 생활도 비슷했다. 밥 먹는 시간도 아껴가며 책을 읽고 공부하는 요즈음의 내 생활과 비교하면 부끄럽기도 하다. 그때에는 어느 정도의 성적을 유지할 만큼만 공부하고 다른 분야에 관심을 쏟았다. 그런 와중에 심심찮게 들려오는 비극적인 소식들이 있었다. 선배, 동료, 후배의 자살 시도. 보통은 실패해서 다행이었지만, 결국 비극으로 이어져 주변 사람들 모두가 슬픔에 젖는 경우도 간혹 있었다.

왜 그런 비극이 일어났을까. 나의 경우에는 치과대학의 학업량이 지나치게 많았던 것은 사실이지만, 함께 짐을 나누는 친구들이 있어서 어떻게든 극복해나갈 수 있었다. 게다가 고백했듯이 그렇게 열심히 공부한 것도 아니었으니 왈가왈부할 자격이 내게는 없을 것이다. 하지만 짐작건대 그 배경에는 저마다 크나큰 어려움에 처해 감정적으로 위로받고 싶었으나 제대로 응답받지 못한 응어리 같은 것이 있지 않았을까 싶다.[2] 억누르고 부정해야 했던 감정들 말이다.

의료인의 감정

두 가지 장면이 떠오른다.

#1

한 남자가 병원 복도를 걸어가고 있다. 그는 곧 고된 신경외과 수련을 마칠 것이다. 미국 신경외과 학회에서 수여하는 최우수연구상을 받기도 한 그에게는 이미 여러 곳에서 교수 자리 제안도 들어와 있다. 하지만 정점에서 그를 맞이한 것은 암 선고다. 그는 투병 생활을 계기로 자신의 삶을 돌아보게 된다. 그렇게 쓰인 폴 칼라니티의 『숨결이 바람 될 때』이종인 옮김, 흐름출판, 2016는 2016년 하반기에 잔잔한 반향을 일으키며 베스트셀러가 되었다.

책에는 함께 의사가 된 아내 루시와 학창 시절에 공부하던 이야기도 담겨 있다. 심전도 파형을 공부하던 어느 날, 아내는 "치명적인 부정맥을 정확히 짚어냈다. 갑작스럽게 뭉클해진 루시는 울기 시작했다".[3] 위중한 심장질환을 나타내는 그 파형은 이미 예전에 사망했을 어떤 환자에게서 찍은 것이 분명했다. 단순한 파형이라 해도 사람이 임의로 그린 것과, 환자에게서 얻은 것은 차이가 나기 마련이다. 그 파형을 보면서 의사는 아마도 앞에 놓인 두려운 시간들을 생각했을 것이고, 의사의 설명을 들은 환자는 곧 닥쳐올 죽음을 머릿속에서 쫓아낼 수 없었을 것이다. 그들에게 닥친 불행을 생각하면서 루시는 눈물을 흘린 것이다. 그런 아내를 보며, 칼라니티는 그래프 너머에 있는 삶과 죽음을 생각한다.

#2

2년 전 한 사진이 웹사이트 '레디트'에 올라왔다. 신원이 분명하지 않지만, 가운을 입은 모습이 그가 의사임을 짐작게 한다. 그는 벽을 짚고 웅크리고 있다. 사진을 찍은 것은 응급구조사로, "병원에 실려 온 19세 환자를 살리지 못한 응급실 의사가 벽을 잡고 통곡하고 있다"는 설명을 달았다.[4] 글에 적힌 대로라면 그는 환자를 구하지 못했지만, 그가 온몸으로 표현하고 있는 슬픔이 사람들을 감동시켰다.

두 가지 생각이 동시에 든다. 하나는 의사가 자연스럽게 감정을 드러내고 진솔하게 반응하는 일의 가치다. 다른 하나는 의사는 감정에 휩쓸려 판단을 그르치면 안 된다는, 대학 시절과 수련 과정에서 깊이 체득한 태도다. 한쪽에서는 의학교육학과에서 일하며 의사의 공감 능력에 대해 토론하던 때의 목소리들이 웡웡거리고, 다른 한쪽에서는 감정 조절에 대한 전문가적 의무와 감정적 소진에 대한 경계가 반짝 경고음을 울린다. 어느 쪽이 맞는가?

초연하라

치과대학 학생 시절은 거부감을 극복하는 것으로 출발했다. 골학骨學을 공부하며 처음 가까이서 보게 된 인골은 초중고교에서도 볼 기회가 있었으니 그나마 나았다. 수업 시간에 총천연색으로 화면을 가득 채운 절개된 조직과 피는 점심식사를 거르게 만들었으며, 본과 1학년 때 시작한 해부학 실습 시간의 커대버와 실습실 가득했던 포르말린 냄새는 나와 주변 사람들 모두를 뒷걸음질치게 만들었다. 따라서 참는 법을 먼저 배워야 했다.

임상 실습에서 환자를 먼발치에서나마 직접 볼 때도 마찬가지였다. 치료를 위해서는 어쩔 수 없지만, 수술방에서 나와 같은 신체가 다뤄지는 가혹한 방식들을 보는 동안 감정은 계속 뒤로 물리쳐야 할 대상이었다. 또 인턴에게 주어지는 격무를 해결하려면 정서적 차원은 철저히 다스리고 완벽히 통제해야 했다. 아침에 얼굴을 보고 컴퓨터단층촬영CT에 관해 동의를 받았던 환자가 저녁에 갑작스럽게 응급 상태에 빠져 결국 사망했다는 이야기를 들었을 때의 공포와 서늘함은 잊어야 할 장애물이었다.

그렇게 의료인은 감정적 거리 두기, 초연함을 습득할 것을 강요받는다. 그것은 분초를 다투는 순간에 감정에 좌우되어 신속하고 냉철한 판단을 내리지 못하는 상황을 방지하기 위한 기반이 된다. 또한 여러 질환의 무게에 눌려 쓰러지는 것을 막기 위한 절연의 방법이기도 하다. 하지만 우리는 모두 기계적으로 판단을 내리는 차가운 의사를 만나고 싶어하지는 않는다. 환자로서 우리는 우리의 상황과 상태에 공감해줄 수 있는 의사를 만날 수 있기를 소망한다.

공감, 만능열쇠?

'감정 없는 차가운 의사'의 이미지는 현대 의학에 제기된 가장 큰 비판 중 하나였다. 시퍼런 메스가 인간을 재단하는, 생물의과학의 생기 없음에 대한 반발. 그것이 1980, 90년대의 의료사회학[5]을 추동시켰던 프랑스 철학자 미셸 푸코의 저작 『광기의 역사』이규현 옮김, 나남출판, 2003, 『임상의학의 탄생』홍성민 옮김, 이매진, 2006을 관통하고 있는, 배제[6]와 시선[7]에 대한 문제의식의 바탕이었다. 또 그것은 오스트리아 신학자 이반 일리치의 『병원이 병을 만든다』박홍규 옮김, 미토, 2004가 주장한 반의학反醫學[8]의 기반이 되기도 했다. 비판자들은 히포크라테스 선서가 강조하는 환자의 이익에 따른 판단[9]보다, 의사의 상업적 편의와 의과학의 환원적 결정이 우선하고 있다고 목소리를 높였다.

그에 답하기 위해 의학교육은 '공감'을 꺼내들었다. 환자에게 공감할 수 있는 의사는 차가운 의료의 문제에 따뜻하게 접근할 수 있을 거라는 주장은 학생과 의료인에게 공감을 가르쳐야 한다는 방향으로 확장되었다. 그럼 공감은 가르칠 수 있는 것인가?

그에 대한 여러 답이 제시됐다.[10] 의학교육의 현장에서 공감은 매우 중요하게 다뤄지고 있다. 공감 수준을 평가할 수 있는 설문지로 학생들을 평가하고, 학교와 임상 현장에서 이를 신장시킬 수 있는 방법론에 대한 여러 논의가 진행되고 있다.[11] 이에 대해 모두가 긍정적인 반응을 보이는 것은 아니다. 의사들은 공감을 '배워야' 한다는 것에 모욕감을 느낀다. 또한 기존의 방식은 공감의 인지적 차원, 즉 다른 사람의 생각을 미루어 따져보는 것에 대해서만 다루었을 뿐 정작 중요한 공감의 정서적 차원, 즉 타인의 기쁨과 슬픔을 함께할 수 있는 능력을 무시하고 있다고 비판하는 견해도 있다.[12] 하지만 의학교육학, 의료인문학 전반에서 공감에 강조점을 두고 있는 것은 사실이다. 고개를 끄덕일 만하다. 공감하는 의사, 따뜻한 의사. 하지만 궁금하다. 공감할 수 있으면 그만일까?

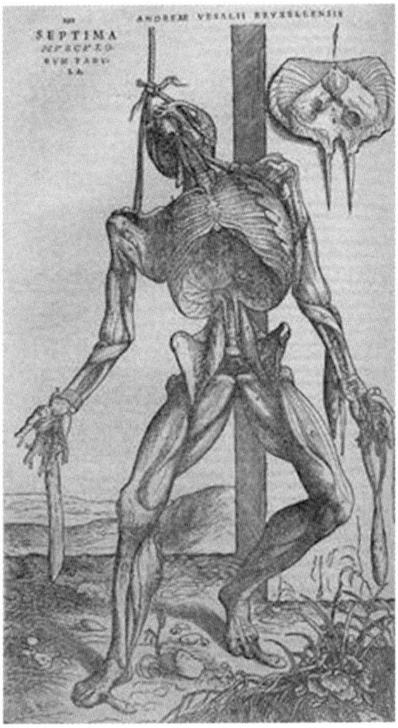

근대 의학이 시작되던 시기, 해부학의 새로운 지평을 연 베살리우스는 역동적인 자세를 취하고 있는 해부도를 그렸다. 단순히 미적 장치를 넘어선 그의 그림은 어떤 알레고리로 읽힌다. 이 그림은 사형수를 보고 그린 것이라서 이런 자세로 그려졌다고 보고 넘어갈 수도 있지만, 성적 방종에 대한 경고로도, 성큼 다가오고 있는 죽음의 위협을 표현한 것으로도 읽을 수 있다.

출처: 안드레아스 베살리우스, 『사람 몸의 구조』(1543).

학생들에게 수업 시간에 이 질문을 던지면, '공감만 잘하는 의사'와 '능력 있는 의사'를 구분하여 대립각을 세워 토론하곤 한다. 하지만 이는 사실 적절한 대립 쌍은 아니다. 공감을 잘하면서 능력도 있는 의사, 얼마든 가능하다. 하지만 먼저 생각해봐야 할 문제는, 공감이라는 것이 과연 인간의 감정, 정서와는 별개로 존재하는 인간의 한 단면인가 하는 것이다. 감정이 한없이 메말라 있는 어떤 사람이 엄청난 공감 능력을 보이는 경우를 상상해보자. 공감이 한자의 뜻처럼 같이共 느끼는感 것이라면 글쎄, 이것은 소위 말하는 형용모순 아닐까? 감정을 억누른 사람이 다른 사람의 감정을 같이 느낄 수 있을까?

공감에 관해 이야기하고 있던 나에게 산부인과 교수로 일하는 한 선배가 제기한 문제도 동일했다. 주변의 필요를 잘 아는 예민한 그는 환자의 감정적 부분을 늘 직면하게 되지만, 대학병원에서 환자 한 명 한 명에게 감정 이입을 하다보면 진료를 계속해나갈 수 없을 것 같다고 말했다. 실제로 어떨지는 아무도 모른다. 의사의 감정 표현이 환자에게 긍정적인 영향을 미칠 것인가에 관해서는 제대로 연구되지 않았으니까. 감정은 메스와 항생제를 들고 질병, 병균과의 전쟁을 승리로 이끌어야 하는 영웅으로서의 의사에겐 어울리지 않는 것이었으니까. 소위 전문가적 냉철함이라는 표현은, 감정 없는 차가운 의사를 당연한 것으로 만들고 있다. 예전의 내가 위화감을 느꼈던 것도 같은 지점이었으리라. 감정은 죽여야 할 대상이다. 하지만 환자의 감정적인 필요를 이해하고 그에 대해 반응을 보여야 한다. 이런 이중의 요구 앞에서 어떻게 해야 할지 몰랐던 것이다.

어바인대학교에서 의료인문학, 예술, 가정의학 프로그램을 이끄는 요한나 샤피로는 "의과대학생, 레지던트가 감정에 정직할 수 있도록 하려는 노력은 전혀 이뤄지지 않는다"고 지적한다. 그리고 그것은 의사 자신의 "혼란, 위험, 어려움"에 대해서도 "감정적 초연함과 거리 두기"의 자세를 취하는 것으로 이어진다.[13] 그렇게 자신의 감정적 반응에 익숙해지기는커녕, 학생들은 감정을 부정하라고 강요당한다. 의사이자 작가인 대니얼 오프리는 저서 『의사의 감정—

갈등하는 의사, 고통받는 환자』강명신 옮김, 페가수스, 2018에서 의료인이 직무에 종사하는 내내 공포, 부끄러움, 분노 등 부정적인 감정에 휘둘리고 있다는 점과, 감정적 압도가 종종 소진으로 이어진다는 점을 지적한다.

그렇게 감정을 철저히 무시할 것을 요구받은 의료인이 공감에서만은 뛰어나리라 기대하는 것은 이상한 일이다. 의과대학 교육이 계속되면 학생들의 공감 능력은 점차 떨어진다는 사실은 이를 뒷받침한다.[14] 물론 학생들에게 공감하지 말라고 주문하는 선생은 없으며, 따라서 의학교육이 공감을 등한시한다고 말하는 것은 일면만 보는 일일 수 있다. 오히려 끊임없는 엄숙함, "초연하라"는 명령이 등뒤에서 계속 울리는 한, 학생들은 자신이 어떤 감정을 겪는지도 모른 채, 의료인으로서의 성장 과정을 지나쳐갈 수밖에 없는 것이다. 그렇게 자란 의료인들이 환자의 기분을 헤아리지 않는 것은 당연한 귀결인지도 모르겠다.

우는 의사

인공지능 왓슨이 암 진단을 돕는 세상, 기술의 발달은 의료인을 뒤흔들고 있다.[15] 진단과 치료를 인공지능이 대체할 때 생길 수 있는 직업 안정성의 위기에 대한 불안 때문인 것 같다. '공감'이 다시 주목받는 이유 또한 그 때문인지 모른다. 기계는 공감할 수 없으니,

환자의 아픔을 공감할 수 있는 인간 의사가 환자에게 더 나을 것이다. 자, 그러니 학생들에게 공감을 가르치자.[16]

위 주장을 반박하고 싶지는 않다. 아니, 맞는 주장이다. 하지만 그 전에 학생들이 자신의 감정을 직시하고 감정적 위기를 해결할 방법을 배울 수 있도록 해야 하지 않을까? 나도 더 공감할 수 있는 사람이 되고 싶다. 하지만 자신의 감정도 모르는 채, 그에 대해 늘 부정적인 생각만 배워온 학생에게 어떻게 공감을 가르칠 수 있단 말인가? 오히려 인공지능이 전문직 종사자의 지적 업무 처리를 대신할 수 있으리라고 예견되는 이때가, 의사가 어떻게 감정에 솔직해질 것인가, 환자의 이익을 위해 감정을 어떻게 다룰 것인가를 함께 고민할 수 있는 적절한 시점일 거라 생각한다. 그것은 앞서 언급한 의과대학 학생들의 자살, 소진 문제에 대한 하나의 해결책이 될 수도 있을 것이다. 좀더 인간적인 의학을 향한 발걸음이 될 것은 당연하다.

앞서의 두 장면을 다시 떠올린다. 심전도를 보면서 눈물짓는 의과대학생, 살리지 못한 생명을 생각하며 오열하는 응급외과의. 우리에게 지금 필요한 것은 냉철한 판단을 내리는 냉혈의 의사가 아니라, 자신과 타인의 아픔을 마주했을 때 울 수 있는 의사 아닐까.

3부

병원과 환자 사이 징검다리를 건너

은유를 통해 본 의료, 의료인, 병, 환자, 그리고 아픈 삶

한판 춤사위 벌이기

전쟁을 앞두고

2017년 7월 초, 가슴 아픈 소식을 접했다. 4세 여아가 용혈성 요독 증후군Hemolytic Uremic Syndrome에 걸려 신장 기능의 90퍼센트를 상실했다는 것이었다.[1] 아이는 하루에 열 시간씩 투석을 받고 있으며, 어머니는 덜 익은 햄버거 패티가 원인이라고 지목해 해당 업체를 고소했다. '햄버거병'이라는 별칭에 관해서는 여러 설이 있으나, 1980년대 미국에서 속이 덜 익은 패티가 들어간 햄버거를 먹은 사람들에게 집단 발병했기 때문이라는 설이 지배적인 것 같다.[2] 덕분에 햄버거 공포증이 퍼지고 있으며, 점심때마다 서둘러 식사를 해결하려는 직장인들로 붐비던 패스트푸드점에는 고객의 발길이 끊겼다.[3] 그러나 햄버거병이라는 명칭은 잘못된 것이며 햄버거가 원인이 아닐 수 있다는 의견도 제기되고 있다.[4] 이 와중에 강원도 원주의 어린이집에서 한 달 전인 2017년 6월

장출혈성 대장균 감염증이 집단 발생했으며, 이중 10퍼센트가 악화하여 용혈성 요독 증후군으로 이어졌다는 보도가 나와 충격을 더하고 있다.[5]

질병 원인에 관해서는 철저한 역학조사가 뒷받침되어야 할 것이다. 만약 업체의 부실한 관리로 질병이 발생한 것으로 판가름난다면, 업체는 응당 피해의 책임을 져야 할 것이다. 하지만 햄버거병이라는 명칭이 문제를 과장하고 있는 것은 아닌지 의구심이 드는 것도 사실이다. 이 병은 햄버거를 먹어서 걸리기 때문에 햄버거병일까. 다른 이유가 있어서 햄버거병이라는 별칭, 아니 은유가 붙게 된 것은 아닐까.

먼저 햄버거를 먹은 사람들에게 집단 발병했다는 설의 진위를 파악해보자. 이 질병이 크게 보고되었던 계기는 1985년 9월, 캐나다 온타리오 남서부에 위치한 요양 시설 거주자 169명 중 55명, 직원 137명 중 18명한테서 대장균 O157:H7으로 인한 장염이 발생한 사건이다.[6] 거주자 중 19명이 사망한 이 사건은 샌드위치를 통해 1차 감염이 발생한 뒤, 접촉을 통해 퍼진 것으로 파악되었다. 해당 사건의 경우 햄, 칠면조 고기, 치즈 샌드위치를 통해 직원의 감염이 거주자에게 전달되었을 가능성이 크다. 즉 햄버거가 직접적인 원인은 아니었다. 그러나 원인균이 소의 장과 완전히 구워지지 않은 쇠고기 분쇄육에서 발견되었다는 점이 이 질병을 햄버거와 연결하게 된 이유로 보인다.[7] 용혈성 요독 증후군이라는 어려운 이름과는 달리 햄버거병은 기억하기도 쉬우며, 일상과 밀접하게 관련되어 있으므로 파급력도 강력하다. 결국 시작되지도 않은 역학조사와 무관하게 햄버거는 바로 용의자가 되어버렸다.

햄버거병이라는 은유

이것이 은유의 힘이다. 과학적 증거와는 무관하게, 쇠고기 분쇄육-햄버거-햄버거병-대장균-용혈성 요독 증후군의 은유적 연쇄는 사람들로 하여금 햄버거를 피하게 만든다. 은유적 연쇄란 말은 언뜻 복잡한 것 같지만, "내 마음은 호수요" 하던 국어 수업 시간을 떠올리면 생각보다 간단하다. 은유법이란 사물의 상태나 움직임을 그와 유사한 성질을 지닌 다른 말로 빗대어 대상을 묘사하는 방법이다. 그러나 은유를 단순히 꾸미는 방법의 하나라고 생각해서는 안 되는 이유가 있다. 1970년대 미국의 철학자 존슨과 언어학자 레이코프의 '체험주의Experientialism'가 인간 이해의 바탕이 은유에 있다고 주장하면서 시작된 인지 이론에서 그 근거를 찾아볼 수 있다.[8]

간단히 설명하자면 우리가 복잡한 개념을 이해할 때 개념을 직접 이해하는 것이 아니라, 단순한 신체 경험 여럿을 결합하여 이해한다는 것이다. 일상적 경험을 통해 우리는 더 복잡한 경험들을 이해하게 되며, 이때 은유가 작동한다. 따라서 은유는 인간 이해의 기본을 형성한다고 본다. 예를 들어 '사랑'이라는 개념을 생각할 때, "어떤 사람이나 존재를 몹시 아끼고 귀중히 여기는 마음. 또는 그런

일"이라는 사전적 정의를 떠올리는 사람은 없을 것이다. 오히려 우리는 연인을 생각하거나, 소설이나 영화 속 사랑의 장면, 또는 부모님의 따스함 등을 연상하게 된다. 즉, 언어생활에서 사랑이라는 어휘를 사용할 때, 우리의 머릿속에서는 사랑이라는 개념적 정의가 작동한다기보다 사랑이라는 어휘가 연결된 일상적 체험들이 중첩돼 만든 개념망이 작동한다고 볼 수 있다. 햄버거병은 쇠고기 분쇄육과 대장균 감염증의 중첩이 만들어낸 은유라고 볼 수 있다. 그렇다면 좀더 넓은 범위에서 문제를 볼 때도 은유가 도움이 되지 않을까 싶다. 질병과 의학의 은유는 어떨까? 과연 우리는 질병과 건강, 치료를 생각할 때 어떤 것들을 떠올릴까?

질병과 '전쟁' 은유

질병과 관련한 경험을 표현할 때, 우리는 '싸워 이긴다'라는 말을 자연스레 떠올리곤 한다. 흔히 우리는 병상에 누워 있는 환자는 질병과 '악전고투를 벌이는' 중이며, 그 몸은 병균과 면역력, 약물, 치료법이 점령과 후퇴를 거듭하는 '전쟁터'라고 생각한다. 질병과 싸우는 의사는 전쟁을 승리로 이끄는 장군처럼 환자와 주변에 '명령을 하달한다'. 그 결과 전쟁을 거듭 승리로 이끈 의사는 명의라 불리며 '영웅' 대접을 받는다. 이런 표현이 이상하지 않은 이유는 우리가 질병, 특히 감염성 질병을 병균과 벌이는 전투에 빗대어 생각하는 데 익숙하기 때문이다. 신체라는 '배양기'에서 병균을 '선별'한다는 표현이 오히려 사실에 가깝지만, 영 어색하게 느껴진다. 미생물 배지에서 항생제를 사용해 원하는 세균의 종류만을 골라내는 과정은 질병 치료 과정과 흡사한데도 말이다.

우리는 감염병이 전쟁과 같은 상황을 만들어내는 것을 최근에도 경험한 바 있다. 2009년의 신종 플루, 2015년의 메르스가 그랬다. 병원 앞에는 임시 텐트가 설치되어 환자의 감염 여부를 판별했고, 감염된 환자는 격리되었으며, 전파를 차단하는 데 실패한 담당자들은 자신들의 책임을 통감하며 사과문을 발표했다.[9] 이에 공중보건의 '최전방'을 되짚어보아야 한다는 주장이 제기되었으며,[10] 한 교수는 "심리전에 패배했다"라고 논평했다.[11] 또 한 정치인은 "'메르스 전쟁'에 패배하는 일이 없길 희망한다"고 의견을 표한 바 있다.[12] 치료제 없는 대규모 감염 사태를 그린 영화 〈컨테이젼〉2011은 감염성 질병과 치르는 '전쟁'의 공포를 적나라하게 보여주며 미국 새턴상 Saturn Award 공포영화 부문 후보에 오르기도 했다. 감염성 질병은 전쟁의 참상만큼이나 두려운 결과를 초래할 수 있기에, 이를 전쟁과 동일시하는 것은 이상한 일이 아닐지도 모르겠다.

이런 식의 생각은 최근의 것이 아니다. 질병의 '전쟁' 은유는 투키디데스의 『펠레폰네소스 전쟁사』에도 이미 나타나 있다. 펠레폰네소스 전쟁 2년기원전 430년에 아테네 전역을 덮친 역병은 아테네 인구의 3분의 1에서 3분의 2를 앗아간 것으로 추정된다. 스파르타는 도시에 화장하는 불길이 끊이지 않는 것을 보고 질병을 피해 후퇴했다.

전쟁을 피하는 것처럼, 원인 모를 질병을 피해 사람들은 동굴 속으로 숨어들었다. 그림의 소실점이 위치하는 오른쪽 위의 건물 방향으로 갈수록 사람은 점점 더 줄어든다. 반면, 왼쪽 위의 동굴 속에 있는 사람들은 이 사건과 무관한 것처럼 묘사되어 있다. 전경에 모여 있는 사람들은 지인의 죽음을 슬퍼하거나 살길이 없음을 깨닫고 고통스러워하고 있다. 미힐 스웨이르츠, 〈아테네 역병〉(c. 1652~1654).

투키디데스는 전쟁을 묘사하던 것과 같은 방식으로 아테네를 덮친 병을 묘사한다.[13] 고열이 사람들을 "공격"하고, 환자들은 "굴복"하고, 사람들은 "공포에 질려 도망쳤으며", 체질이 강하건 약하건 "저항"하지 못했다.

감염병을 전쟁으로 은유하던 것은 점차 모든 질병으로 확대되었다.[14] 암이 '침투'하고, 몸의 '방어'를 뚫는다. '공격적으로' 치료해야 한다. 우리는 홍역을 '퇴치했다'. 문제는 이런 식의 은유가 역으로 우리의 사고에 영향을 끼쳐, 전쟁을 사고하는 방식으로 질병과 그 치료를 사고하게 만든다는 데 있다. 예컨대 다큐멘터리 〈명의〉 시리즈의 주인공은 의사와 그가 치료한 질병이다. 주인공=의사, 악당=질병, 무기=첨단 의료기술의 등식은 이미 우리가 보는 의학 소재 드라마를 지배하고 있다. 의사는 모든 노력을 기울여 악당을 상대해야 한다. 그 과정에서 환자에게 가해질 고통과 불편은 두번째 문제가 된다. 지금은 '전쟁' 상황이니, 그런 것들은 참고 감내해야 한다. 잠깐, 의학이 질병을 퇴치하는 것이었던가, 환자가 회복하도록 돕는 것이었던가? 이쯤 되면 혼란스러워지기 시작한다.

'은유 반대'와 '자기 배려': 손택과 푸코의 춤

질병의 은유를 말할 때 꼭 짚고 넘어가야 할 책이 있다. 1978년에 출간된 『은유로서의 질병』이재원 옮김, 이후, 2002에서 미국 비평가 수전 손택은 결핵과 암의 예시를 들면서, 두 질병의 은유가 사회적으로 활용되어온 방식을 살핀다. 치료법이 발견되기 전, 결핵은 질병이 아니라 신체의 상태, 자연의 신비로 여겨졌다. 환자는 특별한 인간성의 한 형태를 구현하고 있는 것이며, 신비로운 영적, 도덕적 특성을 나타낸다고 말이다. 결핵은 영혼의 고귀함, 낭만주의의 멜랑콜리, 욕망의 과잉과 연결되었다. 유럽과 미국의 예시가 좀 멀다면, 20세기 초의 한국과 일본 소설에 등장하는 가냘픈 여성을 떠올려보자. 핏기 없는 흰 피부를 가진 여성의 각혈은 병적 아름다움의 상징이다.[15] 이 모습은 백혈병에 걸린 현대 드라마의 여주인공에게 그대로 투영할 수 있다. 또 손택이 재구성하고 있는 20세기의 암환자는 감정 없는 패배자, 느림보이며, 중산 계급이자, 끊임없이 자신의 감정, 분노를 억제해온 사람이다. 이런 사람은 암에 걸리기 쉽다.[16]

손택은 질병에 계속하여 영적 의미를 부여하는 은유에 반대한다. 질병은 질병이며, 그것에는 어떤 악도, 잘못도 존재하지 않는다. 그는 질병에 도덕적인 의미를 부가하는 은유를 계속 생산해내고 활용하는 것이 오히려 잘못이라고 말한다. 여기까지는 이견의 여지가 없을 것 같다. 하지만 마지막으로 손택은 "암의 정치적 활용"을 언급한다. 예컨대 그 자신도 베트남전쟁을 비난하면서 "백인은 인간사에서 암적 존재다"라는 표현을 썼다는 것이다. 이런 식의 용어 사용은 "운명론을 부추기며, '심한' 방법들의 활용을 정당화한다. 질병이 운명적인 것이라는 개념을 강화하는 것은 물론이다".

그는 섣불리 결론을 지으려고 시도하다가 암을 설명하기 위한 과학과 전쟁의 용어가 '암의 운명론'이라는 미신을 내쫓을 거라고 주장하기에 이르면서 모순에 빠지고 만다. 질병의 은유를 없애야 한다고 주장한 손택이, 그 해결책을 제시하기 위해 다른 은유에 기댄다. 심지어 은유는 은유로 물리쳐야 한다는 식으로 결론을 받아들이려 해도, 전쟁의 표현들이 암의 은유를 더 악화해왔으며, "무조건 살리고 보자"라는 식의 의료적 선택이 존엄사와 관련한 논쟁을 증폭해온 사회적 현실을 겪은 우리가 그 결론을 받아들이기는 쉽지 않다. 그렇지만 이 책은 암에 걸린 것이 암환자의 잘못이 아니라는 메시지를 효과적으로 전달했고, 그의 저작 중 가장 뛰어난 책으로

일컬어진다.[17]

11년 뒤인 1989년 출간된 『에이즈와 그 은유』에서 손택은 기존의 견해를 손질한다. 그는 암에 덧씌워진 '운명론'과 벌인 싸움, 즉 병에 걸린 것이 환자의 잘못이 아니라는 주장을 에이즈로 옮겨오려 한다. 하지만 에이즈는 당시 치료법이 없다고 여겨지던 상황이었으며, 4HHomosexual, Hemophiliacs, Heroin addicts, Haitians 계층에서만 발생한다는 사회적 믿음이 굳건했기에 같은 전략이 성공하긴 어려웠다.[18] 따라서 그는 에이즈에 씌워진 '역병'과 '타락'의 은유와 맞서 싸우려 노력한다. '역병' 은유는 에이즈를 처벌이자 하늘의 '천벌'로 여기게 만든다. 에이즈는 얼굴의 육종 때문에 매독이나 한센병과 같이 '타락'의 증거로 받아들여진다. 하지만 이런 것들은 아무런 근거 없는 망상일 뿐이다. 손택은 글을 맺으며 이렇게 주장한다. 우리는 "은유 없이 생각할 수는 없다". 따라서 에이즈와 관련해 은유가 잘 선택되었는지, 잘못 선택되었는지는 따져보아야 한다. 잘못 선택된 은유는 질병의 고통을 가중할 뿐이다. 손택이 과거의 주장을 수정하지는 않은 것 같지만, 따져볼 만한 결론에 안착한 것은 확실해 보인다. 병의 잘못된 은유는 간혹 질병이라는 현실보다 더 크게 개인을 괴롭힐 수 있다. 그렇다면 그런 사회적 압력 때문에 평생 고통받았던 한 사람이 내놓은 해결책을 살펴보는 게 도움이 될 것 같다.

미셸 푸코는 초기 저작인 『광기의 역사』, 중기 저작인 『말과 사물』이규현 옮김, 민음사, 2012로도 주목받았지만, 그의 책 중에서 가장 많이 인용되는 것은 『감시와 처벌』오생근 옮김, 나남출판, 2016이 아닐까 싶다. 그는 권력이 움직이는 방식을 깊이 탐구하여, 권력이 타인을 지배하고 억누르는 힘이라는 기존의 소극적 인식을 넘어선다. 권력은 인간 정체성의 모든 측면을 만들어내는 힘이다. 그가 분석한 권력이란, 누군가의 소유물이 아니라 사회 전체에 퍼져 있는 것이며, 우리의 생각은 그 권력에 기반을 두고 만들어진다. 당대의 지식과 '진리' 또한 권력을 벗어날 수 없다. 학교, 병원, 감옥 등에서 권력 구조가 작동하는 방식을 세밀히 검토하는 과정에서, 그는 지배받음과 지배함의 상호 관계 없이 한쪽에서만 억누를 수는 없으며, 지배와 그에 대한 반발은 역동적인 관계에 있다는 점을 파악해간다. 다시 말해 신하 없는 왕은 존재하지 않는다. 하지만 왕 없는 신하 또한 존재할 수 없다.

이 점이 푸코를 좌절시켰는지도 모르겠다. 책을 읽는 방식에는 여러 가지가 있겠지만, 푸코가 성적 지향성과 관련한 탐구를 계속해왔던 것은 분명해 보이며, 이를 사회와 권력의 지배에서 벗어나는 길을 찾기 위한 이론적 탐구에 대한 매진이라고 생각해볼 수도 있을 것 같다.[19] 문제는 권력이 생각을 만들고 정체성을 구축한다면, 그곳에서 탈출할 방법이 없다는 것이다. 질병과 치르는 '전쟁'은 의학적 권력에 '병적 인간'을 정의할 수 있는 학문적 정당성과 힘을 부여한다. 하지만 여기에 저항한다 해서 삶에 자유가 주어지는 것은 아니다. 푸코가 그린 권력의 그림에서는, 하나의 조건에서 벗어나는 것은 다른 조건에 편입됨을 의미할 뿐이다. 진정한 독립은 존재하지 않는다.

하지만 끝난 것은 아니다. 이렇게 생각하는 이유는 푸코의 마지막 작업이 말하고 있는 '자기 배려' 때문이다. 푸코는 『성의 역사』 연작을 쓰기로 하고 1권이규현 옮김, 나남출판, 2010을 발표하면서 앞으로의 저술 계획을 밝혔다. 하지만 그의 갑작스러운 사망 후, 유고를 모아 출간된 2, 3권『성의 역사』 2권, 신은영·문경자 옮김/ 3권, 이영목 옮김, 나남출판, 각각 2018, 2004은 1권에서 살핀 근대의 성 과학scientia sexualis에 관한 탐구에서 벗어나, 갑자기 고대 그리스와 로마로 건나간다. 그의 마지막 작업은 삶의 여러 규칙, 또는 삶을 규정하는 여러 권력 안에서 스스로 자신의 삶을 만들어나가는 고대 그리스인들에게 집중되었다. 마치 예술 작품을 창조하는 것과 같이 자신의 삶을 하나의 작품으로 만들어나가는 과정. 그것이 푸코가 권력의 촘촘한 그물망 안에서 발견한 '자

권력을 억압 또는 폭력으로 바라보는 기존 이론의 관점을 벗어난 푸코의 권력 이론은 권력의 '생성하는 힘'에 주목한다. 권력은 사람을 어떤 방향으로 몰아가지만, 권력이 존재하기에 사람은 자신을 규정할 수 있다. 권력을 부정하기만 하는 것에서 벗어난 푸코는 성에 관한 담론에서 문제에 직면한다. 권력 때문에 나의 성이 존재한다면, 나의 욕망은 무조건 억압되어야만 하는가? 푸코는 고대 그리스에 주목한다. 당시 남성 간의 성적 관계는 스스로 정한 행동 규칙 안에서 자신의 삶에 가치를 부여하는 하나의 방식이었다는 점을 강조한 그는 여기에서 외부의 규율에 얽매이기만 하지 않는 해방의 가능성, '자기 배려'의 모형을 찾아낸다. 아테네의 붉은색 인물 기법 도자기 접시, 〈소년은 아름답다〉(c. B.C. 5).

기 배려'였다. 그는 외부의 힘과 맺는 관계 속에서 무작정 끌려가지 않고, 자신을 정립해가는 방식을 찾아내고자 했다.

이것을 '춤'이라고 부를 수 있지 않을까. 춤은 무용가가 무대에서 자신의 신체를 빚어내고자 기울이는 노력을 통해, 자신의 근육과 호흡을 다듬어 하나의 작품으로 만들어가려는 노력을 통해 탄생한다. 중력이 끌어당기고 관절과 신체의 작동 방식에는 한계가 있다는 사실은 몸의 움직임을 제약한다. 기존의 예술적 형식은 자유로운 몸짓에 제동을 건다. 하지만 그 모든 것이 모여 순간적인 아름다움, '작품'을 만들어낸다. 이는 신체와 건강을 생각하는 하나의 방식으로도 작동할 수 있다. 질병과 의학적 권력, 과학은 신체를 규격화, 구조화하여 끊임없이 사회가 원하는 방식으로 정의하려 하지만 끊임없는 자기 수양을 통해 개인은 자신의 신체와 건강을 빚어갈 수 있다. 질병이 벌인 '전쟁터'였던 몸은, 수양과 창조의 공간으로 바뀐다. 병 앞에서 우리는 몸을 빚어낸다. 질병의 모진 풍파를 이겨낸 환자의 얼굴에서 존엄의 빛을 볼 수 있는 것은 그 때문인지도 모른다.

간주곡

손택은 처음에 "은유에 반대"하지만 결국 사고하는 데 은유는 필수적이며 따라서 좋은 은유를 활용해야 한다는 것으로 자신의 의견을 수정한다. 그것은 『은유로서의 질병』 서두에서도 이미 드러나 있다. "질병은 삶의 밤이며, 부담스러운 국적을 떠안는 것이다"라는 은유로 시작하는 책이 은유를 반대한다는 것은 자가당착일 수도 있다. 문제는 좋은 은유다. '햄버거병'은 좋은 은유는 아닌 것 같다. 그것은 일상의 친숙함을 무기로 잘못된 공포를 전파한다. 질병의 '전쟁' 은유도 좋아 보이지만은 않는다. '전쟁'이라는 예외 상황은 모든 것을 허용하며, 따라서 '영웅' 의사의 행위를 환자가 감내해야 한다는 식의 암묵적인 강요는 의사와 환자 모두에게 해롭기 때문이다. 답을 찾다보니 푸코의 '춤'으로 흘러왔다. 외부의 압력 속에서 끊임없이 자신을 만들어가는 개인은 숭고하기까지 하며, 이렇게 건강과 질병을 다시 생각해볼 수도 있다. 하지만 모두가 소설가 제임스 조이스의 표현처럼 "세속의 수도승"이 될 수는 없을 것이다.[20] 그러기에 삶은 너무나 복잡하고 어렵다. 그 앞에서, 우리 서로 손을 붙잡아야 하지 않을까.

덧붙이는 말

2018년 2월 서울중앙지검 형사2부는 '햄버거병' 관련 한국 맥도날드 등에 대한 고소를 불기소 처분했다.[21] 피해자들의 상해가 맥도날드 햄버거 때문이라는 것을 입증할 증거가 부족하다며, 대신 한 패티 제조업체가 병원성 미생물 오염 우려가 있는 쇠고기 패티를 판매한 사실을 확인하고 임직원 3명을 불구속 기소했다.

이 글을 기고한 후 받았던 논평에서 한 선생님은 햄버거병이라는 표현이 부정확하더라도 환자의 보호를 위해 사용할 수 있는 것 아닌가라는 의견을 주셨다. 지적에 동의한다. 하지만 이런 말들이 오히려 환자의 눈을 가릴 수도 있지 않을까 하는 염려를 떼내기 어렵다. 더 정확한 정보를 쉽게 전달할 수 있는 방법을 고민할 때다.

그동안 유언 때문에 출간되지 않았던 '성의 역사' 4권, 『육체의 고백』이 푸코 사후 34년 만에 프랑스에서 출간되었다.[22] 책은 쾌락의 개념을 대체한 중세의 육체 개념을 살피고, 이어 순결과 결혼의 개념을 검토하는 것으로 넘어간다. 이 책의 발간은 푸코가 말년에 탐구하던 자기 배려 개념에 관한 이해, 그리고 현재의 성관념에 대한 여러 논의를 더 풍성하게 만들어줄 것이다. 곧 한국어 번역본으로 만나볼 수 있기를 소망한다.

보호와 침해의 프레이밍

백신과 의료화,

이제는 찾아보기 힘들지만, 내가 어릴 때에는 동네마다 비디오 대여점이 있었다. 부모님이 영화관에 데려가주시거나 비디오테이프를 사주시는 일은 드물었기에, 만화영화를 보려면 친구들과 대여점에 몰려가곤 했다. 유행하던 〈후레시맨〉 시리즈를 고심 끝에 골라서 모은 돈을 치르고 나면, 집에 돌아가는 길은 마음속 영웅들의 외침과 뒤섞여 행복으로 물들어 있었다. 하지만 만화영화를 보려면 비디오를 켜자마자 반드시 지나쳐야 하는 관문이 있었다. "옛날 어린이들은 호환, 마마, 전쟁 등이 가장……"으로 시작하며 청소년 유해 비디오를 시청하지 말자는 내용의 계몽성 공익광고. 호랑이, 천연두, 무당, 전쟁의 참상에 뒤이은 성과 폭력 등 비행에 대한 경고가 이어지면 두려움에 눈을 질끈 감았다.

지금은 촌스럽게 느껴질 뿐인 이 공익광고가 당시에는 충격적이었던 것 같다. 얼굴 가득한 발진으로 걱정스레 거울을 바라보는 아이의 모습을 보며, 아동 소설에서 읽었던 '곰보'라는 단어의 의미를 깨달았던 기억이 난다. 그리고 아무 연관성은 없지만, 이상하게도 며칠 뒤에 수두에 걸렸던 기억이 이어진다. 온몸에 묘한 향이 나는 연고를 바른 채, 유치원에 가지도 못하고 요 위에 누워 이틀을 보내야 했던 기억.

천연두는 강력한 전염성, 높은 치사율로 손님, 마마라고 불렸다.[1] 이 병은 일상을 위협하는 데서 더 나아가 무기의 일종으로 사용되기도 했다. 16세기 아스테카 왕국을 무너뜨리는 데 큰 역할을 한 것은 스페인군이 옮긴 천연두였다.[2] 또 18세기 영국과 프랑스의 식민지 쟁탈전인 '프렌치 인디언 전쟁'에 이바지하여 지명과 대학에 그 이름을 남긴 제프리 앰허스트 공은 인디언에게 천연두균에 오염된 담요를 건네주려 했다는 기록이 발견되어 캠퍼스에서 퇴출당했다.[3] 다행히 1977년 소말리아에서 마지막 환자가 발생한 것을 끝으로 천연두균은 표본으로만 남아 있다. 하지만 북한을 포함한 몇몇 국가는 무기로 사용하기 위해 천연두균 표본을 보관하고 있다는 의심을 받고 있다.[4] 그러니 천연두의 위험이 완전히 사라진 것은 아니리라.

한국에 우두법을 보급한 것은 지석영이라고 한다. 우두법은 우두 고름을 사람에게 접종하여 천연두 면역을 얻도록 하는 방식을 말한다. 물론 인두법이라고 해서 천연두에 걸린 환자의 고름을 사람에게 접종하는 방식은 예전부터 있었다고 하며, 정약용이 우두법을 소개했다는 이야기도 있지만 진위는 제쳐두자.[5] 여하튼 1880년 사설 우두국을 설치하여 종두법을 보급한 지석영 덕분에, 더불어 일본의 제국주의적 야심에서 출발한 근대 위생 운동에 힘입어 '마마'는 서서히 한국에서 사라져갔다.[6] 이렇게, 다행히 천연두를 비롯한 여러 전염병이 백신 접종을 통해 사라져갔지만, 최근 한편에서는 반백신 운동anti-vaccine movement의 목소리가 높아지고 있다.

반백신 운동, 과연 일부의 어리석음일까

반과학주의의 첨병으로 나서고 있는 반백신 운동의 핵심은 백신 자체의 위험성을 경고하는 것이다. 백신이 효과가 없다고 주장하기보다는, 백신 성분이 질병을 유발할 수 있다는 것을 근거로 백신 접종에 반대하거나, 자기 선택권을 토대로 백신 의무 접종을 거부하려는 움직임을 보인다. 최근에는 트럼프 대통령이 백신과 자폐증의 관련성을 주장하는 로버트 케네디를 백신안전위원회 의장에 임명하는 것을 고려하고, 또한 트위터를 통해 백신과 자폐의 관련성을 주장하여 논란이 되기도 했다.[7] 반백신 운동가들은 백신의 수은과 알루미늄 함량을 문제삼으며, 홍역-볼거리-풍진 백신MMR 백신이나 백신의 티메로살Thimerosal 성분이 자폐증을 유발한다고 주장한다.[8]

물론 과학적으로 이를 반박하는 것은 어려운 일이 아니다. 과학

저널 『사이언스』 2017년 4월 28일 자 표제는 '백신 전쟁Vaccine Wars' 이었다.[9] 백신이 주요 전염병을 얼마나 감소시켰는지 한눈에 보여주는 인포그래픽infographic은 그 자체로 드라마를 전달한다. 수만 명의 아이들이 걸리던 감염병이 백신 개발 이후로 얼마나 줄어들었는지를 보면서 백신의 유효성을 부정하기는 쉽지 않다. 1998년 백신과 자폐증의 관련성에 관한 논문을 출판하며 백신 반대를 주장했던 앤드루 웨이크필드는 논문 출판과 관련하여 윤리적, 의학적, 과학적 비행으로 유죄 판결을 받았으며, 그의 주장은 "지난 100년 동안 나타난 의학적 거짓말 중 가장 유해하다"는 평가를 받았다.[10] 과학기자 타라 할레는 테드TED 강연에서 집단 면역herd immunity이 무엇인지, 백신 접종이 줄어들면 왜 인구 집단 전체가 감염성 질환에 취약해지는지를 설명한다. 그는 물론 백신이 위험할 수 있음을 인정한다. 그러나 "길을 가다 벼락에 맞을 위험이 1만 2000분의 1, 비행기가 추락할 위험이 34만 7000분의 1이라면, 백신으로 심각한 위해 반응이 나타날 위험은 100만분의 1이다".[11]

이렇게 보면 굳이 반백신 운동을 상대해야 하나 하는 생각도 든다. 황승식 서울대 보건대학원 교수의 말처럼 "백신의 안전성과 필요성은 이미 과학계에서 논쟁이 끝난 사안"이다.[12] 그러나 일상 담론의 공간에서 이 논쟁은 끊이지 않고 있다. 얼마 전 시끄러웠던 '안아키약 안 쓰고 아이 키우기'를 이끌었던 한의사가 일간지 인터뷰에서 "전 국민이 수두 파티를 했으면 좋겠다"라고 말하고, 의학에 대한 불신을 '자연 치유'에 관한 맹신으로 돌린 것처럼 말이다.[13] 수많은 부모가 그와 그 공동체의 '자연주의' 처치법을 신봉하고 확산시켰다. 그들은 '반지성주의'의 첨병이며, 자신의 아이들을 잘못된 과학으로부터 지키고 싶었던 것일까? 또는 이 모든 것이 그저 몽매한 부모의 극단적인 믿음이 낳은 결과일 뿐일까?[14] 관련 글에서 시민건강증진연구소 연구원 김새롬은 반백신 운동 담론의 의사소통 전략을 살핀 존스홉킨스대학교 매건 모란 교수팀의 연구를 소개한다.[15] 반백신 운동가들은 자신의 아이가 예방접종 후 아팠던 '서사적 사례'를 제시하고, 주류 학계에서 인정받지 못하는 전문가의 의견으로 이를 보충하며 현대 의학이나 정부, 의사, 제약회사 등에 대한 불신을 부추긴다. 그리고 그 대안으로 생활 습관의 개선, 대체의학적 치료, 유기농 식품 등을 제시하며, 자유, 선택권, 자연주의, 총체적인 삶의 강조 등을 기반 가치로 내세운다.

그렇다면 이를 과학, 의료에 대한 무지가 낳은 대중의 어리석음으로 치부해버릴 수는 없을 것 같다. 두 가지가 눈에 띄는데, 일단 서사 전략이 동원되고 있다. 서사, 그리고 서사 의학에 관한 설명은 앞에서 다루었으니 넘어가자. 다음으로 이것은 가치의 문제, 즉 무엇을 중요하게 여기는가, 삶이란 무엇인가에 관한 관점의 충돌일 수 있다. 어떤 관점이 문제되고 있는가? 이에 답하기 위해서는 죽음의 문제에서 출발해 조금 팍팍한 길을 걸어야 한다.

세상 사람das Man과 죽음의 의료화

부산대학교 윤리교육과 이왕주 교수는 카프카의 『심판』을 독해하며 죽음에 관한 독일 철학자 하이데거의 시선을 설명한다.[16] 우리는 모두 필멸자, 반드시 죽을 수밖에 없는 존재, '죽음을 향한 존재Sein zum Tode'다. 죽음 앞에서 우리는 두 가지 태도를 보인다. 즉, "죽음 앞에서 도피하는 세상 사람의 태도"와, "죽음을 앞질러가는 본래적 실존의 태도"다. '나'는 '모든 사람은 죽는다'는 사실을 알고 있다. 하지만 죽는 사람은 절대로 내가 아니라는 핑계로 죽음을 끊임없이 유예하여 회피한다.

때때로 영혼을 옥죄는 불안 앞에, '나'는 죽음의 대상을 바꿔치기 한다. 모든 사람은 죽는다. 그러나 "죽는 것은 내가 아니라 세상 사람이다". 하이데거는 이런 태도를 '비본래적'이라면서 사람들이 죽음을 넘어서지 못하고 피하기만 한다고 비판한다. 그렇지만 나는 하이데거의 이런 비판 이전에 사회적 맥락을 먼저 살펴보아야 한다고 생각한다. 그것은 죽음과 일상의 분리, 죽음의 '병원화'다.

서구 문화권의 죽음의 문화사를 세밀하게 살폈던 두 학자가 있다. 필립 아리에스와 노르베르트 엘리아스. 프랑스 역사학자 아리에스는 강의와 저서를 통해 수천 년 동안의 인류 문화에서, 그리고 서구 문화권에서 죽음이 어떻게 받아들여졌는지를 살핀다.[17] 죽음에 관한 태도를 시대적으로 구분한 그는, '길든 죽음' '자기 죽음' '그대, 죽음이' '금지된 죽음'이라는 책의 각 장 제목을 통해 각 시대

18세기를 휩쓴 낭만주의 사조는 죽음과 상실 또한 낭만으로 물들였다. 그 단적인 예로 『젊은 베르테르의 슬픔』이 있다. 일기와 후일담으로 구성된 괴테의 이 소설은 베르테르의 자살 장면을 직접 등장시키지 않는 방식을 취해 그의 죽음이 낭만적으로 비칠 수 있도록 했다. 그림에서 들라크루아는 사르다나팔루스가 적들이 들이닥치기 전, 자신의 모든 것을 직접 파괴할 것을 명하고 지그시 바라보는 장면을 시각화해 비장미를 극대화한다. 외젠 들라크루아, 〈사르다나팔루스의 죽음〉(1827).

가 죽음에 관해 취한 태도를 요약한다.

중세의 죽음은 정상적인 것으로서, 사람들은 제 죽음을 준비하고 수용했다. 중세 초기, 죽음은 천국을 바라보며 침상에서 맞이하는 공동체의 의식이었다. 그러나 11세기에 들어서면서 죽음 이후의 생에 관한 종교적 해석이 변한다. 믿기만 하면 모두 심판의 때에 부활할 것이라던 생각이, 죽을 때 행위에 관한 심판이 내려질 것이라는 식으로 바뀐 것이다. 점차 죽는 순간의 중요성이 두드러지고 죽음은 점차 개인적인 것이 되어간다. 18세기 초, 낭만주의 사조와 더불어 죽음은 낭만화되어 숭배의 대상으로 여겨진다. 성에 관한 태도가 바뀌는 것과 나란히 하여, 죽음은 더이상 정상이기를 멈추었다. 이전 사람들은 죽은 자 옆에 모여 죽음의 증인이 되었으나, 이제 그들은 모여서 죽음을 "슬퍼하게 되었다". 더는 죽음이 가족의 일이 아니었으며, 사자를 기념하는 것이 장례의 중요한 요소로 자리잡는다.

현대의 죽음은 부끄러운 것이고 금지된 것이다. 아리에스의 책을 다시 독해하는 독일 사회학자 엘리아스는 그가 과거의 죽음을 "고요한" 것으로 보았으며, 현대의 "난폭한" 죽음을 그에 대비하고 있다고 말한다.[18] 이제 죽음은 타인의 것이자 보이지 않는 것이 되었다는 아리에스의 분석에 더하여, 엘리아스는 현대의 죽음이 갖는 은폐, 불멸, 고독의 층위를 살핀다. 그리고 그 층위들은 분주한 병원에 놓인다. 죽음 앞에서 마땅해야 할 존중은 "종종 기계적이고 비인간적"인 것이 되며, "낯선 상황 속에서 가족조차 죽어가는 사람에게 위안이 될 적절한 말을 찾지 못해" 당황한다. 그는 죽음의 불안을 강화하는 사회적 억압을 걷어내기 위해 죽음에 관해 더 공개적이어야 한다고, 죽음을 삶의 일부로 끌어들여야 한다고 주장한다.

죽음의 태도에 관한 역사적, 사회학적 탐구에 더하여 의료인문학적 탐구가 필요하다고 생각하는 것은 사족일까. 엘리아스가 넌지시 던지는 것처럼, 죽음의 은폐는 병원을 통해서 이뤄진다. 죽음이 점차 타인의 것이자 보이지 않는 것이 되는 데에는 의료의 개입이 필연적이다. 타인의 죽음이 되려면 죽음은 객관화되어야 하며, 보이지 않기 위해서는 죽음을 전담하는 기관이 필요하다. 죽음의 공동체적, 영적 의미를 의과학적 사실이 대체하면서 죽음은 보편적이고 건조한 사실이 된다. 과거 공동체가 보증하던 죽음은 이제 "사망하셨습니다"라는 의사의 선고, 그리고 그의 사망진단서로 대체된다.

독일 철학자 헤겔을 통해 라캉을 다시 독해하는 지젝은 우리가 두 번 죽는다고 말한다.[19] 상징적 죽음symbolic death이 있고, 실제적

동전의 양면으로 여겨지며 서로 얽혀 있던 삶과 죽음 대신, 이젠 둘 사이의 간극만이 덩그러니 남았다. 그림의 주인공은 거울을 바라보고 있지만, 그의 화장대는 해골을 닮았다. 화가는 젊음, 아름다움과 죽음을 포개어 삶과 죽음이 동시에 존재함을 그리려 했지만, 그림이 그저 기괴하게 다가오는 것은 우리가 더이상 죽음을 삶과 연결지어 생각하지 않기 때문인지도 모른다. 앨런 길버트, 〈모든 것이 헛되다〉(1892).

죽음actual death이 있다는 것. 후자가 생물학적 죽음이라면, 전자는 상징계에서 겪는 죽음, 즉 사회적 죽음과 죽음의 상징화 모두를 의미한다. 상징적으로 죽었으나 실제적으로 죽지 않은 대표적인 예로는 뒤마의 소설 『몬테크리스토 백작』의 주인공 에드몽 당테스를 들 수 있을 것이다. 모함에 빠진 그는 죽음을 가장하고 탈옥하여, 몬테크리스토 백작으로 귀환해 화려한 복수극을 꾸민다. 반대로 셰익스피어의 비극 『햄릿』 전체를 사로잡고 있는 유령, 햄릿의 아버지는 실제적으로 죽었으나 원한을 청산하지 못해 계속 되돌아온다. 그는 아직 상징적으로 죽지 않은 것이다. 한편 현대 사회에서 의료는 두 죽음을 모두 보증하는 기능을 한다. 의료적 확증 없이 우리는 실제적으로 죽지 못하며, 거꾸로 의료적 확증만 있으면 우리는 사회적으로도 죽을 수 있다. 뇌사, 그리고 연명 치료를 둘러싼 끊임없는 논쟁은 이 죽음의 선언을 둘러싼 권리의 다툼일 것이다. 그리고 죽음의 보증이 의료적 판단이 되면서 과거 사회적, 문화적으로 구성되어온 '나'의 죽음은 사라진다. 보편적인 죽음만 남을 뿐.

과거의 장례와 현재의 장례를 구분하는 가장 큰 차이는 과거 장례가 고인의 집에서 치러졌다면, 지금은 병원과 연결된 장례식장에서 치러진다는 점일 듯하다. 죽음의 과정은 철저히 병원의 것이 되어 일상과는 격리된다. 그것은 쉬쉬할 비밀이 되어, 부끄러움의 베일에 가려진 채 의료인의 손에 내맡겨진다. 출산이 산파에게서 산부인과로, 집에서 병원으로 옮겨지며 철저히 의료화되었듯, 죽음 또한 철저히 '의료적인 것'이 된다. 두 학자가 관찰한 죽음의 문화사적, 사회적 변화는 죽음의 '병원화'로 다시 읽어낼 수 있다.

죽음은 종교적인 것이었고, 한때는 낭만적인 것이었다. 하이데거는 죽음을 내 것이라 선언할 때 진정한 나를 발견할 수 있다고 말했지만, 이제 죽음은 의료적인 것이다. '요람에서 무덤까지'의 의료화. 이것은 무엇을 의미하는가? 죽음은 의학적인 것이라는 사고, '죽기 위해' 의료가 필수적이라는 것, 결국 죽음을 관장하는 것은 '사신'도, '저승사자'도, '죄와 벌'도 아닌 '의학'이라는 것이다. 즉, 우리 삶의 조건과 의미를 주관하는 것은 목적으로서 개인의 존엄함이 아니라, 의료 시스템이 개인의 삶을 어떻게 편입시키고 있는가, 그에 어떤 지위를 부여하는가로 결정된다. 이제 의료 없이 삶과 죽음을 생각하기란 매우 어려운 일이 되었다.

의료화, 의원성 질환, 그리고 현대 의료의 이미지

오스트리아 신학자 이반 일리치는 이런 일상의 의료화에 도전장을 던진다. 그는 해방신학에 깊이 관여하면서 학교, 병원, 시장 등 제도화의 기제에 반발하며, 자율적이고 소박한 삶을 추구하는 데 일생을 바쳤다. 그의 1976년 저작 『병원이 병을 만든다』는 "현대 의학은 건강을 부정한다"는 도발적인 주장을 통해, 의료화의 문제를 집요하게 파고든다.[20] 의료 제도가 건강을 위협한다고 주장하기 위해, 그는 치료나 약품의 부작용과 잘못된 적용 등으로 인해 발생하는 의원성醫原性 질환을 출발점으로 삼는다. "더 많은 치료는 더 많은 고통을 낳는다." 그는 사회적, 구조적 의원성 장애, 즉 의학이 스스로 돌볼 수 있는 생명체의 능력을 구획하고 제한하여 각 조건을 질병으로 편입시키고 분류하는 것에 대해서까지 문제를 확대해나간다.

일리치가 보기에 사회는 구성원들이 겪는 과도한 노동과 여유 없음에서 발생하는 문제와 생명체의 신음에 '질병'이라는 딱지를 붙인다. 그리고 의학이 이런 질병의 해결책을 제시할 수 있다고 주장한다. 일리치는 이것이 거짓이라고 말한다. 이는 애초에 무리한 산업화로 인해 발생한 문제인데, 병 주고 약 주기를 남발하는 것은 기만이라는 것이다. 그는 사회주의적 의학의 "전문적 진료에 관한 공평한 접근"에도 관심이 없으며, 불평등한 의료 접근성도 문제삼지 않는다. 의학이 약속하는 치료는 거짓 또는 '악'이기 때문에, 부자들이 자신의 부로 의사들에게서 악을 사고 있다 해도 그에게는 상관없기 때문이다. 의학은 "치료적 효과에 중독"되어, 그 결과를 과장하고 있다. 그러나 현대의 건강 개선은 의료의 결과보다는 백신 접종, 출산 과정에서 감염을 줄이려는 노력, 상수도 정수 등의 결과이지 "의사들의 기여" 때문이 아니다.

그의 책을 관통하는 주제는 의료 전문가가 독점한 의료를 다시 각 개인과 가정의 손에 돌려주어야 한다는 것이다. 과거에 병자를 돌보는 것은 각 가정의 역할이었으며, 개인은 자신의 건강에 관한 결정권을 갖고 있었다. 하지만 이 '의료화'는 건강에 관한 모든 결정권을 병원으로 이관한다. 반면 우리의 삶, 구획지어 분리할 수 없는 총체적인 이 삶을 오랫동안 주관해온 것은 자연이었다. 또한 선택권은 개인에게 주어져야 한다. 의학이 건강에 관한 자유를 구속해서는 안 된다. 일리치가 보기에 건강은 각 개인이 얼마나 노력하고 책임을 지려 하는지에 따라 결정되며, 의료는 이를 증진해주지 않는다. "최소한의 의료적 개입이 있을 때만" 세계는 더 건강해질 수 있다. "고통과 병, 죽음을 자율적으로 극복할 수 있는 능력"이 개인에게 주어질 때, 우리는 건강해질 것이다.

앞서 들었던 외침과 정확히 같은 반향을 일으키는 내용이다. 반백신 운동의 의사소통 수단, 자유, 선택권, 자연주의, 총체적 삶의 테제가 똑같이 나타나고 있다. 이는 결국 의료의 정치적 차원에 관한 논의이며, 의료가 과연 무엇을 함의하는가를 놓고 벌어지는 논쟁일 것이다. 물론 일리치의 주장과 공격을 무지 탓으로 돌릴 수는 없다. 안락사와 낙태 문제, 여러 의학 실험의 권리 오남용으로 불거진 개인의 자율성에 관한 의료윤리적 논의가 시작된 것은 1970년대이며, 생의학 및 행동 연구에 관한 인간 피험자 보호 위원회가 현대 의료윤리 4원칙, 자율성, 선행, 악행 금지, 정의의 초안을 담은 『벨몬트 보고서』를 발행한 것이 1978년이기에 그렇다. 그렇다 해도 일리치는 의료의 역사가 인류의 문명과 함께했으며 이미 그리스, 로마에도 병원이 있었다는 사실과 수많은 내과-외과 의사가 전쟁터를 비롯한 모든 장소에서 보낸 고뇌와 노력의 순간을 기억하려 하지 않는다. 수천 년간 여러 돌팔이가 회복을 약속하며 벌인 사기 행각도 그의 눈에는 들어오지 않았던 것 같다.

물론 정책적 차원에서 우리가 어떤 사회를 지향하는가에 관해서는 앞으로도 무수한 토론이 필요할 것이다. 그러나 이 지점에서 하나 생각해봐야 할 것이 있다. 과학과 의학의 결과, 같은 현실, 또는 라캉의 표현을 빌리자면 '실제'는 왜 다르게 받아들여질까? 현대 의학의 잘못이 아주 없지는 않겠지만, 의학이 가져온 이득이 보는 사람에 따라 '선'과 '악'으로 뒤바뀌는 이유는 무엇인지 생각해봐야 하지 않을까.

나는 그것이 앞서 살핀 의료화, 즉 '삶과 죽음을 의료 없이 생각하기 어렵다'는 생각과 연결되어 있다고 생각한다. 의료는 이제 삶과 죽음의 은유가 되어 삶을 사고하는 방식, 죽음을 받아들이는 방식에 영향을 미치고, 심지어 지배하고 있다. 그렇다면 삶과 죽음의 조건, 그 사태를 놓고 싸우려면 의학을 친구 또는 적으로 삼아야 하며, 같은 현실은 입장에 따라 다른 해석의 틀에 놓이게 된다. 요컨대 일리치는 산업사회가 끊임없이 삶의 질을 위협한다는 점을 공격하고 싶었을 것이다.[21] 문제 제기를 위해 일리치는 사회가 만드는 문제를 해결하기는커녕 덮어서 계속 곪게 하는 '의학'에 비난의 화살을 돌린다. 이것은 우리네 삶에 관한 담론이 그것을 둘러싼 '의료화의 은유'로 확장되는 순간이다. 이 그림에서 의사와 환자는 '의학은 누구의 것인가'의 주도권을 놓고 날카로운 칼을 벼린다.

이런 다툼을 보고 있자니 현대 예술을 둘러싼 논쟁이 떠오른다. 20세기 초 마르셀 뒤샹이 '레디메이드Ready-made'를 통해 예술의 개념을 뒤집어, 예술은 미와 추에 관한 것이 아니라 감상자가 생각하도록 만드는 것이며, 예술가가 예술을 하는 것이 아니라 예술을 하는 사람이 예술가라고 주장한 것 말이다.[22] 그러나 우리는 그의 작품이, 그리고 현대 미술이 끊임없이 논란과 불화를 불러오고 있음을 계속 보고 있다. 예술을 끊임없이 "탈주"하는 것으로 생각한 아도르노에게 뒤샹의 작품은 너무도 훌륭한 예술일 것이다.[23] 그러나 사람들은 예술 작품에서 여전히 아름다움을 느낄 수 있기를 바라며, 점차 난해해져가는 현대 예술에 소외를 느낀다.

마찬가지로 의학은 모두의 것이며 의료 행위를 하는 모두가 의료인이 될 수 있다는 주장은 그 발을 정당한 지점에 드리우고 있는지

뒤샹은 판매중인 기성품을 골라 미술관에 전시하는 레디메이드 예술 작품을 통해 예술 개념을 전복하고, 예술과 예술가의 관계를 새로 정립하려 했다. 자전거 바퀴를 엎어놓은 〈자전거 바퀴〉(1913), 다빈치의 모나리자를 패러디한 〈L.H.O.O.Q〉(1919) 등의 작품을 통해, 그는 예술은 무엇인가, 그리고 예술가란 누구인가라고 관객들에게 되묻는다. 마찬가지로 의료와 돌봄이란 무엇인가, 돌보는 자는 누구인가라는 질문을 던져야 하지 않을까. 마르셀 뒤샹, 〈샘〉(1917).

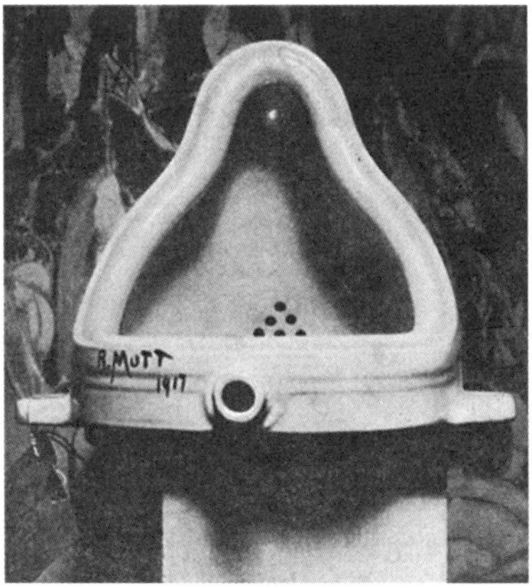

도 모른다. 하지만 점차 복잡해져가는 현실, 질병이라는 고통과 좌절 앞에서 의학이 누구의 것인지를 놓고 다툴 필요가 있을까. 지금 필요한 것은 뻗어 미는 팔이 아니라, 잡기 위해 벌린 손일 것이다. 그리고 사실 이 질문에 대한 답은 정해져 있는 것 같다. 의학과 의료는 모두의 것이라는.

다시 의학을, 은유를 생각한다

반백신 운동, 그리고 반과학 운동의 기반 가치를 살피고 그 내포 의미를 따져보기 위해서 무척 먼길을 지나왔다. 의료화가 무엇인지 알아보기 위해, 죽음에 관한 태도의 변화를 통해 삶이 의료로 포섭

되어간 방식을 살폈다. 그리고 이에 저항하기 위해 내세운 가치, 자율과 통합적 삶, 자연주의가 여전히 반의학적 태도의 핵심에서 반복되고 있음을 보았다.

의학과 반의학이 내세우는 회복과 자율의 가치 충돌에서, 우리는 의학의 이미지가 삶을 사고하는 방식에 어떤 영향을 미치고 있느냐는 질문을 마주하게 된다. 그것은 의학을 전쟁에 은유하는 것이 의학에 관한 태도를 전쟁에 관한 사고에 복속시킨 것과는 반대 방향으로 작동하고 있다. 삶을 묻기 위해 이제 우리는 의료를 따져보아야 할 텐데, 그 탐구의 여정, 삶과 의료의 틈새에서 이런 경고의 목소리가 들려오는 것이다. "의료화는 삶을 의학에 복속시키고 있지는 않은가? 의학은 인생을 지배하는 도구로 사용되고 있는가?" 이는 단순하게 누가 지배하고 종속당하느냐의 문제로 의료를 환원하면서 발생한 잘못된 이미지다. 이런 생각은 현대 의학에 지배층의 권력을 위한 도구로서의 의학, 사회의 구속을 강화하기 위한 의학이라는 허상을 덧씌워, 의과학의 결실이 마치 온통 거짓일 뿐이라는 생각을 심는다.

하지만 그것은 사실이 아니다. 의학사를 밝힌 수많은 의사들과 학자들은 건강과 질병을 놓고 씨름했고, 치료에 온갖 노력을 기울였다. 그것은 지금도 마찬가지다. 한 명의 환자라도 더 돕기 위해 당직실에서 밤을 지새우는 의사들과 간호사들, 혹시라도 자신의 지적 탐구가 인류에 도움이 될까 싶어 연구에 삶을 바치는 연구자들이 우리 옆에 있다. 이들의 노력이 지배의 도구로 격하되고 오해받는 이유는 의학에 관한 전쟁 은유, 의료화의 은유 모두가 의학을 지배-종속의 틀로만 바라보고 있기 때문이라고 생각한다. 우리가 꿈꾸는 의료가 의사와 환자가 질병이라는 고난 앞에서 함께 힘을 합쳐 나아가는 것이라면, 이 꿈을 함께 그려나가기 위해 의료를 생각할 수 있는 새로운 틀을 마련해야 한다.

영웅과 희생양 양편 모두에 서 있는 의사

지난해 의과대학에 막 입학한 신입생들을 맡아 지도하면서 미래에 관한 이야기를 함께 나눈 적이 있다. 갓 입학한 1학년 학생들은 무엇을 꿈꾸고 있는지 궁금했고, 그들이 무엇을 꿈꿔야 할지 같이 고민하려 했다. 그들이 주역이 되었을 때 세상은 어떤 모습일지, 그리고 좀더 나은 세상을 만들 가능성이 있는지 함께 이야기하고 싶었다.

돌아보면 아주 오랜 시간이 지난 것도 아닌데 대학에 막 입학했던 때의 나는 어떤 생각을 품고 있었는지 잘 기억이 나질 않았고, 그래서 이미 어느 정도 어른인 체하는 눈과 생각으로 학생들의 이야기를 재단한 것은 아닐까 하는 생각도 든다. 하지만 이야기를 나누면서 후배들이 여러 가지 꿈을 꾸고 있음을 알게 되어 감사했다. 생명과학 연구를 진일보시키는 데 보탬이 되고 싶다는 꿈, 훌륭한

외과 의사가 되어 생명을 살리고 싶다는 꿈, 국제 보건을 위해 노력하고 싶다는 꿈. 그 하나하나를 놓고 그 역할과 전망, 장단점, 즐거움과 고난에 관해 그들의 생각을 듣고, 그 마음을 북돋아줄 수 있기를 바랐다.

그러면서 발견한 것은 학생들의 이야기를 감싸고 있는 여러 이미지였다. 선배, 교수, 부모를 통해 들은 이야기, 인터넷과 책에서 읽고 본 내용이 학생들의 머릿속에서 의사의 이미지를 구축하고 있었다. 이미 의사의 역할과 업무 환경에 관해 고민을 시작한 학생들에게 의사는 '영웅'이자 '희생양'으로 비치고 있었다.

앞서 살핀 것처럼 '전쟁' 은유는 보건과 의료를 강력하게 휘감고 있다. 비근한 예로 얼마 전 사회를 경악하게 한 '살충제 달걀' 사건에서는 진드기를 '박멸'하기 위해서 뿌린 피프로닐 성분이 문제가 되었다.[1] 모조리 잡아 없앤다는 뜻의 박멸撲滅은 기생충, 세균 등을 목적어로 삼는다. 하지만 제2차 세계대전은 인종을 대상으로도 이런 단어가 사용될 수 있음을 보여주었다. 아니 '때려撲 잡는다滅'는 말의 뿌리가 어쩌면 애초 타인을 향한 것은 아니었을까 하는 의심을 품게 만들었다. 이런 은유 체계 내에서 질병과의 전투를 진두지휘하는 의사를 '영웅'이라 생각하는 것은 이상하지 않다. 하지만 '희생양'이라는 은유는 어떤가. 타인의 이익 때문에 자신의 목숨, 재산, 명예, 이익 따위를 빼앗긴 사람을 비유하는 듯한 표현과 의료인은 어울리는가?

어디서 출발하면 좋을까? 어느 텔레비전 프로그램에서 방영한

아주대학교 의과대학 외상외과장 이국종 교수의 강연을 참고해보자. '세상은 만만하지 않습니다'라는 제목의 강연에서 그는 자신이 경험해온 외상외과의 하루를 절제된 어조로 설명해나갔다. '아덴만의 영웅' 석해균 선장을 살려내면서 '한국 외상센터라는 지평선'을 보여준 그는, 위험을 무릅쓰고 작년에는 200건, 올해는 300건가량의 '헬리콥터 출동'을 나가며, 전체 사망률 3위를 차지하는 외상과 처절히 사투를 벌이고 있었다.[2] 말만 무성하고 실천에 나서는 이는 없는 세태를 비판한 강연은 돕는 이 없는 외상외과의 현실을 한국의 정치적, 사회적 상황과 겹쳐 보여주었다. "이게 나라냐"라는 재작년 촛불시위의 피켓 문구를 가리키며 그는 강연 끄트머리에 영화 〈탑건〉1986의 대사를 읊었다. "자, 제군. 우리는 정책을 정하지 않는다. 그건 공직자와 시민의 일이다. 우린 정책의 도구이며, 지금 전쟁중이 아니라 해도, 우리는 전쟁터에 있는 것처럼 행동해야 한다." 이 대사를 통해 이교수는 의료인을 지원하지 못하는 국가 의료 정책에 문제가 있음을 지적하고 싶었으리라.[3]

의료인, 영웅이자 희생양

이교수의 강연 가운데 내 눈을 사로잡았던 것은 어린아이가 쓴 카드였다. 삐뚤삐뚤한 글씨로 쓴 카드에는 "아빠 선물을 주고 싶어요. 내가 준 선물을 잘 돌봐주세요. 아빠 어디에 있어요? 빨리 오세요"

라고 적혀 있었다. 카드는 외상외과 부교수로 재직하며 이교수를 돕고 있는 정경원 교수의 어린 아들이 보낸 것이었다. 이교수는 정교수가 2010년에 집에 네 번 들어갔다고 말했다. 계속되는 당직과 출동이 병원을 그의 '집'으로, 그의 가정은 잠시 들러 가족의 얼굴을 잠깐 확인하는 '방문 장소'로 만들었던 것 같다.

또다른 다큐멘터리 프로그램은 대학병원 흉부외과의 72시간을 보여주었다.[4] 흉부외과 의사가 부족하다는 이야기는 이미 심심치 않게 돌고 있고, 관련한 보도와 다큐멘터리도 여러 번 만들어진 바 있다.[5] 부산대학교 흉부외과의 3일을 밀착 취재한 이 프로그램은 오늘도 긴박하게 돌아가는 수술실의 순간들과 함께, 그 안에서 날마다 헌신하고 있는 교수, 수련의, 간호사 들의 모습을 담아냈다. 그들의 이야기 중간중간에서 그동안 겪었던 어려움을 읽어낼 수 있었다. 만나지 못하는 가족, 당직의 피곤함, 수술실의 긴박함 등등. 흉부외과 과장 김영대 교수는 수련 기간에 도망치려고 했지만 피곤해서 도망가지 못했다는 웃지 못할 추억을 이야기하고, 배미주 교수는 전임의 시절 쌍둥이를 사산한 일을 스쳐지나가듯 이야기한다. 그들의 노력으로 살아난 환자의 감사 인사는 최선을 다하고자 이 일을 감당하고 있다는 의사의 고백과 겹쳤다.

의학의 '전쟁' 은유에서 '영웅'이 점하는 지위와는 별개로, 그들을 말 그대로 우리 사회의 '작은 영웅'이라 불러도 좋을 것 같다. 자신의 삶을 희생하고, 죽어가는 사람들을 보살피고 살리는 그들의 헌신은 잔잔한 감동을 불러일으킨다. 하지만 감동의 메시지 아래에는 희생의 메시지가 도도하게 흐른다. 국내 유일의 외상외과를 감당하고 있는 이국종 교수는 제대로 구현되지 않는 정책으로 고통받고 있으며, 외상외과, 흉부외과를 선택한 의사들의 하루하루는 같은 길을 걷는 이가 없어 팍팍하다. 그들의 고난은 생명의 숭고함이라는 재단에 바쳐지는 재물 같은 것이다. 그들의 헌신은 굳이 그것에 보상을 할 필요는 없는 것처럼 여겨지거나 그들 외 다른 누군가가 누리는 물질적 풍족함으로 상쇄되곤 한다. "나가면 돈 많이 벌잖아요."

학생들이 떠올리는 희생양의 이미지는 이런 것일까? 이 서사를 체현한 선배들의 이야기를 들으며, 자신의 미래와 영웅적 삶을 포갠 학생들은 희생양의 은유 또한 받아들인 것일까? 그렇다면 그들은 이들 '일부'의 이야기를 자신의 것으로 받아들이고 있을까, 아니면 의사가 자신을 '피해자'에 비유하는 다른 이유가 있는 것일까? 최근의 논쟁을 보면 그 진원에 조금 더 다가갈 수 있을 것 같다.

문재인 대통령이 '문재인 케어'를 말한 뒤 의료계와 사회의 서로를 향한 비난이 도를 넘어서는 모습들이 보인다. 의료인은 의료 붕괴를 말하고, 사회는 의료 보장성의 확대를 말하면서 제도의 찬반에 관한 논쟁이 다툼으로 번지고 있다. 의료인이 내세우는 제도 반대의 가장 큰 이유는 의료 서비스의 질적 저하다. 아무리 생각해봐도 이것은 시민들에게 피부로 와닿을 것 같지는 않다. 좀더 구체적으로 제도의 문제를 지적하는 의료인은 심한 저수가 문제를 이야기한다.[6] '문재인 케어'가 현안대로 시행되면 의료기관이 살아남기 위

연도별 의과 수가 원가 보존율 현황

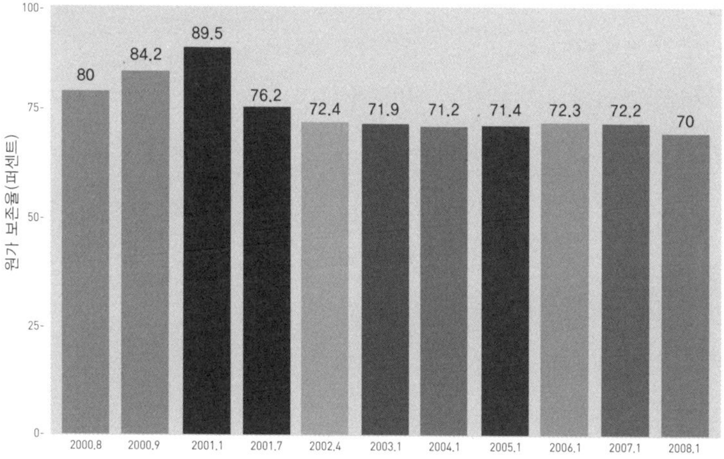

2003년 건강보험심사평가원이 실시한 신상대가치 연구에 따르면 의과의 원가 보존율은 71.9퍼센트였다. 이후 건강보험 수가는 충분히 상승하지 않아 원가에 미치지 못하는 것으로 평가되고 있다.
출처: 의협신문, 시각화는 필자.

해 지금보다 더 많은 환자를 보거나 미용, 성형 등의 완전 비급여 시장으로 진출해야 한다는 것이다. 잠시 '저수가'가 무엇인지 확인해보고 넘어가자.

1977년 박정희 전 대통령은 의료보험제도를 도입했다.[7] 그는 5·16 쿠데타 직후 공적 의료보험제도 도입을 약속했지만, 그 약속은 16년이 지나서야 실현되었다. 보험제도 도입의 이유에 관해서는 여러 가지 설이 있으나, 우석균 보건의료단체연합 정책위원장의 지적처럼 1970년 전태일 분신, 1971년 경기도 광주단지 사태, 대학생 교련 반대 투쟁, 동아일보 언론자유 수호 선언, 대학교수 선언 등으로 점차 분출되기 시작한 시민의 저항, 그리고 남한의 '무의료 참상'을 언급하는 북한의 전단 등에 떠밀려 어쩔 수 없이 도입했다고 보는 것이 타당할 듯하다.

당시 도입된 의료보험은 여러 가지 문제를 갖고 있었다. 정부는 재정 지출을 하지 않았으며, 500인 이상 기업의 노동자에게만 적용되었고, 의료비의 30~40퍼센트에만 적용되어 보장성이 매우 낮았다. 이런 문제는 1988~1989년 전 국민 건강보험 도입, 2000년 건강보험 통합을 거치면서 조금씩 수정되었다. 그러나 여전히 해결되지 않은 문제가 있다. 개별 진료 행위마다 항목별로 가격을 책정하여 진료비를 지급하는 제도인 행위별 수가제fee-for-service, 그리고 처음 관행 수가의 50~55퍼센트 수준으로 책정되었으며, 여전히 원가 보존율 약 70퍼센트에 멈춰 있는 의료수가가 그것이다.[8]

의료보험제도를 도입하면서 국가는 보험 진료와 비보험 진료의 두 축을 제시했다. 보험 진료는 환자가 해당 진료를 받을 경우 환자 부담금을 제외한 나머지 비용을 보험공단에서 지급하는 진료를 말한다. 반면 비보험 진료는 보험 보장에서 제외된 진료로서, 이 경우에는 환자가 치료 비용 전액을 부담해야 한다. '의료 급여법'은 진찰, 약제, 처치, 예방, 입원 등으로 의료 급여의 내용을 정해놓았으며, 그에 따라 보건복지부령인 '의료 급여 수가의 기준 및 일반기준'은 그에 따라 보험 진료 대상과 수가를 규정하고 있다.[9]

정부는 최소한의 재정으로 의료보험을 확충하기 위해 저부담, 저보장, 저수가 원칙을 기조로 보험을 운영하려 했다. 이를 위해 정부는 의료계를 설득하면서, 건강보험 환자를 진료하면 손실을 보지만 건강보험 환자의 대상 범위가 적고 그 손실을 비보험 진료로 충분히 벌충할 수 있다는 논리를 폈다.[10] 국민 의료보험 초기에는 이런 기조가 유지되었다. 건강보험 환자는 전체 환자의 약 5퍼센트 선이었기 때문에, 당시 의료 전문직 종사자에게 큰 부담으로 작용하지는 않았다.

하지만 이후 전체 국민으로 보험 보장이 확대되고 보장 항목이 늘어나면서 문제가 되기 시작했다. '풍선 효과'라고 불리는 이 현상은 보험제도가 확충되면서 발생하는 상대적 손해를 비보험 영역에서 벌충하는 것을 의미한다.[14] 행위별 수가제 아래서 병원과 의원이 수익을 확보하는 길은 진료의 양을 늘려 진단과 처치의 횟수를 늘리는 것이다. 이에 따라 병원과 의원은 두 가지 전략을 택했다. 하나, 진료의 질을 떨어뜨려 진료에서 발생하는 손실을 최소화하고, 진료 시간을 최대한 줄여 가능한 한 많이 진료한다. 둘, 이익이 되는 비보험 진료를 확대한다.

이 거래가 빚어낸 안타까운 현실을 『한겨레21』의 기획연재물 '병원 OTL 의료 상업화 보고서'에서 엿볼 수 있다. 기획은 당시 문제로 대두되던 의료 상업화, 영리 병원 도입을 다루면서, 과잉 진료와 의료 공공성 문제도 동시에 짚었다. 『대한민국 건강불평등 보고서』 나눔의집, 2012의 저자이기도 한 한겨레신문의 김기태 기자는 모의 환자가 되어 MRI 촬영, 치질 수술 상담을 받아보면서, 진단과 처방이 천차만별이라는 사실에 놀란다. 가벼운 무릎 통증에 의원은 아직 검증을 거치지 않아 불법인 시술을 버젓이 권유하고, 치과는 불필요한 치료를 권한다. 한편 상급 종합병원이 점차 그 규모를 부풀려 가면서 경쟁에 밀린 동네 의원들은 벼랑 끝에 내몰리다 폐업하고, 빚을 진 원장이 세상을 등지는 일까지 생긴다.[12]

희생양, 잘못 들어앉은 이미지

바로 여기, 정부가 의료인에게 희생을 강요해왔기에 현실의 왜곡은 어쩔 수 없다는 것에서 '의사=희생양' 등식이 발원하고 있다. 학생 시절 술자리에서 듣던 다음과 같은 못난 푸념들에 그 원형이 담겨 있다. '값비싼 학비, 정신적으로 피폐해지는 교육과정, 육체적으로 버거운 수련 기간, 빚을 떠안고 시작한 개업'에 관해 국가는 아무것도 보태주지 않았다. 따라서 국가는 의료인의 정당한 이익 추구에 간섭해서는 안 된다. 너무도 복잡하고 어려운 의료에 관해 아무것도 모르는 정치가와 시민의 의견은 철부지의 투정, 하지만 관철하고 관철되어야 하는 '억지'다. 국가는 수가를 통제하며, 그것은 과도하게 낮게 책정되어 수입을 보전해주지 않는다. 금권을 누려온 선배들과 대형 병원들이 있으며, 그것은 그들의 고도의 지식과 노력에 대한 정당한 보상이다. 하지만 자신은 살인적인 일정을 소화하며, 주변을 만족시키기 위해 지겨운 일상을 견뎌야 한다. (이런 어려운 상황 속에서) 나만큼 친절한 학생도, 의사도, 선배도, 교수도 없을 것이다. 따라서 의료인은 국가의 잘못된 정책에 내몰리고 있는 피해자다. 예컨대 이국종 교수나 흉부외과를 보라. 그들의 노력과 헌신 앞에서, 우리가 희생당하고 있지 않다고 말할 수 있는가?

이런 생각을 잘못이라고 할 수는 없다. 이 글의 앞쪽에서 살핀 것처럼 실제로 삶을 바쳐 의업에 헌신하는 여러 의료인이 있다. 정부의 수가 정책은 첫 단추를 잘못 끼웠다. 학생들과 수련의들이 내몰린 가혹한 환경은 찬란한 미래라는 허울로 정당화된다. 하지만 이 모든 코를 '희생양'으로 꿰는 것은 잘못이다. 의료 산업은 큰 수익을 내고 있다. 세계적으로 유명한 성형외과들이 포진해 있는 곳, 대형 병원이 앞다투어 암센터를 세우는 땅, 의료가 항상 국가의 미래 먹거리 산업 중 하나인 나라가 바로 한국이다.[13]

병원 바깥의 시선으로 볼 때, 의료인이 희생하고 있다는 말은 납득이 가질 않는다. 또한 의료인 일반이 희생하는 것은 아닐 텐데 의료인의 시선은 그들 주변의 영웅과 피해자에게 고정되어, '의료인은 제도의 희생양이다'라는 은유를 일반화하고 있다. 이것이 의료 제도와 관련한 논의를 둘러싸면서 서로 건널 수 없는 간극을 만든다. 독단적 영웅과 고난 앞의 희생양이라는, 양편의 화해할 수 없는 그림에 기반을 둔 가치 체계는 서로의 허수아비에게 화살을 겨누도록 할 테니 말이다.

풀어놓고 보면 각각의 문제에는 별도의 접근 방식이 있어야 한다. 학생과 수련의가 처한 모진 환경은 학습 환경과 수련 환경에 관한 제도적 개선을 요청하고 있다. 정착 과정에서 여러 진통이 있었지만, 전공의의 근무 시간을 주당 88시간으로 규정한 전공의 특별법을 통해 수련 환경은 조금씩 변해가는 중이다.[14] 물론 누군가는 당직을 서야 하는데 그동안 이를 전담하던 전공의가 명목상으로는 전체 당직을 수용할 수 없게 되다보니, 전임의전문의 면허를 취득한 뒤 전공 과목을 추가로 공부하는 과정에 있는 의사로, 펠로 또는 임상강사라고 부른다가 당직을 서는 일이 더 많아졌다. 교직을 희망하나 좁은 문을 통과하는 것은 하늘의 별 따기인데다, 진료 업무와는 별개로 논문 쓰는 일에도 매달려야 하는 전임의 또한 고통받는 것은 마찬가지다.[15] 이 또한 개선해야 한다. 그러나 전임의가 고통받고 있으니 다시 수련의의 고통을 가중하자고 말하는 것은 언어도단이다.

외상외과, 흉부외과, 산부인과의 경우는 개선의 여지는커녕 점차 악화일로를 걷고 있다. 앞서 언급한 이국종 교수와 아주대학교병원 외상외과의 경우가 대표적인 예이겠지만, 육체적으로 고된 일에 경제적 보상이 주어지지 않기 때문에 말마따나 생명을 살리는 과를 택하겠다고 나서는 사람들이 점차 줄어들고 있다. 이들에게 더 많은 보상을 하고, 더 많은 학생이 사람을 살리는 꿈을 꾸도록 만들어주어야 한다는 데에는 누구나 동의할 것이다. 그러나 외상외과를 운영하는 아주대학교는 2011년에도 15억 적자를 보았다.[16] 점점 더 불어나는 적자 앞에서, 다른 어떤 병원도 외상외과를 운영하겠다고 나서지 않는다. 흉부외과 수술은 할수록 적자를 본다.[17] 삶의 질이 중요한 현시대에, 다른 보상이 주어지지 않는 흉부외과를 전공하려는 사람은 희귀종 취급을 받는다. 대한산부인과의사회 김재연 법제이사의 분석에 따르면, 산부인과가 적자를 면하려면 월 58건 이상

분만 건수가 유지되어야 한다.[18] 그러나 최근의 저출산 기조에서 산부인과를 유지하기는 쉽지 않다. 더구나 의료진의 과실과 상관없는 불가항력의 의료사고의 경우에도 분담금을 내도록 한 법조항, 최근 모 산부인과에서의 태아 사망 사건에 관해 내려진 유죄 판결 등은 "산부인과 의사를 분만 현장에서 몰아내고" 있다.[19]

쉬운 길이 있는데 굳이 어려운 길을 선택하면서 자신과 주변을 희생하여 생명을 구하고 있는 이들에게 어떤 찬사를 더 바쳐야 할지 모르겠다. 이제 찬사를 넘어 제도적인 해결책이 시급해졌다는 것, 그리고 해당 과가 적절한 대우를 받지 못함으로써 시민의 생명이 위험에 처하고 있다는 것은 '현실'이다. 그러나 이들을 의료인 전체와 동일시해서는 안 된다. 대형 병원과 성형외과, 피부과를 의료인이라는 이름 아래 모두 묶어버리면, 이들의 진심과 노력은 그들 아닌 일부가 누리는 금권에 덮여버린다. 의료인의 헌신은 적절한 제도적 개선으로 보상받아야 하며, 의업에 말 그대로 '몸 바쳐' 종사한 이들에게는 더 많은 격려와 성원이 주어져야 한다.

우리는 변화를 앞두고 있다. 그동안 한국 사회에 잠재해 있던 여러 모순에 대한 개선이 시급하다. 제도의 개선과 정착은 한쪽의 목소리로만 이뤄지지 않으며, 그래서도 안 된다. 한쪽의 주장으로만 결정된 제도는 사회 전체를 아우를 수 없고, 결국 어그러지기 때문이다. 의료 제도 또한 마찬가지다.

의료인은 여러 이유를 들어 자신이 '희생양'임을 내세운다. 이것이 일부 제도의 잘못에 기인하고 있음을 부정할 수는 없다. 그러나 최근 불거지고 있는 탈핵 관련 논의에서 살펴볼 수 있는 것처럼, 전문가 또는 당사자의 의견이 무조건 옳지는 않다.[20] 원자력 공학 전문가가 원자력의 사회적, 의학적 영향에 관한 전문가는 아니다.[21] 의료 제도에서도 마찬가지다. 의료인이 의료의 사회적 영향, 환자의 경험에 관한 전문가는 아니다. 의료인의 주장만이 무조건 옳지 않을 수 있다는 것, 오히려 의료의 역할과 영향에 관해서는 사회와 시민에게 귀기울일 필요가 있다는 것, 그리고 잘못된 정책은 분노와 비난이 아닌 설득과 공감을 통해 바꿔나가야 한다는 것. 즉, 공론장에서 서로 문제의식을 풀어놓고 함께 합의하는 과정과 태도가 무엇보다 중요하다. 그리고 '희생양'이라는 비유와 인식이 토론의 장에서 걸림돌이 되지 않기 위해서는 의료인이 실제로 겪는 고통이 있다는 것을 서로 인식하되, 그것이 의료 전반에 적용되는 실체적 개념이 아님을 알 필요가 있다.

조금 더 나은 한 걸음

이렇게 정책과 공론장에 관해 고민해야 하는 이유는 우리가 인간이기 때문이다. 정치철학자 한나 아렌트는 저서 『예루살렘의 아이히만』김선욱 옮김, 한길사, 2006에서 제2차 세계대전 홀로코스트의 전범 아돌프 아이히만을 두고 그가 본래 특별히 악한 사람이었다는 다수의 의견에 반대하며, 너무도 평범한 공직자였던 그가 어떻게 그토록 거대한 악의 구조에 동참할 수밖에 없었는지를 "악의 평범성"이라는 개념으로 설명했다.[22] 아이히만은 제 일을 '잘' 수행하는 것이 엄청난 악을 낳을 수 있다는 것을 증명한 산증인이 되었다. 아렌트는 거의 모든 사회에서 모범이자 노동의 절대적 가치로 자리매김해온 근면이 필연적으로 선으로 귀결하는지를 묻는다. 지금 여기, 눈앞 물질의 세계에서, 주어진 일에 최선을 다하는 것만으로는 인간성을 담보할 수 없다.

이어서 아렌트는 다른 저서 『인간의 조건』이진우 옮김, 한길사, 2017에서 인간의 세 가지 근본 활동을 노동labour, 작업work, 행위action로 구분했다. 여기에서 노동은 생물학적 과정을, 작업은 미적 활동을, 행위는 정치적 수행을 가리킨다. 매일의 육체적 노동이나 미적 활동을 통해 공동체가 누릴 수 있는 작품을 생산하는 작업과는 달리, 오로지 행위만이 "사물이나 물질의 매개 없이 인간 사이에 직접 수행"된다. 노동이 현재와, 작업이 미래와 영속에 연결되어 있다면, 행위는 과거와 연결되며 공동체의 삶에 참여하는 방식이다.

아렌트가 말한 이런 "행위"가 후속 세대에 새로운 조건을 부여한다. 아렌트는 다른 방식으로 새롭게 시작할 가능성을 부여하는 것을 탄생성natality이라고 정의하며, 다원성을 전제로 한 탄생성이야말로 인간의 조건을 지속시키며, 인간이 무엇인지를 설명해줄 수 있는 개념이라고 생각했다. 그의 생각을 따라가보면, 우리의 제도적 결정, 정치적 논의는 결코 우리 삶의 조건들과 분리되어 있지 않으며, 제도와 정치의 결정은 우리의 미래가 현실화하는 방향을 결정한

타나토스를 속여 가둔 시시포스는 언덕 위로 돌을 굴려 올려야 하는 형벌을 받는다. 하지만 정상에 다다르면 돌은 어김없이 바닥으로 굴러내려가기 때문에 시시포스의 노력은 무한히 헛되다. 프랑스의 소설가이자 실존주의 철학자였던 알베르 카뮈는 시시포스가 인간 조건의 전형이며, 부조리한 인간의 운명을 잘 보여준다고 주장한다. 아렌트의 『인간의 조건』, 그리고 탄생성의 논의는 비록 인간의 노동과 작업은 허무할지라도 행위가 다음 세대의 조건을 계속해서 바꿔나갈 가능성을 지니고 있다고 말함으로써 카뮈의 주장을 반박한 것으로 읽을 수 있다. 티치아노, 〈시시포스〉(1548).

다고 생각할 수 있다. 그 결정에 참여하여 우리와 우리 다음 세대가 살아갈 세상을 고민하는 것이 아렌트가 생각한 '인간의 조건'이다.

의료 정책의 결정은 단지 지금의 문제를 해결하는 데서 그치지 않는다. 그것은 우리가 어떤 의료를 꿈꾸는지, 어떤 의료인을 만들어나갈 것인지를 결정하는 방식이며, 우리의 미래 세대가 누릴 의료 시스템을 만들어갈 초석이다. 내가 만났던 학생들이 생명을 살리고 환자의 아픔을 이해할 수 있는 더 큰 꿈을 키워나갈 수 있는 세상을 만들어주기를 소망한다. 그들이 짊어질 고민이 내 고민보다는 조금 더 가볍기를 바라며.

덧붙이는 말

이국종 교수의 노력은 그의 헌신에 비하면 작긴 하지만 결실을 맺어가고 있는 듯하다.[23] 아주대병원은 마침내 닥터헬기를 지원받았다. 권역 외상센터 건강보험 수가 개선 또한 의결되었다. 이국종 교수의 헌신에 아낌없는 갈채를 보내며, 그의 바람이 더 많은 생명을 살릴 수 있는 변화를 가져오기를 간절히 기도해본다.

결국 대한의사협회는 극우 노선을 외치는 최대집 회장을 선출하고 투쟁의 길을 선택해 가두시위를 벌이고 있다.[24] 하지만 새로 선출된 최대집 회장의 주장을 허튼소리로 치부해선 안 되는 것이, 그가 택한 서사가 앞서 말한 희생양의 자기 인식을 잘 드러내고 있기 때문이다. 그에게 당위를 더 부여할 게 아니라면, 희생하고 있다고 생각하는 사람에게 그보다 더 힘든 사람의 예를 드는 것은 좋은 방법이 아니다. 결국 벌어진 판, 중재의 출발점은 자신의 위치에서 한 발짝도 움직이지 않은 채 목소리만 높이고 있는 사람들에게 여러 선택에 따르는 이익과 손해를 인지시켜 이익에 바탕을 둔 협상의 자리를 찾는 것이다.[25] 또한 갈등 뒤에 숨겨져 있는 감정적 문제를 드러내고 이를 해소할 방법을 찾는 것이다. 아무쪼록 모두를 위한 선택을 내릴 수 있는 방향으로 문제가 풀릴 수 있길 소망한다.

우리 삶, 질환과 더불어 사는 여행

서른네 해, 평범하다면 평범한 삶을 살아가던 로체 서덜랜드의 인생은 그날 밤을 기점으로 완전히 뒤집혀버렸다. 한밤중 갑자기 머리가 깨질 것 같은 극심한 통증이 찾아와 로체는 몸을 추스르지도 못하고 그저 집밖으로 나가야 했다. 겨우 집 옆 호텔 로비에 도착한 그는 아무 말도 하지 못하고 쓰러졌다. 다음날 아침, 남매간 우애를 자랑하며 매일 안부를 묻는 짧은 메시지를 빼놓지 않던 동생이 로체에게 문자를 보냈지만 아무런 답이 돌아오지 않았고, 이상하게 여긴 동생이 집에 찾아가보니 집은 그야말로 난장판이었다. 구토 분비물, 어질러진 물건들. 정작 로체는 집에 없었다. 동생은 경찰의 도움으로 신원 미상의 환자였던 로체를 가까스로 찾아낼 수 있었다. 로체는 뇌동맥류 파열로 응급 뇌수술을 받았다. 의료진은 출혈과 추가 손상을 막기 위해 뇌조직 일부를 제거할 수밖에 없었다. 목숨을 건진 로체의 세상은 달라졌다. 말은 다시 할 수 있었지만, 글을 알아볼 수 없었다. 시야의 왼쪽은 전과 같았지만, 오른쪽 절반은 왜곡과 환상으로 뒤덮였다.

요양소에 입원하고 경두개 자극술transcranial stimulation, 위해를 가하지 않을 정도의 낮은 전류를 머리에 삽입한 전극을 통해 흘려보내 뇌 신경세포를 자극하는 방법이라는 실험적 치료를 받으면서, 로체는 과거의 자신으로 돌아갈 수 없다는 사실에 절망했다. 동생조차 그의 변화를 받아들이기 어려워했다. 열정적이고 폭넓은 인간관계를 즐겼던 로체는 이제 쉬이 피로에 빠졌고, 대인 관계는 너무나 어려운 일이 되었다. 계속 시야를 어지럽히는 환상 때문에 오래 돌아다니지도 못하는 로체는 이전에 하던 일을 이어갈 수 없었다. 아니, 로체가 이전의 자신으로 돌아간다는 것은 불가능한 일이었다. "나는 친구도 많고 열심히 일하는 사람이었어요. 전 세계를 누비며 여행했죠. 책 읽는 게 너무 좋았고요. 이 모두가 사라진다면, 난 뭐죠?"

실험적 치료법이 무리였는지, 로체는 다시 한번 쓰러졌다. 언어 기능 자체가 손상된 것은 아니었기 때문에 타자를 하는 능력은 회복되었지만, 시각영역과 언어영역 사이의 연결이 손상되었다는 의사의 진단처럼 여전히 글자는 뒤섞여 알아보기 어려웠다. 로체가 바라보던 세상은 더는 전과 같지 않았다. 친근하던 골목길을 걸어가는 것도 환상을 마주해야 하는 로체에게는 너무나 무서운 일이었다. 이 모든 과정에서 로체는 자신에게 끊임없이 질문을 던졌다. '난 누구지?' 글을 쓸 수 없던 로체는 이 과정을 기록하기 위해 자신을 동영상으로 찍기 시작했다. "당신 안에 보물이, 온전한 행복의 바다가 있다"는 데이비드 린치 감독의 글에서 힘을 얻은 로체는 점차 자신의 상태를 받아들이고, 그 특별한 상황을 통해서 할 수 있는 것을 찾아 나섰다. 다큐멘터리 제작자인 소피 로빈슨에게 연락하여 자신의 투병 과정을 기록으로 남기기 시작한 로체는, 끔찍한 투병의 시간을 다큐멘터리 영화로 빚어냈다. 그렇게 로체는 과거의 자신으로 돌아가는 대신 '새로운 자신'을 만나고, 받아들였다.

로체가 완성한 다큐멘터리 〈나의 아름다운, 망가진 뇌〉는 2014년 암스테르담 국제 다큐멘터리 필름 페스티벌에서 수상했으며, 5개의 영화제에서 다큐멘터리 부문 후보에 올랐다. 로체에게 영감과 힘의 원천이 된 감독 데이비드 린치가 제작에 참여한 이 다큐멘터리는 매혹적인 이야기뿐만 아니라, 영상과 음향을 통해 로체가 경험하는 시각적 환상을 느낄 수 있다는 점에서 특별하다. 하지만 무엇보다 내 마음을 울린 것은, 런던에서 열린 '인지, 소통 콘퍼런스'에 모인 여러 치료사 앞에서 로체가 자신의 경험을 발표하는 순간이었다. 한 치료사가 "회복 과정에서 우리 치료사가 어떤 도움을 주어야 할지 조언해주실 수 있을까요?"라고 묻자, 로체는 답한다. "환자가 길을 찾아낼 수 있도록 집중해주세요. 치료사들은 항상 환자가 할 수 없는 것을 찾아내려 해요. 하지만 전혀 기대하지 않았던 것들을 발견할 수도 있어요. 그게 저한테 일어났던 일이고요."

도대체 '정상'이 뭔데?

장애는 "신체 기관이 본래의 제 기능을 하지 못하거나 정신 능력에 결함이 있는 상태"로 정의된다. 등록 장애 인구 비중등록 장애인 수/주민등록 인구수은 2009년 4.9퍼센트에 이른 이후, 대체로 4.8~5.0퍼센트 선을 유지하고 있다.[1] 2016년 기준 지체장애인이 50.5퍼센트로 가장 많고, 청각/언어, 시각, 뇌병변, 지적 장애가 그 뒤를 잇고 있다. 장애 인구 중 20.8퍼센트가 경기도에, 15.6퍼센트는 서울시에 산다. 이들 중 경제활동 인구는 94만 1051명으로, 취업자는 88만 90명, 실업자는 60만 961명이다. 1996년 한국장애인단체총연합회, 1998년 한국장애인단체총연맹이 출범하여 활동하고 있으며, 각기 장애인 자기 결정권 확대와 장애인 권익 증진을 목표로 노력하고 있다. 요약하면, 20명 중 1명은 장애인이며, 장애인 고용률취업자 수/15세 이상 인구수은 36.1퍼센트, 즉 5명 중 2명만 현재 고용 상태에 있다. 한편 영국과 미국은 각각 인구 5명 중 1명이 장애를 지니고 있다고 발표한 바 있다.[2]

장애에 대해 의료계는 치료를 그 중심에 두고 있다. 예컨대 미국 국립과학원NAS 의학연구소와 국립보건원NIH은 장애를 네 단계로 정의한다.[3] 병적 이상pathology이 특정 역치에 도달하면 신체적 기능 이상인 지장impairment이 발생한다. 지장이 기본 활동을 제한하면 기능 상실functional loss이 일어난다. 그리고 이 기능 상실이 심각하여 개인의 과업 수행을 제한하면 장애disability로 귀결된다. 의학적 개입은 각 단계의 이상이나 제한을 치료하거나 제거하는 것을 목표로 한다. 이것을 장애의 의학 모형Medical Model of Disability이라고 부르며, 이 모형은 생물의학적biomedicine 관점에 기반을 두어 개인의 삶의 질을 저하하는 장애를 의학적 개입으로 줄이거나 교정하는 것을 목표로 한다.[4]

한편 세계보건기구WHO는 장애에 관한 모형을 이야기할 때 사람에서 출발한다. 사람은 활동하기 위해 생물학적, 신체적, 정신적 무결함에 의존한다. 사람은 활동을 통해 공동체와 사회 일반의 참여자가 되고자 한다. 사람, 활동, 참여, 이 세 단계에서 발생하는 제한이나 부자유가 장애로 정의된다. 예로, 규칙적인 신체 활동은 만성질환의 발생 가능성을 낮춘다. 반대로 전쟁에서 포로로 잡힌 누군가의 신체 활동이 극도로 제한되어 쇠약해진 상태를 가정해보자. 그는 장애 상태에 있으며, 이를 회복하기 위해서는 그에게 신체적 자유를 허락해주어야 한다. 이를 확장한 것이 장애의 사회 모형Social Model of Disability이다.[5] 장애의 사회 모형에서 장애를 만드는 것은 사회다. '정상인'만을 고려한 환경 요소로 인한 방해, 부정적 태도, 사회의 배제 등이 장애를 구성한다. 신체, 감각, 정신적 변이가 개인에게 여러 어려움을 부여할 수 있으나, 사회가 이를 받아들이고 차이를 수용하는 한 그것은 장애가 아니다.

예컨대 지난 리우 올림픽에 참가 의사를 밝혔던 마르쿠스 렘은 독일의 멀리뛰기 선수다. 그의 별명은 '블레이드 점퍼blade jumper'로, 그는 15세 때 사고로 오른 무릎 밑을 절단한 뒤 탄소섬유 재질의 의

1996년 애틀랜타 장애인 올림픽에 미국 국가대표로 출전한 에이미 멀린스는 이후 배우, 패션모델 등으로 활동하고 있다. 그의 TED 강연, '내 열두 쌍의 다리My 12 pairs of legs'는 TED 강연 중 가장 많은 시청자 수를 기록한 강연 중 하나로 꼽힌다.
출처: CNN

족을 사용하고 있다.[6] 장애인 세계선수권 3연속 우승에 빛나는 그는 2015년에 장애인 멀리뛰기 세계기록8m 40cm을 세웠는데, 이것은 런던 올림픽 금메달리스트의 기록8m 31cm보다 더 뛰어난 것이다. 국제육상경기연맹IAA은 렘이 도구의 도움을 받고 있으므로 다른 선수보다 부당한 이익을 누리는 셈이라고 판단해, 출전을 허용할 수 없다는 견해를 밝혔다. 과거 국가의 전폭적인 지원으로 반대를 딛고 런던 올림픽 400미터 단거리 경주에 출전한 오스카 피스토리우스와는 달리, 독일은 렘의 출전에 큰 도움을 주지 않았고 그의 도전은 결국 실패로 끝났다.[7] 하지만 그의 출전 여부를 둘러싼 논란은 '무엇이 정상이냐'는 질문에 다시 불을 붙였다.

종아리뼈가 없이 태어나 1세 때 무릎 아래를 절단한 에이미 멀린스는 육상 선수, 배우, 패션모델로 활약하고 있다. 그는 미국 대학체육연맹NCAA의 육상 경기에 참여한 최초의 절단 환자로 기록되었다.[8] 이후 영국 디자이너 알렉산더 매퀸의 패션쇼를 시작으로 여러 사진작가의 모델로 활약했으며, 2009년 『피플』 선정 '세계에서 가장 아름다운 50인'에 이름을 올렸다. 2015 세계여성 경제포럼 기조 연설을 앞둔 서면 인터뷰에서 멀린스는 "인류가 만든 가장 큰 역경은 '정상'이라는 개념"이며 "보통이나 전형적인 것은 있어도 정상적인 것은 없다"고 말했다.[9]

물론 그들의 성공 사례를 일반화하는 것은 너무도 성급한 일이다. 렘과 멀린스의 초인적인 노력은 그 자체로 갈채의 대상이며, 모두가 그 자리에 설 수는 없다. 하지만 그 둘이 우리에게 던지고 있는 "과연 정상이란 무엇인가"라는 질문은 장애의 사회 모형과 공명하여 큰 파장을 만들어낸다. 장애의 사회 모형은 또한 '지장'과 '장애'를 구분해야 한다고 주장하지만, 그 구분점은 병리적 상태가 아닌 사회적 지지와 허용 또는 배제에 있다. 사회가 어떤 상태를 부정하고 내몰아 열등한 것으로 낙인찍느냐가 더 중요하다는 것이다. 그렇다면 장애란 사회의 포용력을 가리키는 다른 말일 뿐이다. 예로, 웹 접근성은 장애인을 포함한 모두가 인터넷 사이트에 접근하고 그 내용을 확인하며 상호작용하는 데 공평한 접근과 기능성을 보장해야 한다는 것을 말한다.[10] 적절히 구성된 웹 페이지는 문자 음성 변환text-to-speech, 문자 점자 변환text-to-braille 소프트웨어가 인식할 수 있어야 하며, 글자와 그림은 확대할 수 있어야 한다.

최근의 인공지능 기술 발달은 이런 장애의 사회적 포용과 보완에 관한 낙관적 전망을 보여준다. 인공지능 스마트 안경은 시각 장애인에게 눈앞의 장면을 음성으로 설명해준다.[11] 외골격exoskeleton 기계는 척수 손상으로 걷지 못하는 사람을 다시 걷게 만든다.[12] 좀더 손에 잡히는 예를 찾아보면, 저시력 시각 장애인이 글씨를 읽는 데 필요한 1000만원대의 고가 장비를 스마트폰 앱이 대신한다.[13] 자폐증으로 다른 사람과 의사소통할 줄 몰랐던 소년이 태블릿과 앱을 통해 학교 친구들과 대화하고, 졸업식에서 학생 대표 연설을 한다.[14] 이런 기계들이 저렴하게 보급되어 접근을 가로막는 벽들을 손쉽게 넘는 날이 오길 바라 마지않는다. 하지만 아직은 멀었다. 또 기술이 신체적 제한의 보조 수단을 제공할 수는 있지만, 정신적 부자유에 도움을 주는 데에는 한계가 있다. 게다가 아무리 놀라운 기술들이 보완해준다 해도 우리의 포용과 허용, '정상'에 관한 인식이 변하지 않는다면 장애인을 대하는 사회의 문턱만 조금 낮아질 뿐, 여전히 사회는 장애와 정상을 구분하며 그 위에 우열의 위계를 새길 것이다. 우리에게 주어진 선결 과제가 있다. 우리의 관점 또는 '은유'에 관한 변화가 그것이리라. 장애의 의학 모형과 사회 모형이 보여주듯이, 장애를 어떤 모형으로 바라보느냐에 따라 그것은 치료와 호혜의 대상도, 변화와 참여의 촉매도 될 수 있다.

우리, 모두 아픈 삶

2012년 8월부터 전국의 장애인 단체들은 서울 광화문역 지하보도에서 농성을 벌여왔다.[15] 오랫동안 정부와 사회 눈 밖에 있던 그들의 노력은 다행히 문재인 정부 들어서 주목을 받았다. 이들이 외친

것은 '장애등급제' '부양의무제' '장애인 수용시설'의 폐지였다.[16] 현 제도 아래서 장애인은 1~6등급으로 나뉘어 복지 서비스를 받는다. 부양 의무는 가족의 몫이며, 장애인이라는 이유로 사회에서 격리된다. '장애등급제, 부양의무제 폐지 광화문 공동행동'은 의학적 판단보다 장애인의 필요를 우선할 것을 주장하며 농성을 시작했다.[17] 농성의 취지를 한 활동가의 표현을 빌려 표현하자면, 현체제는 '주어진 만큼만 살' 것을 장애인들에게 강요하고 있으며 이는 고쳐져야 한다는 데 있다.[18] 변화를 촉구한 1842일의 긴 농성은 박능후 보건복지부 장관의 농성장 방문, 장애인 사망자 18명 영정 헌화, "장애등급 폐지 등을 논의하는 민관 협의체" 구성 약속으로 마무리됐다 2017년 8월 기준. 하지만 이제 협상이 시작되었을 뿐 아직 바뀐 것은 없다. 넘어야 할 산의 초입에 막 들어선 것일지도 모른다.

예컨대 서울시교육청은 2013년 이후 강서구 가양동 공진초등학교 부지에 특수학교 설립을 추진해왔다.[19] 그러나 지난 선거에서 지역 선거구의 국회의원이 해당 용지에 한방병원 건립을 공약하면서 갈등이 불거졌다. 결국 2017년 9월에 열린 '강서 지역 공립 특수학교 신설 2차 주민 토론회'에서 한방병원 건립을 요구하는 지역 주민들 앞에서 장애아 학부모들이 무릎을 꿇는 일까지 벌어졌다. 특수학교 설립을 반대하는 대표적인 이유는 집값 하락이다. 하지만 1997년 반대를 무릅쓰고 개교한 서울 강남구 특수학교인 밀알학교는 집값 하락이 기우임을 보여주는 대표적인 사례로 꼽힌다. 교육부 조사에 따르면 특수학교 설립이 집값에 부정적인 영향을 주지 않았으며, 오히려 대구는 특수학교가 들어선 뒤 인접 지역 주택 가격이 오른 것으로 나타났다. 그러나 이런 지표들이 사람들의 인식을 바꾸기는 쉽지 않다. 아니, 오히려 반대다. 인지과학과 진화심리학은 우리의 인지는 편향될 수 있으며, 사람들이 때로는 사실을 끌어와 각자의 '주관적 현실'에 짜맞춘다는 것을 보여준다.[20] 그렇다면 장애인이 처한 현실을 알리고 개선을 촉구하는 것도 중요하지만 장애를 이해하는 틀을 넓히고 다른 관점을 제시하는 것 또한 절실한 일일 것이다.

전공의 시절에 나는 장애인 클리닉을 가까이할 수 있었다. 치과 치료를 받기 위해 병원을 찾는 장애인을 치료하는 일은 내가 전공하던 과에 속한 장애인 클리닉의 책임이었고, 그래서 나는 그들의 치과 관리에 헌신적이었던 교수님을 도울 수 있음에 감사했다. 당시 장애인이라는 표현을 장애우로 대체하자는 의견이 있었지만, 곧 이 표현을 사용하지 말 것을 요청하는 목소리들이 들려오기 시작했다.[21] 별다른 생각이 없던 나는 장애우라는 표현이 더 부드럽고 사용하기 좋다고 느꼈기에, 왜 장애우라는 표현을 불편해하는지 이해하지 못했다. 다행히 당시 참석했던 학회에서 어느 패널의 설명으로 그 이유를 이해할 수 있었다. 장애우는 정상인에 대해서만 존재할 수 있는 표현이기 때문에, 장애인을 의존적으로 만든다는 점에서 문제가 된다. 장애인인 자신을 친구라고 부르라니, 그것은 누구를 대상으로 한 표현이란 말인가. 더 나은 방향은 정상인 대신 '비장애인'이라는 표현을 쓰는 것이다. 장애인은 정상에서 벗어난 존재가 아니다. 그저 장애인과 장애인이 아닌 사람이 있을 뿐이다.

같은 맥락에 놓여 있는 관점을 최근 번역되어 잔잔한 반향을 얻은 캐나다 캘거리대학교 아서 프랭크 명예교수의 『아픈 몸을 살다』에서 찾아볼 수 있다. 『몸의 증언』최은경 옮김, 갈무리, 2013, 『이야기에 숨 불어넣기Letting Stories Breathe』 등의 저서에서 사회서사학Socio-narratology, 사람들의 이야기, 즉 서사를 중심축으로 사회 현상을 탐구하는 방법론을 통해 질환의 의미를 탐구한 것으로 저명한 프랭크 교수는 1991년에 쓴 이 책에서, 39세에 자신을 찾아온 심장마비, 이듬해의 고환암 진단과 그 치료 과정을 통해 질환의 의미를 묻는다. "아프다는 것은 그저 다른 방식의 삶이고, 질병을 전부 살아냈을 즈음에 우리는 다르게 살게 된다". 그리고 그는 말한다. "질병이 없는 인생은 불완전할 뿐 아니라 불가능하다." 우리는 모두 삶의 어느 순간 환자다.

인간은 "죽음으로 향하는 존재"이기에 그 필멸성을 받아들일 것을 결단Entschlossenheit하라고 촉구한 독일 철학자 하이데거 앞에서 감히 말해본다.[22] 우리는 모두, 아픈(아팠으며, 아플) 존재이다. 하이데거는 서로 도저히 이해할 수 없는 타인과 나 사이 공통 조건으로 존재하는 것은 모든 일을 불가능으로 돌리는 죽음이라고 생각했다. 죽음의 절대성이 인간의 조건을 마련하기에, 죽음을 향해간다고 하는 이 피할 수 없는 실존의 조건에서 존재의 진리를 찾아야 한다는 것이다. 그의 결단은 처음 들었을 때도, 다시 살펴보고 있는 지금도 무척 멋지다. 그러나 왜 이해 불가능성에서 출발해야 하는지는 잘 모르겠다.

나는 차라리 우리 모두 똑같이 아픈 존재라는 동일성에서 출발해야 한다고 말하고 싶다. 우린 모두 아프다. 우린 모두 장애를 지닐 것이다. 단지 지금 누군가는 다행히 아프지 않고, 장애가 없을 뿐이다. 나는 아픔의 현전에 관한 인식이 서로 너무나 다른 나와 너의 아픔의 차이, 그 경험의 다름에 귀기울이는 다양성이 인정과 포용을 가져오는 바탕이 될 수 있다고 믿는다. 그게 아마도 뇌동맥류 파열을 통해 로체가 겪은 것, 렘과 멀린스가 의족을 달고 달리면서 삶으로 나타낸 것, 광화문에서 장애인 단체들이 몇 년 동안 줄기차게 부르짖은 것, 특수학교 설립 토론회에서 부모들이 무릎 꿇고 호소한 것 아닐까. 우리는 서로 무척 다른 경험을 하고 있을 뿐인 같은 사람들이라고, 이것은 정상과 비정상의 문제가 아니라고.

'영웅'과 '저항' 너머, 우리 어깨를 마주하고 함께 서기

그렇다면 우리, 아픈 몸에 의료는 위안과 위로의 목소리를 들려줄 수 있을까. 안타깝게도 의학과 건강에 관한 관점과 관념은 어느 한 쪽이 주도권을 쥘 것인가의 다툼으로 점철되어 있다. 가장 뿌리깊은 예가 앞서 살폈던, 권력의 관점에서 바라본 의학의 은유다. 질병과 싸우는 '전쟁' 속의 '영웅'인 의료인의 불만. 그리고 '삶을 삼키고' 있는 의료화에 대한 환자의 저항 속에서는 고삐를 쥐려는 바쁜 손놀림이 엿보인다. 의료인과 환자는 서로의 가치를 놓고 충돌하며, 그 사이에서 양보의 틈을 찾기는 어려울 것 같다. 서점에서 현대 의학을 비난하는 책을 찾아보면 그 다양함에 놀라게 된다. 『나는 현대의학을 믿지 않는다』로 시작해 『의사를 믿지 마라』 『병원에 가지 말아야 할 81가지 이유』로 이어지는 제목들. 얼마 전 사회적 물의를 빚었던 '안아키'도 빼놓아선 안 될 것이다. 반대편이라 할 수 있는 의료인 커뮤니티에서 이런 비과학적 행태를 비난하는 글이나 댓글을 찾기는 어렵지 않다. 곰곰 생각해보면 의료인과 환자 모두의 관심은 같다. 고통의 경감과 치료가 양쪽 모두의 소망일 것이다. 하지만 누가 정상인가를 놓고 벌이는 다툼이 계속되고 있지 않나 생각된다. 의과학과 대안 문화의 '정상' 중 누가 맞느냐는 질문은, 솔로몬 왕을 찾아와 이 아이가 자신의 아이라고 호소하는 두 여인의 질문처럼 들린다. 이야기를 살짝 비틀어 듣는 버릇이 있는 나는 솔로몬의 명판결로 유명한 원래의 이야기를 곧이곧대로 받아들이는 대신, 잔혹극의 한 장면으로 읽어버리는 탓이다. 설령 남의 아이라 해도, 막 울고 있는 귀여운 아기를 반으로 가르라는 왕의 명령을 의심 없이 따르는 사람이 있을까. 그런 사람이 있다면 판결의 훌륭함을 떠나 먼저 왕과 신하에게 죄를 물어야 하지 않을까. 누가 맞느냐를 가리려다 아기를 죽일 위험을 불러서는 안 되는 탓이다. 마찬가지로 누가 맞느냐를 놓고 싸우다 공통의 목표였던 환자의 건강을 놓쳐서는 안 될 일이다.

다음 이야기가 앞서 말한 갈등의 원인을 잘 정리해서 보여줄 것 같다. 내가 지금 공부하고 있는 펜실베이니아대학교의 주임교수이자 종양

학자, 의료윤리학자인 이제키엘 이매뉴얼은 '왜 나는 75세에 죽고 싶은가'라는 칼럼을 연재한 적이 있다.[23] 그는 75세가 되면 완성된, '사랑하고 사랑받는' 삶을 살았을 것이며, 그 시점이 되면 더는 생을 연장하려 노력하지 않을 거라고 선언한다. 20세기가 되면서 기대 여명life expectancy, 어느 나이에 도달한 사람이 그 이후 몇 년 동안 생존할 수 있는가를 계산한 평균 생존 연수은 점차 길어졌다. 1980년 제임스 프라이가 주장한 병적 상태의 압축compression of morbidity, 더 오랫동안 건강하게 살면 삶의 마지막에 그동안 나타나지 않았던 질병이 한꺼번에 찾아와 빠른 죽음을 맞이하게 된다는 이론은 요새 흔히 말하는 "9988234 99세까지 팔팔하게 살다가 2~3일 만에 죽고 싶다는 소망"를 체계적으로 뒷받침한다. 하지만 사실은 그렇지 않다. 기대 여명의 증가는 질병과 기능 상실의 기간 증가를 동반한다. 의료는 사망은 늦췄지만, 노화를 늦추진 못했다. 의료는 어떻게든 삶을 이어나갈 수 있도록 해준다. 하지만 의료가 삶의 질과 나의 가치를 지켜주지는 않는다. 더 오래 살고 싶은 소망은 결코 잘못이 아니다. 그렇지만 이매뉴얼에게, 그리고 나에게 삶의 지속보다 더 중요한 것은 그 삶이 주는 가치다. 그러나 의료의 가치와 환자의 가치가 같지 않다는 사실은 너무 오랫동안 무시되어왔다.

다행히 환자의 가치를 중시하는 견해가 점차 여러 형태로 나타나고 있다. 21세기 들어 효과만을 강조했던 증거 기반 의학evidence-base medicine에 환자에게 줄 수 있는 가치를 통합하려 하는 가치 기반 의학value-based medicine이 그중 하나다. 앞서 살핀 공유 임상 의사결정shared clinical decision making도 있다. 의료인의 온정주의적인 독

저명한 의료인문학자 캐서린 몽고메리는 여러 환자-의료인 관계 모형을 탐색하다, 결론적으로 "이웃의 의료medicine of neighbors"를 제시한다.[24] 의료인이 금전만을 목적으로 해서도 안 되겠지만, 의료인과 환자는 서로 친구가 되기도 어렵다. 아픈 몸을 이끄는 고된 여정을 헤쳐나가는 길은 결코 즐겁기만 한 '우정'의 여행이 될 수는 없는 탓이다. 의료인과 환자는 서로의 상처가 주는 유대를 바탕으로 한 이웃 사이의 의무에 근거해야 한다. 그렇다면 의료인의 본질은 "상처입은 치유자"여야 할지도 모른다. 이 표현을 처음 쓴 것은 분석심리학의 선구자 카를 융이었다. 정신분석가는 자신의 상처를 인지하고 있어야 한다고 그는 생각했다. 내담자의 상처를 만날 때 분석가의 상처가 움직여 상담자와 내담자 사이의 무의식적 연결이 형성되기 때문이다. 그리스신화에 나오는 반인반마 키론이 그 전형을 제시한다. 불사의 몸을 가지고 있던 키론은 히드라의 독이 묻어 있던 화살에 상처를 입는다. 그는 의술의 대가였지만 맹독을 치료할 수는 없었고, 계속되는 고통을 견디지 못해 제우스에게 죽음을 간청하여 허락을 얻는다. 치료하는 자의 상처가 치료받는 자와 연결고리를 만든다. 그림은 키론과 그 제자였던 아킬레스. 키론은 여러 영웅의 스승이기도 했으며, 제자 중에는 의술의 신 아스클레피오스도 있다. 존 싱어 사전트, 〈키론과 아킬레스〉(c.1922~1925).

단의 결정에 반대하며 환자들이 소비자주의에 입각해 의료 서비스에 동의하고 승낙하는 것이 충분한 정보에 의한 동의informed consent였다. 그 한계는 분명하다. 질병이라는 위기 앞에 선 환자가 혼자서 결정을 내리기는 너무나 어렵다. 이제 의료인과 환자는 정보를 '공유'하여 더 나은 의사 결정을 위해 협력하려 한다. 과거 이론적, 철학적 답을 내놓던 의료윤리 자문위원회 대신 의료인과 환자, 가족, 의료윤리학자가 함께 모여 서로의 상황을 공유하고 주어진 환경에서 현실적인 답을 찾아나가는 의료윤리 중재bioethics mediation 등도 그 반향이다.[25] 어떻게든 생명을 살리는 데에만 모든 초점을 맞췄던 기존의 의학은, 점차 환자가 원하는 것이 무엇인지에 따라 최선의 결과를 낼 수 있는 방향이 무엇인지 고민하기 시작했다. 이제 '영웅' 의료인에게 반기를 든 '혁명가' 환자 대신, 환자가 중시하는 가치를 앞에 놓고 더 나은 방향이 무엇일지 함께 머리를 맞대고 고민하는 환자와 의료인의 '동행' 관계를 생각해볼 수 있는 환경이 마련되고 있는 신호라는 생각이 든다.

환자와 의료인이 함께 여행을 떠나는 그림을 로드무비라고 불러본다. 질병의 여행길, 그 긴 여정은 때로 서로에게 고통스럽기도 할 것이다. 그 끝이 언제나 행복과 결실을 약속하는 것도 아니다. 하지만 그 여행을 통해 우리는 서로의 삶을 배워갈 것이며, 같은 목표를 위해 나아가면서 서로의 가치와 바람을 존중하는 방법을 익힐 것이다. 이 '아픈' 삶이 우리가 함께 살아나가고 있는 토대이자 우리를 끊임없이 겸손하게 만드는, 우리의 발이 머물고 있는 땅이기에.

맺는말

이 책을 세상에 내놓아도 될까 하는 두려움이 눈앞을 가린다. 아마 책을 손에 잡고 나서도 같은 생각을 하게 될 것 같다. 어디로 튈지 모르는 아이를 길에 내어놓는 일임을 안다. 품속에서 떠나보내지 않으면 안 된다는 것을 알지만, 아직 다 쪄내지도 못했는데 솥을 미리 열어 음식을 망치는 꼴은 아닐까 지레 두렵다. 더구나 처음 내어놓는 찬이라니, 마치 요리대회 방송에 나가 전문가들 앞에서 심사평을 기다리는 셰프 지망생 같은 기분이다.

이럴 때는 원고를 정리하면서 읽던 책으로 잠깐 스며들어가본다. 견주어볼 양은 아니지만 『나는 고양이로소이다』와 『마음』 등 걸작을 여럿 남긴 일본의 소설가 나쓰메 소세키에 관한 일화를 읽으며, 그 삶의 자락을 잠깐 따라가본다. 혹시라도 비슷한 구석이 있지는 않을까 하는 소망 하나 품어보는 것이다.

소세키와 칼라일, 급변기에 선 두 사람의 소회

일본 문호 나쓰메 소세키의 작가 경력은 1905년부터 연재한 『나는 고양이로소이다』에서 출발한다.[1] 그는 1900년 국가 장학생으로 영어 교육을 받고 오라는 문부성의 요청을 받고 영국으로 유학길을 떠났다. 장래가 촉망되는 인재였던 소세키는 충분치 않은 장학금 때문에 힘들게 생활하다가 "신경 쇠약"이것은 소세키의 표현으로, 실제로 그의 정신 상태가 어땠는지는 정확히 알기 어렵다에 걸리고 말았다. "미쳐서 발작 증세를 보였다"라는 소식이 일본에 닿았다는 것을 보면, 증세가 가볍지는 않았던 모양이다. 그 탓에 1903년 귀국한 소세키는 영어 강사로 일하게 되지만, 마음의 짐을 쉽게 내려놓지는 못했던 것 같다.

한 친구가 그에게 소설을 써보라고 권했다. 지금이야 예술 치료 분야가 어느 정도 정립되어가고 있지만, 당시에는 예술 활동이 정신적인 문제를 해결할 수 있는 하나의 방법이라 생각했다고 보기 어렵다. 하지만 소세키 본인은 소설을 쓰면서 자신의 문제를 어느 정도 해결할 수 있었던 것 같다. 단편으로 시작한 『나는 고양이로소이다』가 인기를 끌어 연재를 거듭해 책으로 출간되고, 몇 년 뒤에는 강사직도 그만두고 전업 작가로 나선 것을 보면. 물론 그것은 그가 심히 위계적이었던 당시의 학계에 반감을 품고 있었기 때문이기도 했다지만 말이다.

소설은 새끼 고양이가 중학교 영어교사인 진노 구샤미소세키 본인의 투영이다의 집에 숨어들어가 살게 되는 것으로 출발한다. 구샤미와 그 지인의 삶을 풍자적으로 그리기 위해, 고양이의 눈을 렌즈 삼은 것이다. 그중 7장은 고양이 자신의 운동에 관한 고찰로 시작해 씻기 위해 주인을 쫓아 대중목욕탕에 가는 장면으로 이어진다. 물을 질색하는 고양이가 대중목욕탕에 갈 일은 절대 없다는 사실은 잠깐 접어두도록 하자. 대중목욕탕의 광경을 보며 고양이는 말한다.

> 의상의 역사를 돌이켜보면—길어질 터이니 자세한 것은 토이펠스드로흐 군에게 일임하기로 하고 간략하게 짚어보기만 하겠다—인류는 그야말로 복장 덕분에 유지되었다고 할 수 있다. 18세기 대영제국의 보 내시가 배스 온천장에 엄중한 규칙을 적용했을 때만 해도 욕탕 안에서는 남녀 모두 어깨에서 발끝까지 내려오는 옷으로 몸을 가렸다.
>
> 지금으로부터 60년 전, 역시 영국의 어떤 도시에서 미술 학교를 설립했다. 미술 학교이니만큼 나체화, 나체상의 모사, 모형 등을 사들여 학내 군데군데에 전시해놓은 것까지는 좋았는데, 정작 개교식을 거행할 단계가 되어 학교 당국은 물론 교직원 모두가 곤경에 처했다. 개교식을 하려면 시내의 숙녀들을 초대해야 하는데, 당시의 귀부인들은 인간은 복장의 동물이란 사고를 갖고 있었기 때문이다. 거죽을 걸친 원숭이의 후예라 여기지 않았다는 말이다. 인간으로서 옷을 입지 않는 것은 코끼리에게 코가 없는 것이나 다름없고, 학교에 학생이 없는 것이나 다를 바 없으며, 군인에게 용기가

없는 것이나 진배없으니, 본분을 깡그리 잃어버린 것이라 여겼다. (……)

역사는 그렇다 치고. 그들은 이렇게 요상한 차림을 하고서 밤에도 의기양양하게 거리를 활보하고 다니나, 그래도 마음속에는 인간다운 면모가 살아 있는지 아침해가 솟으면 어깨를 움츠리고 가슴과 팔을 가리는 등, 온몸을 드러나 보이는 곳 없게 둘둘 감쌀 뿐만 아니라 발톱 하나라도 사람 눈에 뜨이면 상당한 수치라고 생각한다. 이런 현상만 보아도 그들의 예복이란 바보와 멍청이가 작당하여 만들어낸 일종의 얼간이적 작품이란 것을 알 수 있다. 이런 결론에 불만이 있다면 낮에도 어깨와 가슴과 팔을 드러내놓고 다니면 될 일이다. 나체 신봉자 역시 마찬가지다. 그 정도로 나체가 좋다면 팔을 발가벗기고 내친김에 자신도 벌거숭이가 되어 우에노 공원에서 산책이나 즐기면 될 일이다. 그럴 수 없다고? 그럴 수 없는 것이 아니라 서양 사람들이 그렇게는 하지 않으니까 자신도 하지 않는 것이다.[2]

고양이의 눈을 빌린 소세키는 의복을 통해 인류사를 고찰하려는 것처럼 보인다. 대중목욕탕에서 태고의 모습으로 돌아가는 인간을 보면서 "인간의 역사는 (……) 그저 의복의 역사"라고 말하는 그는 환경보다 문화를 우선시하는 문화주의자의 태도를 보인다. 이 대목에서 주목할 만한 점 두 가지는, 그가 언급하고 있는 "토이펠스드

로호 군", 그리고 소세키가 "의복"과 "예복"을 구분하고 있다는 것이다. 전자는 토머스 칼라일의 『의상철학』박상익 옮김, 한길사, 2008 속 등장인물이다. 후자에서 말하는 예복은 요새 표현으로 다시 쓰면 양복과 드레스 정도가 될 것 같다.

토머스 칼라일은 개혁 신학적 관점에서 사회를 바꿀 것을 주장한 19세기 영국 사상가다. 아마 그의 어록에서 가장 유명한 말은 "셰익스피어는 인도와도 바꾸지 않겠다"가 아닐까 싶은데, 사실 그는 당대를 휩쓸던 물질주의 기계론적 세계관에 저항하여 도덕적 세계관을 내세운 인물이었다.[3] 그의 대표 저작으로 꼽히는 『영웅숭배론』박상익 옮김, 한길사, 2003은 20세기에 그의 이름을 쉽게 들을 수 없도록 만든 서서 중 하나인데, 후대에 이 책이 "군인 영웅에 대한 맹목적 복종"을 주장하여 나폴레옹이나 히틀러를 옹호한 것처럼 읽혔기 때문이다.[4] 하지만 그가 주장했던 것은 권력에 대한 맹목적 순종이 아닌, 도덕적 판단의 주체인 시민 각자가 그 고결성을 인정한 도덕적 영웅들이 제시한 길을 따라가는 세계였다. 비슷한 주장을 한 최근의 책으로는 캘리포니아대학교의 휴버트 드레이퍼스 교수와 하버드대학교의 숀 켈리가 쓴 『모든 것은 빛난다』김동규 옮김, 사월의책, 2013를 들 수 있을 듯하다. 물론 칼라일이 대결했던 것은 기계론적 세계관이요, 드레이퍼스와 켈리가 대결하고 있는 것은 허무주의를 해결하지 못하는 자율성 개념이라는 차이는 있지만.

『의상철학』도 비슷한 관점을 취하고 있다. '시대정신'과 마주하기 위해 신앙에 의지하면서도 기존의 낡은 교리를 받아들일 수 없던 칼라일은 '새옷', 즉 형식을 타파한 새로운 종교관을 마련해야 한다고 주장한다. 그는 "인간의 제도나 도덕이란 것은 유행하는 의상 따위에 지나지 않는다"고 말하며 형식에 얽매인 종교에서 벗어나 종교적 도덕성에 충실할 것을 주장한다. 그런 그에겐 "신조 없는 청교도"란 별명이 붙었다.

소세키는 그의 책을 인상 깊게 읽었던 모양이다. 소설의 다른 부분에서 칼라일을 언급하는 대목이 또 있고, 의복을 통해 형식을 말하는 이 장은 칼라일의 주장과 맞닿아 있기 때문이다. 하지만 소세키가 그를 끌어들이는 방식은 조금 다르다. 그것은 그의 비판이 '예복'으로 집약되는 당시 일본의 세태에 집결되고 있기 때문이다. 떼놓을 수도 없지만 인간의 삶을 집약하고 있다는 점에서 필수불가결한 의복과 달리, 소세키의 눈에 당시 일본인들이 걸치고 다니던 예복은 몸에 맞는가와는 상관없이 그저 서양인을 흉내낸 것으로 보였다. 대중목욕탕에서 나체로 환담을 하는 모습과 그저 외국 문화를 좇아 제국호텔에서 양장을 차려입고 자신을 뽐내는 모습이 그의 눈에는 어울리지 않는 한 쌍으로 보였던 것 같다. 그 '의복'에 우리 의료 제도를 겹쳐본다.

밴드 하나 붙이는 마음

한국에 현재의 의료 제도가 자리잡은 지도 오래되었다. 미국 선교사 알렌에게서 출발한 광혜원, 일제강점기의 경성제국대학 의학부가 이 땅에 서양 의학교육을 심었다면, 6·25 이후 미군을 통한 재건의학 원조와 정부 주도의 위생 사업은 서양 의료 제도를 전파했다. 그 과정에서 동양철학과 한의학의 관점으로 이해되던 한국인의 신체는 빠르게 수입된 의학적 질서에 사로잡혔다.[5] 이분의 선을 그어 한의학이 옳다고 주장하거나 근거를 알 수 없는 신토불이를 말하려는 것이 아니다. 단지 우리가 입고 있는 현대 의료라는 이 '옷'이, 우리에게 잘 맞는지 이제는 따져볼 때가 된 것은 아닐까 생각하는 것뿐이다. 긴 부분이 있다면 줄이고, 좁은 부분이 있다면 늘려야 하지 않을까.

급하게 따라온 우리의 의료는 놀라운 결과들을 내고 있다. 세계 최고 수준의 의학 기술을 이 정도 비용으로 누릴 수 있는 국가는 많지 않다. 아니, 한국이 유일하다고 해야 할지도 모르겠다. 하지만 2017년 '약 안 쓰고 아기 키우기' 사태가 극단적으로 보여준 것처럼 의료계에 대한 신뢰는 땅에 떨어져 있다. 이국종 교수의 호소가 울린 경종은 단지 외상외과에 국한된 것만이 아니다. 모 대학병원에서 벌어진 신생아 사망 사고는 한국 사회에서 계속 반복되어온 극단적 효율 추구의 그늘이라고 보아야 할 것 같다. 그리고 2018년, 문재인 케어를 둘러싼 잡음은 의료계, 시민, 정부의 생각이 서로 얼마나 벌어져 있는지를 알려주는 극명한 사례 아닌가.

어떤 갈등은 해결할 수 없을 것이다. 하지만 어떤 갈등은 봉합할 가능성이 있을지도 모른다. 서로를 잘못 알고 있었다면 그 지점을 드러내는 것이 해결을 위한 첫걸음일 것이다. 서로 이해할 수 있는 부분이 있다면 서로에게 이해를 위한 그림을 그려 보여주는 일이 다른 무엇보다도 우선되어야 할 것이다. 그것이 지금 '의료윤리'가 해야 할 일이라고 생각한다. 이미 삶과 죽음을 의료가 규정하고 있다면, 아픔과 질환과 고통과 불편이 모두 이 속에 들어 있다면, 이를 둘러싸고 있는 갈등을 감싸기 위한 걸음을 한 발짝 내딛는 것이 삶을 삶답게 살릴 수 있는 길이라고 믿어본다.

작은 조약돌을 찾은 것뿐인지도 모르겠다. 발등에 걸려 고작 생채기를 낼 뿐인 것들을 이래저래 써본 것뿐일지도 모른다. 이 책이 조금이나마 그 임무를 수행할 수 있을까. 간절히 바라보지만, 미국 철학자 로티의 말처럼 쓰는 사람의 역할은 갈 수 있는 한계까지 가서 크게 소리치는 것뿐이지 싶다.

최대한 한국 문학과 영화 작품에 수로를 대려고 노력했지만, 앎이 부족하고 식견이 얕아 상당한 분량을 외국의 작품에 기댔다. 의료의 문제가 한 국가에 국한되어 벌어지는 일이 아니기 때문이기도 하지만 외국의 작품을 예시로 쓸 수 있다는 것이 우리 몸의 보편성을 잘 보여주는 지점이라고 생각한다. 역사의 어느 때보다 국내외가 더 많이 연결된 지금, 외국에서 벌어진 하나의 경험이나 사건이 저멀리 떨어져 있는 이에게 마찬가지로 영향을 미치기 때문이기도 할 것이다. 하여 우리의 작품에서 보편적인 신체를 살펴볼 수 있는 경험을 길어올릴 수 있기를, 그리하여 한마디라도 더 외쳐볼 수 있기를 간절히 바라본다.

주

의료윤리를 통해 듣는 나지막한 삶의 목소리

아픔은 나눌 수 있는 걸까?

1 Jarrett C, A calm look at the most hyped concept in neuroscience—mirror neurons, *Wired,* Dec 12, 2013.

2 물론 인문 교육을 통해 학생들을 더 나은 의사로 만들 수 있다는 실험적 증거들도 있다. 미술관에서 학생들에게 작품 감상을 가르치고 주기적으로 감상할 수 있는 시간을 주면, 이후 학생의 진단 기술 습득이 빨라진다는 것을 확인한 문헌 고찰이 대표적이다(Perry M, Maffulli N, Willson S, Morrissey D, The effectiveness of arts-based interventions in medical education: a literature review, *Medical education,* 2011;45(2):141-148.). 그러나 해당 논문이 말하듯 이 결과가 실제 임상에서 행동 변화로 이어지는지에 관한 증거는 없다. 지금은 인문 교육을 의과대학 교육과정에 본격적으로 도입하여 교과 과정을 완전히 새로 구성한 영국 페닌술라 의과대학이 어떤 변화를 가져올지 지켜볼 뿐이다. 관련한 내용은 출간 예정인 앨런 블레이클리의 『의료인문학과 의학교육』(가제, 김준혁 옮김)에서 더 볼 수 있다.

『82년생 김지영』이 의학에 던지는 쓴소리

1 Wikipedia contributors, Hysteria, *Wikipedia, The Free Encyclopedia,* Nov 12, 2017.
2 Joseph Guislain, Rotation therapy. Traité sur l'Aliénation mentale et sur les Hospices des Aliénés(1876).
3 요제프 브로이어, 지그문트 프로이트, 『히스테리 연구』, 김미리혜 옮김, 열린책들, 2003.
4 Gilhooley D, 'Misrepresentation and misreading in the case of Anna O', *Modern Psychoanalysis,* 2002;27(1):75-100.
5 Freeman L, 'Immortal Anna O, from Freud to feminism', *The New York Times.* Nov 11, 1979.
6 지그문트 프로이트, 『꼬마 한스와 도라』, 김재혁, 권세훈 옮김, 열린책들, 2003.
7 Decker HS, *Freud, Dora, and Vienna 1900,* New York City: Simon and Schuster, 1992.
8 남윤서, 「[랭·본·대]독서량 1위 서울대생이 가장 많이 본 책은?」 중앙일보. 2018년 5월 19일.

죽음을 말하는 방법

1 Alelwani SM, Ahmed YA, 'Medical training for communication of bad news: A literature review', *J Edu Health Promot,* 2014, 3:51.
2 조운, 「연명의료법 성공? 환자와 '죽음' 논하는 문화로」, 메디파나뉴스, 2017년 11월 27일.

"문제는 삶이야, 바보야"

1 전중환, 『본성이 답이다-진화 심리학자의 한국 사회 보고서』, 사이언스북스, 2016.
2 Röskamp JM, *Christian Perspectives on Abortion-Legislation in Past and Present,* Germany: GRIN Verlag; 2005.
3 Mohr JC, *Abortion in America: The Origins and Evolution of National Policy,* New York: Oxford University Press; 1978.
4 Doan AE, *Opposition & Intimidation: The Abortion Wars & Strategies of Political Harassment.* Ann Arbor: The University of Michigan Press; 2007.
5 Thomson JJ, A defense of abortion, In: Humber JM, Almeder RF eds. *Biomedical Ethics and the Law.* Boston: Springer; 1976.

6 조국, 「낙태 비범죄화론」, 『法學』 Vol.54, No.3, 서울대학교 법학연구소, 2013;54(3):695-728.
7 Wind R. U.S. abortion rate continues to decline, hits historic low. *Guttmacher Institute*. Jan 17, 2017.

알츠하이머병 앞 우리의 삶과 죽음

1 뇌사 개념이 정의되었던 1970년대엔 척수 쇼크(spinal shock)에 빠지면 곧 사망에 이르렀기에 뇌사와 생물학적 죽음(심정지, 호흡 정지에 이은 각 기관의 손상)에 큰 차이를 둘 필요가 없었다. 단지 장기이식을 위한 약간의 시간만 확보하면 되었다. 그러나 인공호흡기와 혈액 체외 순환기의 성능이 발달하고 집중치료실에서 쇼크 상태를 안정시킬 수 있는 지금은, 뇌사와 생물학적 죽음 사이에 점차 간극이 벌어지고 있으며 뇌사 상태라고 해서 환자가 죽었다고는 볼 수 없다는 주장이 다시 제기되고 있다. 최근 편도 절제술을 받다가 뇌사 상태에 빠진 13세 소녀 자히 맥매스를 놓고 벌어지고 있는 논쟁이 대표적이다. 자히의 사례와 관련해서는 Aviv R, 'What does it mean to die?' *The New Yorker*. Feb 5, 2018을, 전체적인 이론적 고찰에 관해서는 Miller FG, Troug RD, *Death, Dying, and Organ Transplantation: Reconstructing Medical Ethics at the End of Life,* Oxford: Oxford University Press; 2012를 참고.
2 Peterson B, Jan's story: love and early-onset Alzheimer's, *CBS,* Jun 20, 2010.
3 이정덕, [문재인정부 1년] 치매국가책임제 본격 시행, 국제뉴스, 2018년 5월 11일.

유전자 편집과 삶의 가치

1 전방욱, 「CRISPR-Cas9 사용이 제기하는 윤리적 질문들」, 『인격주의 생명윤리』 Vol.6, No.2, 2016;6(2):87-117.
2 차미령, 「이야기꾼의 탄생과 진화 1—김애란 장편소설 『두근두근 내 인생』 읽기」, 『문학동네』 2011년 가을호, 문학동네, 2011.

의사는 대통령의 정신건강에 관해 의견을 밝혀도 되나

1 Lowe J, 'Can president Donald Trump be impeached? How the process works', *Newsweek,* Jun 8, 2017.

2 문수경, 「트럼프 정신상태 논란 속 '대선후보 정신문제 언급 자제' 당부」, 노컷뉴스, 2016년 8월 8일.

3 광고는 방영된 후 즉시 철회되었지만, 존슨의 당선 이후 선거 공보를 맡았던 잭 발렌티는 철회 또한 전략적으로 계산된 움직임이었다고 말한 바 있다. Wikipedia contributors, Daisy (Advertisement), *Wikipedia, The Free Encyclopedia,* Jun 2, 2017.

4 Mann R, 'How the 'Daisy' ad changed everything about political advertising', *Smithsonian.com*. Apr 13, 2016.

5 신방실, '투표에 숨은 '원초적 본능'… 사랑에 빠진 것과 비슷', 〈KBS 뉴스〉, 2017년 5월 2일.

6 Wikipedia contributors, Goldwater Rule, *Wikipedia, The Free Encyclopedia,* Jun 4, 2017.

7 Friedman RA, How a telescopic lens muddles psychiatric insights, *The New Yorker,* May 23, 2011.

8 Ginzberg v. Goldwater, 396 U.S. 1049 (1970), Jan 26, 1970.

9 American Psychiatric Association, *The Principles of Medical Ethics*(2013 Edition), American Psychiatric Association; 2013.

10 Mayer J, Should psychiatrists speak out against Trump? *The New Yorker,* May 22, 2017.

11 Wikipedia contributors, Tarasoff v. Regents of the University of California, *Wikipedia, The Free Encyclopedia,* May 5, 2017.

12 Steinbock B, London AJ, Arras JD, 'Foundations of the health professional-patient relationship', In: Steinbock B, London AJ, Arras JD, eds., *Ethical Issues in Modern Medicine: Contemporary Readings in Bioethics,* 8th ed, New York: McGraw-Hill; 2015.

13 법관 클라크가 소수의견에서 관련 문제를 제기했다. 그의 규칙 공리주의적 입장은 이후 관련한 논의에 계속 등장하고 있다. Tarasoff v. Regents of University of California, 17 Cal.3d 425 (Supreme Court of California July 1, 1976).

14 Lenzer J, 'Do doctors have a 'duty to warn' if they believe a leader is dangerously mentally ill?', '*BMJ,* 2017;356:j1087. doi: 10.1136/bmj.j1087

15 Cawley J, Campbell LP, Reagan hazy on Iran-contra: Knowledge of diversion is denied', *Chicago Tribune,* Feb 23, 1990.

16 이는 레이건의 알츠하이머병을 보도하던 뉴스의 논조에서도 잘 드러난다. 레

이건 전 대통령은 암살 시도에서도 살아남은 철인이었으며, 고령의 나이에도 여러 위기에 순조롭게 대처한 대통령이었다. 하지만 그의 알츠하이머병 진단 소식은 이 모든 것에 그림자를 비춘다.

17 비마이너, 「박근혜는 정신박약자?」, 허핑턴포스트, 2016년 10월 31일.

18 전홍기혜, 이명선, '정신 파괴된 박근혜, 폭주가 두렵다', [인터뷰] 김태형 '심리연구소 함께' 소장, 프레시안, 2016년 10월 27일.

19 한기홍, 「심리학자 3인의 박근혜-최순실 정신세계 탐구: '의존과 나르시시즘, 자폐와 강박의 4중주'」, 『월간중앙』 201703호, 2017년 2월 17일.

20 장아름, 「'문재인 치매설' 유포 20대 네티즌 재판 넘겨져」, 연합뉴스, 2017년 4월 20일.

21 한경진, 「트럼프, 박근혜, 유아인… 맘대로 '정신분석'해도 되는 걸까?」, 조선일보, 2017년 12월 1일.

22 장주영, 「김현철 정신과의사 제명, "만남 가지지 않고 경조증 진단, 윤리적이지 못해"」, 서울경제, 2018년 3월 27일.

모두 옳고 모두 그르다

1 최강, 「살 빼기를 권하는 사회, 거식증의 정신의학」, 한겨레 사이언스온, 2013년 8월 13일.

2 허찬희, 「거식증 치료, 가족이 함께하면 좋아요」, 한겨레, 2012년 3월 12일.

3 최근 의료윤리의 화두인 공유 의사 결정(shared decision making)이나 임상윤리 중재(clinical mediation)가 임상에서 이를 끌어안기 위한 노력의 결실이다. 이론적으로는 결의론(casuistry)과 서사 윤리(narrative ethics)가 이를 뒷받침하고 있다. 예컨대, 임상에서 가치의 충돌을 놓고 한쪽 편을 드는 것이 아닌, 양편의 가치를 끌어내 서로가 대화할 수 있는 발판을 마련하는 것이 임상윤리의 목적임을 주장하는 중재를 논증하는 다음 논문을 참고하라. Fiester A, 'Weaponizing principles: clinical ethics consultation & the plight of the morally vulnerable', *Bioethics,* 2015;29(5):309-315.

현대 의학이라는 고원

모든 사람은 거짓말을 한다?

1 민경원, 「미국판 〈굿닥터〉 시청률 1위로 출발」, 중앙일보, 2017년 9월 27일.
2 Carter B, 'Dr. Grump makes his final rounds', *The New York Times,* May 18, 2012.
3 Wikipedia contributors, Gregory House, *Wikipedia, The Free Encyclopedia,* Oct 2, 2017.
4 O'Hare K, 'Builder keeps adding on to 'House' for Fox', *The Seattle Times,* Jan 24, 2005.
5 Thomson WAR, Underwood EA, Richardson RG, Guthrie DJ, Rhodes P, 'History of medicine', *Encyclopedia Britannica,* Jun 14, 2017.
6 Wikipedia contributors, Germ theory of disease, *Wikipedia, The Free Encyclopedia,* Oct 2, 2017.
7 Morabia A, 'Pierre-Charles-Alexandre Louis and the evaluation of bloodletting', *J R Soc Med,* 2006;99:158-160.
8 Roguin A, 'Rene Theophile Hyacinthe Laënnec (1781-1826): The man behind the stethoscope', *Clin Med Res,* 2006;4(3):230-235.
9 Foucault M, *Birth of the clinic,* Sheridan AM, trans., Tavistock Publications Limited; 1973.
10 Wikipedia contributors, Tuskegee syphilis experiment, *Wikipedia, The Free Encyclopedia,* Oct 2, 2017.
11 Rusert B, '"A study in nature": the Tuskegee Experiments and the new South plantation', *J Med Humanities,* 2009;30(3):155-171.
12 Engel GL, 'The need for a new medical model: a challenge for biomedicine', *Science,* 1977; 196(4286): 129-36.
13 김승섭, 『아픔이 길이 되려면』, 동아시아, 2017.
14 Wikipedia contributors, Social medicine, *Wikipedia, The Free Encyclopedia,* Sep 12, 2017.
15 Farmer PE, Nizeye B, Stulac S, Keshavjee S, 'Structural violence and clinical medicine', *PLoS Med,* 2006;3(10):e449. doi: 10.1371/journal.pmed.0030449
16 Charon R, DasGupta S, Hermann N, Marcus ER, Colón EI, Spencer D, Spiegel M, *The Principles and Practice of Narrative Medicine,* New York: Oxford University Press; 2017.
17 Frank AW, *Letting Stories Breathe: a Socio-narratology,* Chicago: The University of Chicago Press; 2010.

18 Montello M eds., 'Narrative ethics: the role of stories in bioethics', *Hastings Center Report,* 2014;44(s1).
19 H. 포터 애벗, 『서사학 강의—이야기에 대한 모든 것』, 우찬제 등 옮김, 문학과지성사, 2010.

좀비 세상에 대처하는 우리들의 자세

1 Wikipedia contributors, Zombie, *Wikipedia, The Free Encyclopedia,* Oct 7, 2017.
2 Davis EW, 'The ethnobiology of the Haitian zombi', *J Ethnopharmacol,* 1983;9(1):85-104.
3 Booth W, 'Voodoo science', *Science,* 1988;240(4850):274-277.
4 Littlewood R, 'The plight of the living dead', *Times Higher Education,* Nov 28, 1997.
5 Littlewood R, Douyon C, 'Clinical findings in three cases of zombification', *The Lancet,* 1997;350(9084):1094-1096.
6 Smith TC, 'Zombie infections: epidemiology, treatment, and prevention', *BMJ,* 2015;351:h6423. doi: https://doi.org/10.1136/bmj.h6423
7 맥스 브룩스, 『좀비 서바이벌 가이드』, 장성주 옮김, 황금가지, 2011.
8 Kiple KF, Chap. 18, 'The ecology of disease', In: Bynum WF, Porter R, eds, *Companion Encyclopedia of the History of Medicine,* Volume 1, London: Routledge; 1993.
9 Pauls C, Soloman M, *Deck Z: The Titanic,* San Francisco: Chronicle Books; 2012.
10 Zombieland, Tokyo: Sony Pictures; 2009.
11 허지웅, 「'부산행'이 좀비영화라는 장르로 증명하려는 것」, 허핑턴포스트, 2016년 7월 29일.
12 Pépin J, 'The origins of AIDS: from patient zero to ground zero', *J Epidemiol Community Health,* 2013;67(6):473-5. doi: 10.1136/jech-2012-201423
13 인터뷰는 13호 칸이라고 밝히고 있으나, 영화에서 나머지 생존자들이 모여 있던 객차는 15호 칸이다. 김문석, 「'부산행' 연상호 감독이 밝힌 13호차의 비밀」, 스포츠경향, 2016년 7월 28일.
14 송경원, 「〈부산행〉 속 15호 칸의 학살을 둘러싼 불투명한 정서」, 『씨네21』,

2016년 8월 10일.
15 김영삼, 「공기감염, 경로 차단이 최선책이다!」, 의학신문, 2014년 10월 10일.
16 신명기 19장 13절, 레위기 3장 17절.
17 Osborne R, Chap. 6, 'Dirty bodies', In: *The History Written on the Classical Greek Body,* Cambridge: Cambridge University Press; 2011.
18 Robers E, 'From haircuts to hangnails—the barber-surgeon', *BrainBlogger,* May 6, 2011.
19 Pence GE, 'The Tuskegee study', *Classic Cases in Medical Ethics: Accounts of Cases that have Shaped Medical Ethics,* 2nd edition, New York: McGraw-Hill; 1995.
20 Wikipedia contributors, HIV/AIDS, *Wikipedia, The Free Encyclopedia,* Oct 30, 2017.
21 대니얼 디포, 『전염병 연대기』, 박영의 옮김, 신원문화사, 2008.
22 헬스로그, 「전염병을 격리 수용하는 이유」, 코리아헬스로그, 2008년 5월 8일.
23 대한감염학회 메르스백서 편찬 위원회, 『메르스 연대기』, 대한감염학회, 2017.
24 이재호, 「인권까지 격리된 메르스 환사」, 세계일보, 2015년 11월 25일.
25 Caplan A, 'Quarantine is being used to manage fear, not Ebola', *Time,* Oct 29, 2014.
26 Santora M, 'New Jersey accepts rights for people in quarantine to end Ebola suit', *The New York Times,* Jul 27, 2017.
27 남은주, 「차라리 좀비세상이 낫겠다는 절망감이 〈부산행〉의 시작」, 한겨레, 2016년 8월 8일.
28 정병기, 「영화 〈부산행〉으로 본 자본의 흐름과 국가 및 대중의 대응」, *AJMAHS,* 2017;7(7):749-762.
29 이왕주, 『상처의 인문학』, 다음생각, 2014.
30 임주리, 「올여름 뒤흔든 한국영화 안에 '헬조선' 있다」, 중앙일보, 2016년 8월 19일.

언제부터 인간 신체는 상품이 되었을까

1 정준영, 「피의 인종주의와 식민지의학: 경성제대 법의학교실의 혈액형인류학」, 『의사학』, 2012;12:513-549.
2 Sharp LA, 'The commodification of the body and its parts', *Annual Review Anthropology,* 2000;29:287-328.

3 Buchart A, *The Anatomy of Power: European Construction of the African Body,* Pretoria: University of South Africa; 1998.

의학과 사회 중간에 선다는 것

1 국내외 유방암 현황, 한국유방건강재단.

2 Schmidt H, 'The ethics of incentivizing mammography screening', *JAMA,* 2015;314(10):995-996.

3 Hersch J, Barratt A, Jansen J, et al, 'Use of a decision aid including information on overdetection to support informed choice about breast cancer screeing: a randomised controlled trial', *Lancet,* 2015;385(9978):1642-1652. doi: https://doi.org/10.1016/S0140-6736(15)60123-4

4 2014년 개봉한 영화 〈제보자〉가 이 문제를 다시 한번 다루었다.

5 카네기재단이 에이브러햄 플렉스너(Abraham Flexner)에게 북미 지역 의과대학의 평가를 의뢰하여 1910년 발간된 보고서다. 의과대학 축소, 임상 훈련을 위한 전제 조건 마련, 기초 과학 교육 시행, 대학병원에 대한 대학의 관여, 면허제도 강화를 주장한 이 보고서는 이후 의학교육을 정립했으며 현대 의학의 초석을 마련했다고 평가되나, 소수자를 위한 의과대학이 폐쇄되고 교양 교육이 자리를 잃는 등의 단점도 발생했다. 보고서는 카네기재단의 웹사이트에서 찾아볼 수 있다. Wujun K, 'Healthcare Reform: Using Medical Humanities as an Alternative Solution', *Triplehelix Blog,* Mar 2012은 『플렉스너 보고서』를 비교문학적 입장에서 독해하며 기존 해석의 한계를 지적하고 있다.

6 대표적으로 복지부가 도입하고자 하는 환자 중심 의료기관 적정성 평가가 있다. 36개 항목이던 적정성 평가 기준에 환자 경험을 추가한 것으로, 의료계는 항목의 부적절성을 이유로 이에 반대하고 있다. 관련하여 '메디칼업저버'의 3월 2일 기사, 「'환자 경험' 적정성 평가 어떻게 진행되나?」가 내용을 잘 정리하고 있다.

7 Emanuel EJ, Emanuel LL, 'Four Models of Physician-Patient Relationship', *JAMA,* 1992;267(16):2221-2226은 이후 의료윤리 및 의료경제학적 논의에 큰 영향을 미쳤다.

8 1979년 발간된 『벨몬트 보고서』에 참여했던 뷰챔프(Tom L. Beauchamp)와 칠드리스(James F. Childress)는 각자 기반을 두었던 의무론과 공리주의적 입장이 합의할 수 있는 지점을 찾아, 의료윤리 문제에 대한 지침이 될 네 가지 원

칙을 결정했다. 자율성, 선행, 악행 금지, 정의의 4원칙으로 구성된 원칙주의는 이후 의료윤리 논의의 방향을 결정했다.

9 1947년 8월 19일, 독일 뉘른베르크에서 판결이 내려진 나치 전범 재판으로, "의학의 이름으로 저질러진 살인, 고문 및 기타 잔학행위"로 기소된 20명의 의사와 3명의 의료행정관에게 형을 선고했다. 이때 피험자의 자발적 동의가 의학 연구에 필수적이라는 원칙 등 10개의 논점이 뉘른베르크 강령으로 확립되었다.

10 앨버트 존슨, 『의료윤리의 역사』, 이재담 옮김, 로도스, 2013.

11 Tauber AI, 'Sick Autonomy', *Perspect Biol Med,* 2003;46(4):484-95.

12 공유 의사 결정은 1982년 발간된 『보건의료에서 의사결정 내리기*Making Health Care Decision*』에서 처음 사용되었다. 2000년대 들어서 이를 언급하는 논문이 증가했으며, 한동안 의미에 대한 합의 없이 사용되다가 최근에는 환자와 의사가 임상적 증거에 기반을 두고 검사, 치료, 계획을 함께 결정하는 과정으로 정리되고 있다. 어휘의 역사에 대해서는 Makoul G, Clayman ML, 'An integrative model of shared decision making in medical encounters', *Patient Educ Couns,* 2006;60(3):301-12를 참조하라.

13 학술연구정보서비스(www.riss.kr)에서 '공유의사결정'으로 검색하면 관련 학위 논문 5편, 국내 학술지 논문 2편이 나올 뿐이다. 학술지 논문은 그나마 학위 논문을 다시 발표한 것이다. 'Shared Decision Making'으로 검색하면 거의 1000편에 가까운 논문이 나오지만, 실상 제목을 보면 관련 학위 논문 13편, 국내 학술지 논문은 6편뿐이다. 많은 수라고 보기 어렵다.

더 인간적인 의학을 그리며

1 Laura B, 'University of Pennsylvania student is 10th on 'over-stressed campus' to commit suicide in three years after jumping in front of train', *New York Daily News,* Apr 14, 2016.

2 자살률, 자살 사고, 약물, 알코올 남용이 의과대학 학생들에게서 높게 나타난다는 여러 보고가 있다. 다음 논문이 대표적이다. Dyrbye LN, Thomas MR, Massie FS, et al, 'Burnout and Suicidal Ideation among U.S. Medical Students', *Ann Intern Med,* 2008;149:334-41. 국내에서도 의대생 41퍼센트가 우울증, 자살 사고를 경험한 적이 있다는 보고가 있으며(조고은, 「의대생 41퍼센트 우울증, 자살 경험」, 뉴시스, 2006년 10월 23일), 2007년 의과대학생 정신건강 실태 조사에는 최근 1년 동안 우울증을 겪었다고 대답한 학생의 비율이 6.4퍼센트라고 보고한 바 있다(『전국 의과대학생 정신건강실태조사 보고

서』, 한국의과대학, 의학전문대학원장협회, 2007).
3 폴 칼라니티, 『숨결이 바람 될 때』, 이종인 옮김, 흐름출판, 2016.
4 박종익, 「응급실(ER) 의사 뒷모습, 美네티즌 감동시키다」, 나우뉴스, 2015년 3월 21일.
5 건강과 질환의 사회적 원인과 결과를 다루는 학문으로, 미국 기능주의 학파 사회학자 탤콧 파슨스의 '병자 역할(sick role)'이 그 이론적 방향을 정립하기 시작했다. 그것이 의학의 사회적 기능에 대한 분석을 넘어, 신체와 정치의 문제로 확장되기 시작한 데에는 푸코의 영향이 크다. 사라 네틀턴의 『건강과 질병의 사회학』(조효제 옮김, 한울, 2018)을 참고하라. 특히 1장 '서론: 건강과 질병의 사회학—변화하는 영역'에 그 개괄이, 5장 '몸의 사회학'에 몸이 의료사회학의 중심 담론이 되면서 신체성과 생명권력에 관한 담론이 확산되는 내용이 잘 정리되어 있다.
6 미셸 푸코의 『광기의 역사』는 기존에 신의 목소리를 전달하는 자로 여겨지던 광인들이 어떻게 구호소로 '감금'되어갔는지를 그의 특징인 막대한 인용을 바탕으로 정치하게 분석한 저작이다. 그는 스승인 캉길렘의 정상적인 것과 병리적인 것의 구분에 대한 문제의식을 이어나가 포함과 배제의 문제로 광인을 분석하며, 이에 따라 광인은 정상인의 사회를 성립시키기 위해 의학 권력이 배제한 존재라는 주장을 펼친다.
7 『임상의학의 탄생』은 17세기에 확립된 임상의학 또는 침상 의학(bedside medicine)이 인체에 대한 인식을 어떻게 바꾸었는지 분석하고 있다. 그는 동시대 철학자 메를로퐁티의 '보이는 것과 보이지 않는 것'에 대한 분석을 밀고 나가 의학적 응시가 어떻게 밖에서는 보이지 않는 신체를 뚫고 들어가 신체를 '투명하게' 만들었는지를 보여준다.
8 일리치는 오진, 잘못된 치료로 병이 악화되는 의원성(iagrogenic) 질병 등을 예로 들면서 병의원과 의사들이 오히려 병을 만들고 사람들의 건강을 더 해친다고 주장했다. 그는 의학이 자신을 특권화하여, 원래 가정에 맡겨져 있던 치료 기능을 독점하게 되면서 문제가 발생한다고 주장했다. 극단적인 주장이라 할지라도, 이후 의료화(medicalization)라고 부르게 된 사회의 의료적 종속에 대한 문제 제기는 여전히 유효하다.
9 히포크라테스 선서에 있는 "나는 나의 능력과 판단에 따라 내가 환자의 이익이라 간주하는 섭생의 법칙을 지킬 것이며"라는 구절은 의료윤리의 핵심 원칙 중 하나인 선행의 원칙(Principle of Benevolence)의 기반이기도 하다. 반덕진, 『히포크라테스 선서』, 사이언스북스, 2006을 참조하라.
10 Schwartz AW, Abramson JS, Wojnowich I, et al, 'Evaluating the impact of

the humanities in medical education', *Mt Sinai J Med,* 2009;76(4):372-80.

11 Hojat M, Gonnella JS, Nasca TJ, et al, 'Physician empathy: definition, components, measurement, and relationship to gender and specialty', *Am J Psychiatry,* 2002;159(9):1563-9.

12 블리클리는 공감에 대한 여러 논의를 살피면서, 앞선 논의들이 공감을 인지적 이해의 측면에서만 다루었다는 점을 비판한다(Bleakley A, Medical Humanities and Medical Education: How the medical humanities can shape better doctors, Routledge; 2015). 심리학에서는 공감을 다면적이며 정서적, 인지적, 행동적 요소를 모두 포함한 것으로 바라본다는 것이다(Feighny KM, Arnold L, Monaco M, et al, 'In pursuit of empathy and its relation to physician communication skills: multidimensional empathy training for medical students', *Ann Behav Sci Med Educ,* 1998;5:13-21).

13 Shapiro J, 'The feeling physician: educating the emotions in medical training', *European Journal for Person Centered Healthcare,* 2013;1(2):310-16.

14 여러 경험적 증거가 이를 뒷받침하며 이 현상을 '공감의 쇠퇴(empathy decline)'라고 부른다(Neumann M, Scheffer C, Tauschel D, et al, 'Physician empathy: definition, outcome-relevance and its measurement in patient care and medical education', *GMS Z Med Ausbild,* 2012;29(1):Doc11).

15 한국에서도 이미 길병원, 부산대병원이 왓슨에 암 치료법에 대해 조언을 구하기 시작했으며, 2017년 5월 기준 건양대병원 등 3개 병원이 추가로 왓슨 도입 의사를 밝힌 바 있다. 이에 대한 논의는 이강윤 교수와 필자의 논문(이강윤, 김준혁, 「인공지능 왓슨 기술과 보건의료의 적용」, 『의학교육논단』, 2016;18(2):51-57)과 여러 기사에서 살필 수 있다. 예로, 비판적 입장으로는 김상기, 「인공지능 왓슨 도입 대학병원, 한 달에 한 곳 꼴로 늘어… 이게 정상인가?」, 라포르시안, 2017년 3월 27일을, 긍정적 입장으로는 송수연, 「왓슨 도입이 시작… 미래의료 패러다임 변할 것」, 청년의사, 2017년 3월 30일을 보라.

16 이영미, 「의학교육과 인공지능」, 대한의학회 뉴스레터, 2016년 7월.

병원과 환자 사이 징검다리를 건너

전쟁을 앞두고 한판 춤사위 벌이기

1 최용석, 「'햄버거병' 얼마나 위험하나? 신장기능 90퍼센트 상실… 여아 가족, 맥도날드 고소」, 동아일보, 2017년 7월 6일.
2 이민영, 「네 살 소녀 매일 투석받게 한 '햄버거병' 알아보니」, 중앙일보, 2017년 7월 7일.
3 최민호, 「햄버거병 논란에 '햄버거 포비아' 확산, 매장 상황 어떻길래」, 헤럴드경제, 2017년 7월 10일.
4 전승민, 「HUS가 햄버거병이 아닌 까닭」, 동아사이언스, 2017년 7월 11일.
5 김효진, 「강원도 원주서 '햄버거병' 원인 감염증 집단 발병」, 아시아경제, 2017년 7월 11일.
6 Carter AO, Borczyk AA, Carlson JAK, Harvey B, Hockin JC, Karmali MA, Krishnan C, Korn DA, Lior H, 'A severe outbreak of Escherichia Coli O157:H7-associated hemorrhagic colitis in a nursing home', *The New England Journal of Medicine,* 1987;317:1496-1500. doi: 10.1056/NEJM198712103172403
7 미국에서 Hamburger Disease를 찾아보면, 쇠고기 분쇄육에서 발견되므로 햄버거병이라고 불린다는 언급만 나온다. 대표적으로, 위키피디아에서는 Hamburger Disease 항목에 O157:H7 대장균 감염의 링크만 있을 뿐이며, 대장균 감염에서는 햄버거와 관련한 아무런 언급도 발견되지 않는다. Wikipedia contributors, Hamburger disease, *Wikipedia, The Free Encyclopedia,* Jan 23, 2013.
8 G. 레이코프, M. 존슨, 『삶으로서의 은유』, 노양진, 나익주 옮김, 서광사, 1995.
9 김현희, 이재용, 「대국민 사과 '메르스 사태 책임 통감한다'」, 헤럴드POP, 2015년 6월 24일.
10 서한기, 「공중보건 최전방 공공의료 '튼튼히'」, 연합뉴스, 2015년 7월 8일.
11 신선미, 「제2의 메르스 막으려면 '감염병 전쟁' 수준의 대처 필요」, 동아사이언스, 2015년 7월 1일.
12 송수경, 서혜림, 이종걸, 「'메르스 전쟁'에 공안총리 아닌 방역총리 필요」, 연합뉴스. 2015년 6월 9일.
13 투키디데스, 『펠로폰네소스 전쟁사』, 천병희 옮김, 도서출판 숲, 2011.
14 Hodgkin P, 'Medicine is war: and other medical metaphors', *BMJ,* 1985:291(6511):1820-1821.
15 가라타니 고진, 『일본근대문학의 기원』, 박유하 옮김, 도서출판b, 2010.
16 우리에게는 이런 상황을 설명하는 '화병'이라는 표현이 있는데, 미국의 '암'과 한국의 '화병'이 가리키는 지점이 사뭇 다르다는 점은 흥미롭다.

17 Washington E, 'The AIDS epidemic has always been defined by what we don't know', *Colorlines,* Dec 1, 2010.
18 Younge G, 'Susan Sontag: the risk taker', *The Guardian,* Jan 18, 2002.
19 O'Higgins J, Foucault M, 'Sexual choice, sexual act: an interview with Michel Foucault', *Salmagundi,* 1982;58-59:10-24.
20 제임스 조이스, 『젊은 예술가의 초상』, 진선주 옮김, 문학동네, 2017.
21 서영지, 「검찰 "'햄버거병' 원인 맥도날드 햄버거라고 보기 어렵다"」, 한겨레, 2018년 2월 13일.
22 Libbey P, 'Michel Foucault's unfinished book published in France', *The New York Times,* Feb 8, 2018.

백신과 의료화, 보호와 침해의 프레이밍

1 황석영, 『손님』, 창비, 2001.
2 재러드 다이아몬드, 『총, 균 쇠—무기, 병균, 금속은 인류의 운명을 어떻게 바꿨는가』, 김진주 옮김, 문학사상사, 1998.
3 김화영, 「"인디언에 천연두균 줘" 美앰허스트대 '제프리卿' 상징서 퇴출」, 연합뉴스, 2016년 1월 27일.
4 Miller J, 'A nation challenged: germ warfare; U.S. set to retain smallpox stocks', *The New York Times,* Nov 16, 2001.
5 이상곤, 「지석영의 종두법? 조선 시대부터 예방 접종 있었다!」, 프레시안, 2009년 9월 23일.
6 이새현, 「치사율 높았던 천연두, 완전히 박멸된 첫번째 전염병」, 한국일보, 2015년 7월 12일.
7 Marks A, 'Trump's 5 most "anti-science" moves', *Scientific American,* Jan 18, 2017.
8 Raff J, 'Dear parents, you are being lied to', *Violent Metaphors,* Mar 25, 2014.
9 Wadman M, You J, 'The vaccine wars', *Science,* 2017;356(6336):365-365. doi: 10.1126/science.35.6336.364
10 Flaherty DK, 'The vaccine-autism connection: a public health crisis caused by unethical medical practices and fraudulent science', *Ann Pharm* 2011;45(10):1302-1304. doi: https://doi.org/10.1345/aph.1Q318
11 Haelle T, 'Why parents fear vaccines', *TEDxOslo,* May 2, 2016.

12 변지민, 「'백신에 대한 불신' 뒤집는 한 장의 그래프」, 동아사이언스, 2017년 4월 30일.
13 김새롬, 「안아키, 단지 反지성주의만 문제일까?」, 프레시안, 2017년 6월 9일.
14 류신애, 「부모의 극단적인 믿음 '안아키' 논란」, 한국경제, 2017년 5월 8일.
15 Moran MB, Lucas M, Everhart K, Morgan A, Prickett E, 「What makes anti-vaccine websites persuasive? A content analysis of techniques used by anti-vaccine websites to engender anti-vaccine sentiment」, *Journal of Community Health*, 2016;9(3):151-163. doi: http://dx.doi.org/10.1080/17538068.2016.1235531
16 이왕주, 『상처의 인문학』, 다음생각, 2014.
17 Aries P, *Western Attitudes Toward Death: From the Middle Ages to the Present*, Ranum PM, trans. London: Marion Boyars; 1976: *The Hour of Our Death*, Weaver H, trans, New York: Vintage Books; 2008.
18 노베르트 엘리아스, 『죽어가는 자의 고독』, 김수정 옮김, 문학동네, 2012.
19 슬라보예 지젝, 『이데올로기의 숭고한 대상』, 이수련 옮김, 새물결, 2013.
20 이반 일리치, 『병원이 병을 만든다』, 박홍규 옮김, 미토, 2004.
21 Wikipedia contributors, Ivan Illich, *Wkipedia, The Free Encyclopedia*, Jul 11, 2017.
22 Cabanne P, Duchamp M, *Dialogues with Marcel Duchamp*, New York: Viking Press; 1971.
23 진중권, 『현대미학 강의—숭고와 시뮬라크르의 이중주』, 아트북스, 2003.

영웅과 희생양 양편 모두에 서 있는 의사

1 방준호, 「살충제 달걀 파문, 왜 발생했나?」, 한겨레, 2017년 8월 15일.
2 황재희, 「'외상센터'라는 지평선의 끝: 아주대병원 권력외상센터의 30시간—③편 이국종 교수(외상센터장) 인터뷰」, 메디게이트 뉴스, 2017년 1월 23일.
3 송화선, 「이국종 '외상센터 의사 일 년에 네 번 집에 가'」, 동아일보, 2017년 8월 19일.
4 신동욱, 「〈다큐3일〉 부산대학교병원 흉부외과 조명… "누군가에게 최선을 다하고 싶은 마음"」, 국제신문, 2017년 7월 16일.
5 전병선, 「KBS 〈추적60분〉… "흉부외과엔 수술할 의사가 없다"」, 국민일보, 2017년 2월 19일: 「정숙경, 그나마 적은데 올해 벌써 2명 중도하차 흉부외과」, 데일리메디, 2017년 5월 26일.

6 안창욱, 「내과 봉직의가 바라본 문재인 케어」, 메디게이트 뉴스, 2017년 8월 18일.
7 우석균, 「박정희가 '건강보험의 아버지'인가?」, 『르몽드 디플로마티크』, 2010년 7월 12일.
8 김방철, 의료보험의 문제점과 개선 대책, 청년의사, 2000년 9월 6일: 노환규, 「원가 이하의 저수가 제도에서 병의원을 어떻게 생존해왔는가?」, 노환규 블로그, 2014년 1월 8일.
9 의료급여법 제7조 1항: 의료급여수가의 기준 및 일반기준, 보건복지부고시 제2017-85호.
10 임금자, 채유미, 최진우, 「건강보험 수가조정 과정과 방법에 대한 연구」, 『대한의사협회 의료정책연구소 연구보고서』, 2003;1-155.
11 안창욱, 「'수가 정상화' 대선 공약은 없었다」, 메디게이트뉴스, 2017년 4월 18일.
12 이유미, 「醫 '경영난 탓'-의사부부 자살-일반인 '설마'」, 데일리메디, 2004년 6월 30일.
13 김지혜, 「정밀의료 산업, 미래 먹거리 될까?」. 사이언스타임즈, 2016년 8월 7일: 미래전략정책연구원, 『10년 후 4차산업혁명의 미래』(개정판), 일상이상, 2017.
14 박선재, 전공의 특별법 시행 앞두고 「전공의는 섭섭하다」, 『메디컬업저버』, 2017년 11월 12일: 엄상현, 「주당 80시간 제한 '전공의 특별법' 무색」, 동아일보, 2017년 4월 1일.
15 박선재, 「전임의 눈물 누가 닦아주나」, 『메디컬업저버』, 2015년 7월 24일.
16 원유헌, 「아주대학교병원 중증외상센터 르포」, 한국일보, 2011년 5월 23일.
17 정숙경, 「교수들도 줄줄이 떠나게 되는 흉부외과」, 데일리메디, 2013년 4월 15일.
18 김현기, 「적자 없는 산부인과 운영 위한 분만 건수는?」, 의학신문, 2017년 4월 12일.
19 이석영, 「불가항력 의료사고를 왜 의사가 보상하나?」, 의협신문, 2016년 5월 11일: 최광석, 「태아 사망 유죄 판결 받은 인천 산부인과에선 무슨 일이?」, 청년의사, 2017년 4월 21일.
20 정용인, 「탈핵이냐, 원전 유지냐」, 경향신문, 2017년 7월 29일: 가 스미스, 『원전, 죽음의 유혹』, 강병철 옮김, 꿈꿀자유, 2017.
21 이 표현은 과학기술학을 전공한 강연실 박사의 페이스북 담벼락에서 가져왔다. 모호한 생각을 명료하게 정리할 수 있었다. 이 자리를 빌려 감사드린다.
22 나카마사 마사키, 『왜 지금 한나 아렌트를 읽어야 하는가?』, 김경원 옮김, 갈라파고스, 2015.
23 신성식, 「7년 만에 이뤄진 꿈… 이국종 닥터헬기 뜬다」, 중앙일보, 2018년 5월

4일: 강푸른, 「이국종 외침 통했나'… 권역외상센터 건강보험 수가 개선안 의결」, 〈KBS 뉴스〉, 2018년 4월 24일.
24 김형원, 허지윤, 「'의료계 트럼프' 최대집 "문재인 케어는 재벌만 배불리는 정책", 조선일보, 2018년 3월 30일: 강세훈. 최대집, 비급여, 전면 급여화 실현 불가능… 文케어 반드시 저지」, 뉴시스, 2018년 5월 20일.
25 Fisher R, Ury W, *Getting to yes: negotiating agreement without giving in*, Penguin Books; 1991.

우리 삶, 질환과 더불어 사는 여행

1 한국장애인고용공단 고용개발원, 『한눈에 보는 2017 장애인통계』, 2017년 8월.
2 Office for National Statistics, *Disability in England and Wales: 2011 and comparison with 2001*, Jan 30, 2013: U.S. Census Bureau, Nearly 1 in 5 people have a disability in the U.S'., *Census Bureau Reports*, Jul 25, 2012.
3 Frontera WR, Medicine, Albrecht GL, eds., *Encyclopedia of Disability*, Thousand Oaks: Sage Publications; 2006.
4 Wikipedia contributors, Medical model of disability, *Wikipedia, The Free Encyclopedia*, Jun 6, 2017.
5 Wikipedia contributors, Social model of disability, *Wikipedia, The Free Encyclopedia*, Apr 12, 2017.
6 오유교, 「노력인가, 장비 효과인가… 세계 육상 또 '의족 논란'」, 조선일보, 2016년 2월 6일.
7 Trevelyan M, 'Blade jumper Rehm sees Rio dreams fade', *Reuters*, Jun 17, 2016.
8 Wikipedia contributors, Aimee Mullins, *Wikipedia, The Free Encyclopedia*, Aug 21, 2017.
9 임성영, 「[WWEF2015] 에이미 멀린스 "인류가 만든 가장 큰 역경은 '정상'이라는 개념"」, 이데일리, 2015년 10월 7일.
10 Wikipedia contributors, Web accessibility, *Wikipedia, The Free Encyclopedia*, Aug 28, 2017.
11 안정락, 「AI 안경 낀 시각장애인, 눈앞 광경 음성으로 훤히 알 수 있다」, 한국경제, 2017년 6월 20일.
12 Brewster S, 'This $40,000 robotic exoskeleton lets the paralyzed walk', *MIT Technology Review*, Feb 1, 2016.

13 김경필, 「삼성C랩, 低시력 장애인에 빛을 선사하다」, 조선일보, 2017년 8월 21일.
14 Dillet R, 'Apple's short film on autism proves that accessibility features matter', *TechCrunch*, Apr 4, 2016.
15 홍진수, 「마침내 지상으로 올라온 날… 5년 만에 끝난 서울 광화문역 장애인 농성」, 경향신문, 2017년 9월 5일.
16 정세희, 「1842일 외침 끝났지만… 장애인도 사람답게 사는 세상, 이제 시작」, 헤럴드경제, 2017년 9월 6일.
17 김호경, 「5년 만에… 광화문역 '장애인 농성' 푼다」, 동아일보, 2017년 8월 25일.
18 이진희, 「5년의 외침 "장애등급제, 부양의무제 폐지"」, 경향신문, 2017년 9월 3일.
19 김현주, 「장애인학교 들어서면 집값 떨어진다? 강서구 특수학교 논란에도 아파트 매매값 1위 질주」, 세계일보, 2017년 9월 11일.
20 Haselton MG, Nettle D, Andrews PW, 'The evolution of cognitive bias', In: Buss DM ed, *The Handbook of Evolutionary Psychology,* Hoboken: John Wiley & Sons, Inc.; 2005.
21 서상범, 이영돈, 「장애우 아닙니다. 장애인이 맞습니다」, HOOC, 2016년 4월 20일.
22 박이문, 『철학이란 무엇인가—철학적 사유의 발자국』, 미다스북스, 2017.
23 Emanuel EJ, 'Why I hope to die at 75', *The Atlantic,* Oct 2014.
24 Montgomery K, *How Doctors Think: Clinical Judgment and the Practice of Medicine,* New York: Oxford University Press; 2006.
25 Bae JM, 'Value-based medicine: concepts and application', *Epidemiol Health,* 2015;37:e2015014: Dubler NN, Liebman CB, *Bioethics Mediation: a Guide to Shaping Shared Solutions,* Nashville: Vanderbilt University Press; 2011.

맺는말

1 나쓰메 소세키의 작품 독해에 대해서는 다음 책을 참조했다. 강상중, 『강상중과 함께 읽는 나쓰메 소세키』, 김수희 옮김, 에이케이커뮤니케이션즈, 2016.
2 나쓰메 소세키, 『나는 고양이로소이다』, 김난주 옮김, 열린책들, 2009.
3 토마스 칼라일, 『의상철학』, 박상익 옮김, 한길사, 2008.
4 박상익, 「후세가 잘못 이해한 토머스 칼라일의 『영웅숭배론』」, 중앙일보, 2010년 2월 9일.

5 DiMola JP, *Reconstructing Bodies: Biomedicine, Health, and Nation-Building in South Korea Since 1945,* Stanford: Stanford University Press; 2013.

누구를
어떻게
살릴 것인가

1판 1쇄 2018년 11월 20일
1판 3쇄 2024년 5월 20일

지은이 김준혁
기획·책임편집 강윤정 | 편집 김봉곤 김영수 오경철
디자인 엄자영 | 저작권 박지영 형소진 최은진 서연주 오서영
마케팅 정민호 서지화 한민이 이민경 안남영 왕지경 정경주 김수인 김혜원 김하연 김예진
브랜딩 함유지 함근아 고보미 박민재 김희숙 박다솔 조다현 정승민 배진성
제작 강신은 김동욱 이순호 | 제작처 영신사

펴낸곳 (주)문학동네 | 펴낸이 김소영
출판등록 1993년 10월 22일 제2003-000045호
주소 10881 경기도 파주시 회동길 210
전자우편 editor@munhak.com | 대표전화 031) 955-8888 | 팩스 031) 955-8855
문의전화 031) 955-2696(마케팅) 031) 955-2678(편집)
문학동네카페 http://cafe.naver.com/mhdn
인스타그램 @munhakdongne | 트위터 @munhakdongne
북클럽문학동네 http://bookclubmunhak.com

ISBN 978-89-546-5358-9 03300

잘못된 책은 구입하신 서점에서 교환해드립니다.
기타 교환 문의: 031) 955-2661, 3580

www.munhak.com